宗教与美国社会

宗教与美国政治和外交

第十辑

主编 徐以骅

时事出版社

合办单位：
复旦大学美国研究中心
上海高校智库复旦大学宗教与中国国家安全研究中心

《宗教与美国社会》为 CSSCI 来源集刊

《宗教与美国社会》编委会成员

序

《宗教与美国社会》自 2004 年出版至今，不觉已有十年了。出版该丛书的目的之一，是要为国内的美国宗教研究搭建一个交流平台。在过去的十年中，《宗教与美国社会》无论在研究范围和议题还是在研究队伍和项目方面，都有较大较快的增长。

首先是美国宗教研究范围和议题的扩展。《宗教与美国社会》此十辑所涉及的不仅有美国的主要宗教和宗教派别，而且涵盖宗教与美国政治、军事、外交、经济、社会、文化、教育、科技、新闻媒体、法律、娱乐、体育、族群等领域的各种议题；不仅有基于历史的研究，而且有侧重现状的分析。近年来《宗教与美国社会》还把视角转向美国宗教国际化、宗教与国际关系、尤其是宗教与中美关系的研究。

其次是撰稿人队伍的壮大。过去十年来，《宗教与美国社会》见证了国内美国宗教和其他相关研究的发展，其稿件的来源也日益多样化，全国各地以及海外的来稿不断增多，其中不仅有译作，而且有首次发表的国外学者的论著。第八辑还收录了对美国宗教领袖和主要宗教学者的访谈文章。撰稿人队伍的扩大是《宗教与美国社会》内容不断丰富和深入的前提和保障。

再次是研究项目的不断延伸。《宗教与美国社会》初版时，我们所得到的资助仅仅来自某个教育部人文社会科学研究一般项目。目前《宗教与美国社会》除主办单位复旦大学美国研究中心以及上海高校智库复旦大学宗教与中国国家安全研究中心外，还先后得到包括国家社科基金重大项目和教育部哲学社会科学研究重大课题攻关项目在内的不少项目的资助。尤其是两个主办单位的支持使我们能够在《宗教与美国社会》的基础上，创办和续办了《宗教与当代国际关系论丛》、《宗教与中国国家安全和对外战略论丛》、《基督教学术》（与复旦大学哲学学院合办）等学术出版平台，并成立了包括复旦大学宗教与国际关系研究中心、宗教与国家建设研究中心等在内的研究机构。在一定的程度上，上述出版平台和研究机构是《宗教与美国社会》的延伸和发展。

本辑主要刊登国内外学者对宗教与美国政治和外交以及当代国际宗教问题的研究成果。本辑的研究和出版除得到主办单位的资助外，还得到了复旦大学美国研究中心教育部人文社会科学重点研究基地项目“后传教时代宗教与中美关系”（项目批准号:14JJD810006）以及“美国的宗教非政府组织研究”（项目批准号：06JJDGJW001）等项目的资助。

《宗教与美国社会》出版十周年是该丛书的一小块里程碑，对本人而言则是一段难忘的人生故事，而结识不少学界同行，尤其是青年才俊，是其中最美好的桥段。在《宗教与美国社会》第十辑出版之际，我和编委会全体成员在此对以各种方式支持本书的所有单位和个人，尤其是本书的撰稿者和读者，表示衷心的感谢。

主　编

2014 年 9 月 10 日于上海西郊

目　录

美国基督宗教与当代美国移民政策

• 涂怡超

［内容提要］　美国是建立在移民基础之上的国度。自16世纪北美殖民地初创以来，包括基督新教、天主教会和东正教会在内的基督宗教组织亦伴随着接纳来自不同国家和地区的移民而不断发展壮大，众多教会对移民事务长期保有特别关注，并为移民提供大量服务。自20世纪下半叶以来，美国基督宗教为保护移民权利、尤其是非法移民的权利而一直努力影响美国移民政策。本文旨在研究美国基督宗教以宗教价值观为基本，凭借遍布全国的组织体系，对自1980年至今美国联邦和州两大层面的移民政策如何产生影响，进而分析以信仰为基础的组织在处理移民问题时拥有的优势和面临的局限。

美国是建立在移民基础之上的国度，数百年来信仰不同宗教的移民为美国带来了丰富多彩的宗教，宗教又成为移民融入美国的重要熔炉。今日美国既是移民来源最为多元的国家，也是宗教最为多元的国家。不同宗教或宗派对美国移民政策具有不同立场，并通过多种方式影响移民政策的最终形成。本文中移民政策的概念为广义概念，包括联邦、州移民法律、与移民有关的行政命令、具体的政策执行，如争取联邦和州拨款至宗教组织及给予宗教组织各种优惠条件处理移民事务、争取宗教组织获得政府批准参与移民事务的权限等。

本文旨在研究美国移民政策形成中的宗教因素，梳理美国基督教会如何以宗教价值观为基本、以遍布全国的教会体系为用而对当代美国联邦和州两大层面的移民政策产生影响。第一部分回溯移民与美国宗教的互动关系；第二部分简析美国当前的移民困境；第三部分归纳基督宗教的移民伦理及主要协会、宗派的相关政策和决议；第四部分总结主要宗派就革新移民政策所进行的组织和动员；第五部分阐述教会的外部结盟与游说，评析在美国现行政治体制下和社会环境下基督教会影响移民政策的成效和局限，最后为结论。①

---

① 美国学界一般认为宗教因素非影响美国移民决策的直接因素，由此对宗教与移民政策之间的关系研究有限。关于宗教与美国移民政策这一议题，美国现有研究主要集中于20世纪80年代以主流新教为主体的教会为中美洲非法难民提供庇护的庇护所运动，其中较为全面研究该运动的著作有Susan Bibler Coutin，*The Culture of Protest*：*Religious Activism and the U. S. Sanctuary Movement*（Boulder，Colorado：Westview Press，1993）；Robert Tomsho，*The American Sanctuary Movement*（Austin，Texas：Texas Monthly Press，1987）；关于庇护所运动21世纪以来的新趋势，可参见Grace Yukich，*One Family under God*：*Immigration Politics and Progressive*

一、移民、族裔与美国宗教变迁

历史上，北美大陆经历了四次大移民的浪潮，每次大移民均引发北美民族和宗教的变迁和融合。

第一次移民潮是2.5万—1.1万年前从亚洲草原穿过白令海峡来到北美的蒙古人，他们是美洲印第安人的先祖。印第安人曾经创造了灿烂的文明，但主要集中在中美和南美一带。在欧洲人到达北美大陆之前，北美印第安人仍处于原始公社时期，以小部落（tribe）群居或组成有血缘关系的大部落联邦（confederacies）为主。欧洲移民进入后，印第安人的人口、土地迅速减少，信仰结构亦发生重大改变。如今印第安人部分保持原有古老萨满信仰，部分为基督教徒。

第二次移民潮是17世纪以英国移民为主的西欧移民，他们来到美洲寻求宗教和政治的避难所、财富和土地。1607年，英国移民开始在北美定居。1650年后，大批欧洲人开始有组织

（接上页注）Religion in America（*New York*：*Oxford University Press*，2013）；关于天主教与美国移民政策的研究主要有二，*Luisa L. Heredia*，*Faith in Action*：*The Catholic Church and the Immigrant Rights Movement*，1980－2007，*Ph. D. Dissertation of Harvard University*，2008，主要研究自1980年—2007年天主教会对洛杉矶地区移民权利运动的参与；*Christopher G. Llano*，*Catholic Social Thought*，*Regional Economical Integration and Immigration Policy*：*Reconstructing Catholic Social Thinking Regarding the Right to Freedom of Movement*，*Ph. D. Dissertation of Harvard University*，2006，从理论上讨论天主教社会伦理如何影响移民政策以便达成北美地区经济一体化。

地移民北美大陆，其中以信仰新教的人群为主体。他们先后建立了13个早期殖民地，并于18世纪创立美国。早期殖民地信仰以新教为主体、多种宗派并存。

第三次移民潮是来自西部非洲的黑人移民。在所有的移民中，只有黑人移民是用锁链拴来的非自愿移民。1619年，第一批20名黑人到达英国殖民地弗吉尼亚，此后被迫背井离乡的黑人移民成批来到美国。1790年美国的第一次人口普查数据表明，当时美国有400万人口，其中约70万是黑人奴隶。今日美国黑人绝大多数为基督新教徒，多集中于浸礼会、卫理公会等宗派内部一些黑人教派及上帝基督会等宗派中。

第四次移民潮始于19世纪20年代，一直延续到今天。来自世界各地的移民纷纷涌入美国，美国成为一个兴旺的多民族的民族共同体。

17世纪60年代后，英国人开始大规模地移民现美国和加拿大地区。1790年人口普查数据表明，移居美国的白人，60%是英格兰人及威尔士人，8%为苏格兰人，6%是苏格兰—爱尔兰人，而4%以下为南爱尔兰人。英伦三岛及北欧人占移民人数优势的局面在1850年左右结束，其后的欧洲移民主要是信仰天主教的中欧、南欧和东欧人。

表1　　1880—1920年天主教移民六大来源国移民情况统计

来源国	1880	1890	1900	1910	1920
奥匈帝国	46230	134000	232000	553000	239000
德国	175000	400000	105000	36500	10000
爱尔兰	180000	300000	40000	10000	70000

续表

来源国	1880	1890	1900	1910	1920
意大利	27000	13000	390000	802000	275000
波兰	26000	78000	190000	608400	250000

* Gerald Fogarty, "Leo XIII and Immigrants to the Church in the United States," in Vincent Viaene, *The Papacy and the New World Order*: *Vatican Diplomacy*, *Catholic Opinion and International Politics at the Time of Leo XIII*, 1878 – 1903 (Leuven, Belgium: Leuven University Press, 2005), p. 454.

1870 年—1910 年，美国迎来了移民的高峰期，当时的人口统计显示每年有 55% 的人口是出生在外国的移民。二战之后的美国仍是世界最开放的移民接受国，移民人数逐年上升。1965 年，美国修改了《移民归化法》，废除了原来的族群限额制，改为以国家决定份额。这导致了战后移民掀起了新高潮。1990 年移民法的取向由原来的重视亲属团聚变为注重吸引人才和资本。这促使移民人数急剧增多，美国承受了新一波移民潮的冲击。与此同时，移民的民族来源结构也在逐渐发生变化。1960 年以前，大多数移民来自欧洲。1970 年以来，来自亚洲、加拿大和拉丁美洲的移民占移民总人数的 80% 以上。同时，每年美国境内居留的数以百万计的非法移民也主要来自拉丁美洲和亚洲。据美国人口普查局发表的《2000 年美国在国外出生的人口概况》表明，在 2000 年美国在国外出生人口的十个最主要的出生地中，可能多达九个是拉丁美洲和亚洲国家。仅在墨西哥出生的人就在这类人口中占总数四分之一有余。天主教为主的拉美裔移民和亚裔移民的增多逐渐改变了美国的民族结构和信仰结构，"美国居民中在国外出生的人和第一代移民的总数达5600万人，占总人口的五分之一，创美国历史最高水平。”① 目前每年美国接纳的移民仍近70万人。时至今日，美国仍然是世界上最大的移民接受国，移民是美国人口的重要组成部分。美国人口几乎涵盖了世界所有的种族和民族。

当前美国的宗教与族裔之间呈现既有重合又有分离的交错格局。罗马天主教会信徒最为多元，几乎包含所有族裔。罗马天主教会为维持大公性质，不允许建立族裔教会，这奠定了基层教会的族裔多元基础。各类新教教会的成分则有较大分别，既有族裔多元的教会，也有以族裔为基础的教会。东正教会、东方亚述教会主要由东欧、中近东的移民后裔组成。穆斯林的主要来源为南亚、东南亚、非洲和中东的移民及移民后代。东方各类宗教的信仰者大部分为相应地区的移民及移民后代。

二、当前美国移民困境

美国移民政策服务于美国国家战略，通过各类法律和政策管理和规范移民流动，为美国经济、社会、科技、文化等领域的发展广泛吸纳人才，增强美国的综合竞争力，确保永续美国在各领域的世界优势地位。尽管美国现有移民体系对吸纳移民与美国各领域发展相协调、为美国治下的和平发挥重大作用，但在新形势下已出现重大结构问题，美国社会普遍认为移民问

① http://usinfo.state.gov/regional/ea/mgck/archive02/0208aliens.htm/8/2002（登录时间：2014年9月30日，除特殊注明外，以下网站登录时间同此）。

题已成美国国家危机。

从移民政策类别来看，一是非法移民问题。目前美国非法移民总数接近1200万人，在为美国提供大量的廉价劳动力的同时，亦为美国带来低端市场就业竞争、边境和国土安全等多方面问题。二是难民问题，美国是世界接受难民申请最多的国家，其难民认定以《难民地位公约》为依据，但在具体身份认定中问题颇多，同时美国运用难民政策作为干涉他国内政的手段之一；三是合法移民程序结构问题，美国现行移民程序普遍冗长繁琐，在实际执行中仍存种族和文化歧视倾向，欧洲移民的等待时间普遍低于世界其他地区的移民。

从移民政策的具体领域而言，一是移民法律地位的相关法律、政策制定与执行。美国本身的法律法规体系决定移民相关法律法规可分三个层次，即联邦层次、州层次和地方层次。联邦与州、州与州之间相关法律的不一致与移民问题的广泛性相结合，引发众多问题。地方如县市一级的移民相关法规则有其具体性和指向性，排他性更显著的地方法规易滋生对立。由于联邦移民改革迟迟未能达成，越来越多的州、市转而寻求依靠自身解决问题，2007年就有46个州通过了240项与移民有关的法律。[①] 另据外交关系委员会资深研究员莎伦·奥尼尔（Shannon O'Neil）统计，2013年就有45个州通过400多项与移民有关的法律法规，其中一些法律对移民更为严苛，一些法

① Michael A. Scaperlanda, "Immigration and the Bishops," *First Thing*, Vol. 180, No. 2 (February 2008), p. 14.

律则立足于将移民融入美国社会。[①] 这令移民问题更趋复杂。二是移民社会服务的相关法律、政策制定与执行。向各类移民提供多种社会服务不仅是维持社会稳定的重要环节，也与众多移民的生活息息相关。

目前移民问题已逐渐演变为美国的重要分裂选项之一。

其一，移民问题成为美国社会的分裂选项。美国的保守势力反对外来移民，认为随着大量各种族移民的涌入，白人盎格鲁－撒克逊新教徒（WASP）的根基被不断削弱。[②] 移民问题成为族裔矛盾的重要导火索。

其二，移民问题成为美国经济的分裂选项。从创新发展角度看，目前美国吸纳的科技移民比例远少于澳、加等其他西方国家，而从基础建设角度看，非法移民的大量进入则降低了建设成本，有利于提高美国经济的竞争力。

其三，移民问题成为美国政治的分裂选项。美国对移民处置出现以党划界，共和党更偏向于加大对非法移民的限制，而民主党则倾向宽松，加速了美国政治的极化。由此亦滋生府会矛盾。联邦行政分支明确反对各州通过的严苛移民法案；联邦的《梦想法案》类折衷法案在联邦立法分支和行政分支之间、联邦与州之间均引发一定对立。2010 年，亚利桑那州获得 2/3 民众支持通过最严苛移民法。2012 年，美国最高法院就备受争议的亚利桑那州移民法作出裁决，认定其中大部分争议条款

---

① Shannon K. O'Neil, "Immigration Reform Is Happening," July 11, 2014, http://www.cfr.org/immigration/immigration-reform-happening/p.33235.

② ［美］塞缪尔·亨廷顿著、程克雄译：《我们是谁？——美国国家特性面临的挑战》，北京：新华出版社，2005 年版。

与联邦法律存在抵触，不能生效。移民问题深化了美国党派之间、联邦与州之间的冲突。

其四，移民问题成为美国法治的分裂选项。目前在美国的治理结构中，法律问题的重要性和冲突性日益凸显，移民问题及其相应温和的解决方案业已挑战美国的法治基础和法治传统，人权与法治之间的关系出现美式困境。

三、基督宗教移民伦理及美国主要宗派、协会的立场

（一）基督宗教关爱移民的《圣经》依据

基督宗教以《圣经》作为解释当前移民问题的整体框架。①

罗马天主教会经常援引的移民及相关问题的条文主要有：

1. 上帝给予人类的世间定位。“表示欢迎明认自己在世上只是外方人和旅客。”（希伯来书11：13）

2. 对待移民的基本立场。《圣经》中上帝告诉犹太人，“不可压迫外侨，因为你们在埃及国也作过外侨，明了在外作客的心情。”（出谷记23：9）“若外方人在你们的地域内，与你住在一起，不可欺压他；对与你们住在一起的外方人，应看作你们中的一个同乡，爱他如爱你自己，因为你们在埃及地也作过外方人”。（肋未记19：33，34）对移民中的难民，教会

① 本文中天主教《圣经》版本为思高本，新教《圣经》版本为简体和合本。

多引用“因为我饿了，你们给了我吃的；我渴了，你们给了我喝的；我作客，你们收留了我；我赤身露体，你们给了我穿的；我患病，你们看顾了我；我在监里，你们来探望了我……君王便回答他们说：我实在告诉你们：凡你们对我这些最小兄弟中的一个所做的，就是对我做的。”（玛窦福音 25：35、36、40）

3. 对边境问题的立场。罗马天主教采用的《圣经》经文如是看待国家主权管辖之下的边境问题，“因为我们在此没有常存的城邑，而是寻求那将来的城邑。”（希伯来书 13：14）。

主流教会主要援引的《圣经》基础亦高倡对移民的尊重和关爱：

1. 上帝给予人类的世间定位。“神说，我们要照着我们的形像、按着我们的样式造人、使他们管理海里的鱼、空中的鸟、地上的牲畜和全地、并地上所爬的一切昆虫。”（创世纪 1：26）

2. 对待移民的基本立场。旧约经文有：“若有外人在你们国中和你同居、就不可欺负他。和你们同居的外人、你们要看他如本地人一样、并要爱他如己、因为你们在埃及地也作过寄居的，我是耶和华你们的神。”（利未记 19：33—34）“所以你们要怜爱寄居的、因为你们在埃及地也作过寄居的。”（申命记 10：19）新约经文有：“因为我饿了，你们给我吃；渴了，你们给我喝；我作客旅，你们留我住。我赤身露体，你们给我穿；我病了，你们看顾我；我在监里，你们来看我。”（马太福音 25：35—36）“不可忘记用爱心接待客旅，因为曾有接待客旅的，不知不觉就接待了天使。”（希伯来书 13：2）使徒保罗亦强调“圣徒缺乏要帮补，客要一味的款待。”（罗马书 12：13）。

而福音派教会主要援引的《圣经》基础是：

1. 神对人在世间的定位。福音派教会援引创世纪 1：26—28 节，认为讨论移民和政府移民政策的起点是每一个人是按照神的形象创造出来，人类有潜能给予社会巨大贡献。

2. 对待移民的基本立场。福音教会主要援引路加福音中救治无辜受害者的好心的撒马利亚人之典故用以说明教会对移民所当持的态度。（路加福音 10：31—37）同时，教会亦以约翰福音 4：1—42 耶稣在撒马利亚人中传道的叙述，指出并宣扬耶稣例证了如何对待与自己不同的人。

3. 治理路径。福音教会提出《圣经》并未给现代立法提供蓝图，但却是道德指南，并形塑了基督徒的态度。罗马书 13 章全文均教导基督徒要顺服“掌权的”，捍卫法治。神创造了国度，“至高者将地业赐给列邦、将世人分开、就照以色列人的数目、立定万民的疆界。”（申命记 32：8）“他从一本造出万族的人、住在全地上、并且预先定准他们的年限、和所住的疆界。”（使徒行传 17：26）在此基础上，国家制定的法律应得到遵守。在说明对法治的尊重之后，福音派教会亦强调政策必须体现出对移民是按上帝形象创造而来的肯定，并体现出给予外邦人神圣的恩典。

尽管三类教会对《圣经》章节的选取有一定差异，但都表示出对移民平等性的尊重、对移民处境的关爱、理解与同情。福音教会与天主教会有所不同的是高度强调对政府和法治的尊重，这是其看待非法移民问题的重要思想基础。

（二）罗马教廷与美国天主教会之移民观

从罗马教廷层面看，教廷高度肯定世界范围内的自由迁徙，认为各国国内或国际的移民限制会有损于公共秩序，尽管教廷亦肯定国家的独立性，但仅在表态中谨慎和模糊地阐述国家对移民的控制管理权。①

教廷肯定个人移民的正当性。若望二十三世在通谕中肯定“家庭移居的权利”，肯定“每人均有权利在国家范围内迁徙和定居；如有正当理由，可移民它国并定居。”② 若望保禄二世亦认可“人有权因不同目的离开故土进入另一国家以寻求更好生活条件，也有权回归。”③

但教廷正式文件并未对“正当理由”进行明确界定，最权威的解释是宗座移民与旅客牧灵委员会将正当理由界定为“个人能更好地运用其能力、成就其抱负和事业。”④ 这一定义

---

① 罗马教廷在各类文件、教宗在多次讲话中均高度重视人的尊严和对移民、难民的人格尊重与关爱，美国天主教会亦为如此，本文着重分析各层次表达中与实际政策可产生直接关联部分。

② Encyclical of Pope John XXIII on Establishing Universal Peace in Truth, Justice, Charity, and Liberty, “Pacem in Terris,” April 11, 1963, http://www.vatican.va/holy_ father/john_ xxiii/encyclicals/documents/hf_ j-xxiii_ enc_ 11041963_ pacem_ en.html.

③ Encyclical of Pope John Paul II, “Laborem Exercens,” September 14, 1981, http://www.vatican.va/holy_ father/john_ paul_ ii/encyclicals/documents/hf_ jp-ii_ enc_ 14091981_ laborem-exercens_ en.html.

④ Roman Catholic Church, “Pontifical Council for the Pastoral Care of Migrants and Itinerant People,” June 28, 1988, http://www.vatican.va/roman_ curia/pontifical_ councils/migrants/index.htm.

与现行国家主权及其对移民事务的管理存在内在冲突。同时教廷亦认可东道国对移民安置的控制管理，并通过公共秩序（public order）、公共利益（public interests）进行阐释，但并没有对这两大基本概念进行明确定义，也没有说明为何国家有权区别对待不同国籍身份的人民。若望二十三世认为国家有责任接纳和融合移民，但并没有明言移民进入国应如何作为，而是谨慎地表示："特定国家接纳移民的责任取决于依据移民对公共利益造成影响而形成的判断。"① 若望保禄二世承认"这一权利的实践应受到管理，因为无差别地实践这一权利有可能损害和伤害接纳移民小区的公共利益。"②

对于各发达国家和地区均非常关注的非法移民问题。移民输入国及社会往往强调非法移民导致公共秩序受损。教廷肯定维护公共秩序的重要性，同时强调人的平等尊严，认为这是将非法移民逐步调整、乃至合法化的基础。强调很多非法移民也为当地社会作出了贡献，需平衡对公共秩序的关注和移民的实际需求。③

① Encyclical of Pope John XXIII on Establishing Universal Peace in Truth, Justice, Charity, and Liberty, "Pacem in Terris," April 11, 1963, http://www.vatican.va/holy_ father/john_ xxiii/encyclicals/documents/hf_ j-xxiii_ enc_ 11041963_ pacem_ en.html.

② Pope John Paul II, "Message of the Holy Father for the 87th World Day of Immigration," Feb 2, 2001, http://www.vatican.va/holy_ father/john_ paul_ ii/messages/migration/documents/hf_ jp-ii_ mes_ 20010213_ world-migration-day-2001_ en.html.

③ 教宗若望保禄二世对劳工与经济的关系的见解可见 Encyclical of Pope John Paul II, "Laborem Exercens," September 14, 1981, http://www.vatican.va/holy_ father/john_ paul_ ii/encyclicals/documents/hf_ jp-ii_ enc_ 14091981_ laborem-exercens_ en.html。

此外，教廷对难民和庇护申请者格外关切。碧岳十二世曾在教宗文件中表示耶稣家庭逃往埃及“是每一个难民家庭的原型。”① 耶稣基督本人亦曾是移民或难民。

目前教廷对移民问题的观点立足于教廷对罗马天主教会在世俗社会和政治定位的定位。“梵二”会议文件明确指出：“基督委托教会的固有使命并非政治、经济或社会性的；基督给教会预定的宗旨是宗教性的。”② 一方面教廷表示“教会不提供任何经济和政治体制或纲领，也没有对此的某种偏爱。”③ 另一方面教会也肯定：追求公益并为之而努力，是公义和爱德的要求。为公益而努力，一方面要我们关心那些组成社会的各架构，不论是在法律层面、民间层面、政治层面及文化层面；另一方面也要我们善用那些架构……我们既然生活在一个趋向全球化的社会，公益及为公益所付出的努力，当然该以全人类为对象，包括各民族，各国家，这样人类社会才能达成合一及和平，且在某程度上已呈现天主神国的雏形，毫无区隔。④

① Apostolic Constitution of Pius XII, “Exsul Familia Nazarethana,” August 1, 1952, http://www.papalencyclicals.net/Pius12/p12exsul.htm.

② 梵二文献：《论教会在现代世界牧职宪章》（中文版），1965年12月7日，参见 http://www.vatican.va/archive/hist_councils/ii_vatican_council/documents/vat-ii_const_19651207_gaudium-et-spes_zh.pdf。

③ 教宗若望保禄二世：《论社会事务关怀通谕》（中文版），1987年12月30日，http://www.catholic.org.hk/document/social.html。

④ 教宗本笃十六世：《在真理中实践爱德通谕》（中文版），2009年6月29日，http://www.vatican.va/holy_father/benedict_xvi/encyclicals/documents/hf_ben-xvi_enc_20090629_caritas-in-veritate_zh-t.pdf。

由此在教廷内部三方面基础理论实际上难以完全展开。其一是大公教会与民族国家之间的关系，关键在于教廷如何明晰界定大公教会与主权国家之间的关系；其二是国家和社会的根本关系，关键在于天主教所界定的国家介入社会事务处理的空间界定与保障人的基本尊严之间的关系；其三是经济全球化与移民问题的根本关系，关键在于天主教经济相互依赖日益深化导致的移民问题应如何对待。囿于教廷社会教义的特殊性质，教廷可对移民问题进行道德性表达，但难以出台对当前世界移民政策的明晰表达，各国教会基于教廷立场一般更多对具体问题表明道德立场，对具体政策层面难以展开清晰的政策建议和在明确政策纲领后开展政治游说。

在响应美国天主教主教会议的移民立场时，圣座移民与观光牧灵委员会副主席代表教廷指出，教廷关于移民问题的动力是真理与爱，须竭尽全力开展慈善工作，这是天国福音最伟大最有效的表达。[①] 其措辞是罗马教廷对社会正义问题所作的典型道德性表达。

美国天主教会的移民观建立在普世教会的大公性质和美国国家的特殊性两重基础之上，同时受到教内移民、尤其是非法移民不断增长的压力。尽管美国天主教会认为美国的移民体系已经支离破碎，但其对移民问题的立场观点则一直处在国家与

---

① Michael A. Blume, Undersecretary Pontifical Council for the Pastoral Care of Migrants and Itinerant People, "A Reply Perspective Of The Holy See On Catholic Social Teaching And Migration," http: //www. usccb. org/issues-and-action/human-life-and-dignity/migrants-refugees-and-travelers/perspective-of-the-holy-see-on-catholic-social-teaching-and-migration. cfm.

信仰、美国社会文化战争的夹缝中。

美国天主教会对美国移民问题的权威表达可见美国与墨西哥两国的天主教主教会议于2003年发表的联合教牧声明《不再是陌生人：希望之旅携手同行》，表明基本立场：

1. 教会承认主权国家对疆域的控制，但拒绝纯粹旨在获取额外财富的控制。有能力保护和供给其居民的经济更为强大的国家有更强的责任调适移民流动。

2. 教会认为世上万物属于所有人。当人们在原生国家不能找到工作赡养自己及家庭，他们有权去他国寻找工作以生存。主权国家应为容纳这一权利提供路径。

3. 逃避战争和迫害的人应受国际社会保护。最低程度应保护移民有权申请难民地位而不受到监禁，称职政府应充分考虑其诉求。

4. 不论其法律地位，移民与其他人一样拥有与生俱来的人类尊严，应受到尊重。政府政策必须尊重非法移民的基本人权。①

基于美国面临移民问题的现实处境和美国天主教会的成员现状，美国天主教会对三大领域更为关注。

1. 边界控制。教会赞同主权国家对边境的保护，但强调相应政策不能是非人道的。关于美国边界向墨裔工人开

① United States Conference of Catholic Bishops and Conferencia del EpiscopadoMexicano, "Strangers No Longer: Together on the Journey of Hope," Jan 22, 2003, http: //www. usccb. org/issues-and-action/human-life-and-dignity/immigration/strangers-no-longer-together-on-the-journey-of-hope. cfm. 该教牧声明以罗马教廷社会教义、美国天主教主教会议1995年声明"在天父下同为一家"，2000年声明"多样性中的统一"为基础，将移民问题与美国处境相结合。

放，美国天主教会提出不仅应考虑到这对美国所产生的影响，而且应考虑到严格移民政策对墨西哥政治、经济和社会的冲击。

2. 家庭团聚。天主教会一直有重视家庭的传统，认为家庭是社会和国家的根基，因此家庭团聚和家庭关系的健康实属公共秩序，并不仅仅是移民的个人愿望。① 美国天主教会坚持移民政策不能阻碍家庭团聚；批评美国移民政策的配额制导致不公平的结果，如来自欧洲的移民家庭团聚的等待期要比来自墨西哥、中美洲国家、中国、印度、菲律宾等国家移民短得多，后者有时要等待十年以上。

3. 对非法移民的管理。美国天主教会对移民正当理由的定义在美国面临以拉美裔为主体的非法移民的冲击下显得更为保守，将其定义窄化为“为了生存而在其他地方寻求工作的权利。”但美国天主教会的具体呼吁体现出对非法移民权利的尊重，基于承认人类平等的尊严，教会认为关键在于美国是否可以为非法移民合法在美国生活提供入籍的可能性。在2005年的教牧书函中，美国天主教会表示“主权国家应对移民给予合理限制，个人基本权利遭受侵犯时，公共利益则无从谈起。”矛头直指当前美国的移民法律，认为其违反了基本人权。由此，违反美国法律的非法移民并不应被视为罪犯，应尊重他们的合法人权，建议美国“应通过推动公正的移民法来

① Encyclical of Pope Leo XIII on Capital and Labor, “Rerum Novarum,” May 15, 1891, http://www. vatican. va/holy_ father/leo_ xiii/encyclicals/documents/hf_ l-xiii_ enc_ 15051891_ rerum-novarum_ en. html.

阻止非法移民”。[①] 反对一些团体将非法移民定义为“非法外来者入侵问题”，认为很多美国人被反移民组织的宣传欺骗。

简言之，尽管罗马天主教会并不主张教会提出明确的政治蓝图，但美国天主教会对美国移民政策改革的政策立场相较其他教会仍更为明晰具体：

1. 支持为现居美国的非法移民归化为公民提供路径；高度支持为具备一定条件的年轻非法移民开辟居留途径。

2. 改革以雇佣为基础的移民体系，保证移民工人在美安全、有规范和尊严地生活；

3. 改革以家庭为基础的移民体系，大幅减少家庭团聚等待时间；

4. 改革对非法移民的法律保护机制，包括遣送、拘留机制，以及去除被遣送者再次进入美国须经过 3-10 年的限制。同时教会也反复声明，尊重国家对边境的控制，教会并不支持开放边界、给予非法移民或所有非法移民合法地位的大赦。

（三）美国主流新教之移民观

美国基督教教会联合会是美国最早对移民问题表明立场的跨宗派协会，其声明代表了旗下各宗派的总体立场。1952 年 4 月 25 日，众议院以绝对优势通过了“麦卡伦—沃尔特议案”，5 月 22 日，参议院以口头表决通过。杜鲁门于 6 月 25 日否决

---

① Testimony Presented by the Director of the USCC Government Liaison Office on Behalf of the Bishops of the United States, “Testimony to Democratic and Republic Platform Committee,” May 10, 1988, http://www.priestsforlife.org/magisterium/bishops/88-05-10demrepubplatformcommitteesuscc.htm.

了该议案，参众两院随后推翻了总统的否决，“麦卡伦—沃尔特”议案正式成为美国法律，是为《1952 年外来移民和国籍法》。该法尽管改变以往彻底排斥亚洲等非西半球移民的政策，但仍然坚持民族来源限额体制。[①] 多个主流新教宗派认为该法未能达成公平与正义，美国基督教教会联合会迅速联合各宗派对此进行深入讨论。1952 年 7 月 24 日，美国基督教教会联合会的理事会通过决议，指出“这世界背井离乡的人民之困境缔造了美国”，移民事宜是“巨大的道德、经济和政治问题”。呼吁“国会应更灵活使用配额体系。……我们相信应慎重考虑合并或调整未使用的配额，便利家庭团聚者、提供国家需要技能者、为极权政权受迫害者提供避难所。”“国会应完成移民和归化法律修正案，在这一配额体系内应去除所有基于肤色、种族或性别的歧视条款。”“国会应建立关于签证颁发和驱逐出境程序的公平听证和上诉体系。”[②] 这些倡议在美国仍存在严重种族隔离的时代具有进步意义。

1962 年，该会理事会在美国国内要求移民改革的呼声再度高涨之际，再度促请教会对移民和难民进行支持，推动教会体系对相关问题的支持，请求教会成员对这一问题施予更多的关注与援助，并进一步呼吁美国政府更换建立在 1920 年美国人口普查结果基础之上的民族来源限额体制，反对对亚裔的严

① 戴超武，“美国 1952 年移民法对亚洲移民和亚裔集团的影响”，《东北师大学报：哲社版》，1997 年第 2 期，第 59—66 页。

② “United States Immigration and Naturalization Policy,” Adopted by the General Board March 21, 1952, http://www.nationalcouncilofchurches.us/common-witness/1952/immigration.php.

苛配额限制，改进难民准入体系，便利家庭团聚，呼吁对归化者应视同在美国出生者，并提议建立全国公民顾问委员会对移民事宜进行深入研究调查及指导。①

在美国多个基层教会积极卷入保护拉丁美洲非法移民的避难所运动之际，该会理事会于 1981 年 5 月 14 日又一次发表声明，表示将继续大力推动教会内部事工与其他组织、政府部门的合作，对移民和难民事务给予更多的支持和帮助，积极维护移民和难民在美工作的正当权益，呼吁在 1965 年移民法的基础上更进一步推动美国移民法律体系的深入改革。②

21 世纪以来，美国移民问题愈演愈烈，移民改革却陷入困境。2008 年 9 月 22 日，美国基督教会联合会理事会及其所属的慈善组织教会世界服务会通过“移民问题解决方案及行动呼吁”的决议，表态支持移民改革，支持地方教会为保障移民及其家庭的权益而展开倡议。决议指出当时美国移民体系“过时而失效”，“教会受召明确捍卫陌生人、旅居者、寡妇和孤儿，”并明确提出，总统和国会应努力达成相应主要政策：

1. 将家庭团聚作为移民的优先选项，拒绝分离家庭的提案，如否认在美出生儿童公民权等。推动对非法移民的保护，建议改革移民法律令非法移民能获得合法永久居留权并最终申请入籍。

---

① “The Churches and Immigration,” Adopted by the General Board February 27, 1962, http://www.nationalcouncilofchurches.us/common-witness/1962/immigration.php.

② “Immigrants, Refugees and Migrants,” Adopted by the Governing Board May 14, 1981, http://www.nationalcouncilofchurches.us/common-witness/1981/immigration.php.

2. 完善对在国外受迫害者的人权保护，扩容难民数量、提高相应资助，便利他们的安置与融入。

3. 增强对儿童和成年移民的法律、民事和人权权益，包括公平工资待遇、教育权利、获得社会服务、美国法律下的平等待遇、保护工人免遭剥削及其他形式苛待。①

美国联合卫理公会、美国长老会、美国教友会、美国基督教会、美国福音信义宗、美国门诺会、美国圣公会等多个主流宗派亦分别对移民问题通过决议并发表声明，或略显激进、或稍有保守，但均与美国基督教教会联合会保持整体的一致性。

（四）美国福音新教之移民观

美国福音派长期在移民问题上持较为保守的立场，近年来随着美国福音派内部的演化，福音左翼在移民问题上与主流教会的态度开始趋近，而福音右翼对移民持保守立场。拉美裔新教会在神学观点和社会观点上属于福音派，但在移民问题上态度相对激进。随着拉美移民的日益增多，拉美裔新教徒近年来在美增长迅速，在福音派内部的影响力也在日益上升。

1995 年，由多个美国福音派教会组成的跨教会协会美国福音派联盟（National Association of Evangelicals）发表“对移民和难民的同情”决议（Compassion for Immigrants and Refu-

---

① “Resolution on Immigration and a Call for Action,” Adopted by the Boards of the National Council of Churches USA（9/22/08）and Church World Service, and Adopted by the General Assembly of the National Council of Churches USA and Church World Service（11/12/00）, http://www.nationalcouncilofchurches.us/common-witness/2008/immigration.php.

gees 1995)，在表达对移民的支持与同情的同时，其政策立场与天主教会和主流新教会相去甚远，如今美国福音派联盟网站亦已撤下该份决议。2006 年，该联盟发布“移民 2006”决议，政策立场更加温和。2009 年，美国福音派联盟再次发表“移民 2009”这一关于移民问题的决议，该决议指出“移民是世界性的现象。人们移民是因为经济全球化、武装冲突和让他们的家庭更好的渴望。”“美国是由移民建立的国家，其历史特色因从世界不同地区而来的一波波移民而显扬。”在此基础上，福音派对移民问题的回应“必须包含对移民史的理解和对多元文化在过去 250 年中对国家生活所产生积极影响的体认。”由此，福音派教会认为今天的挑战首先在于“确定如何保持国家边境的完整。”在此基础上，“重视数以百万计的非法移民的境遇，设计出反映劳工需求的项目，并体现了人道主义精神，这也是这个国家成立以来一直具有的特征。”声明随后指出了移民问题对美国政治和社会产生的多种复杂负面效应，同时也认为“虽然这些行为违反了现行法律，社会经济，政治和法律的现实情况导致移民的问题本质。由于移民廉价劳动力带来的经济效益，社会忽视了非法劳动力的存在。”决议亦重点说明，这给教会福音事工带来新的机会。由此，该决议呼吁“教会尊重而仁慈地对待移民”。

在政府政策方面，该决议首先强调“政府应制定出结构与机制，以有效捍卫和监控国家边界，同时也尊重人类的尊严”。随后，决议呼吁“政府建立更有效的机制，每年给予移民工人和家庭合理的准入人数”。“政府应认识到家庭在社会中的中心意义，重新考虑家庭团聚签证的数量和分类、提供更多资源以减少申请过程中个案的积压、重新衡量遣返对家庭的影响。”对于非法移民，“政府应建立一个深入平等的程序为现有的非法移民获得合法地位，他们渴望与公民权相应的责任和权利。”最后，该决议呼请“政府对所有居住在美国的人进行公平的劳工和民事立法，这反映了这个国家最为优秀的传统。移民措施应认识到正当法律程序的重要性、人类的尊严和家庭价值的无可取代”。①

尽管该决议将边境安全放在重要地位，且并未提出对待非法移民的明确政策，但这一决议在福音派内部并未获得广泛赞同。神召会等在拉丁美洲传教事工发展广泛且具广泛影响的宗派表示赞同这一决议，而美南浸信会、美国长老会（PCA）等福音宗派并未对此决议表态赞同。

美国社会对于移民改革可划为两派：其一是保守的“以执行为考虑”派，其二是偏于自由的“深入改革”派。与少数基层教会不同，美国各宗派或跨宗派组织一般并不直接提出关于法案特别具体的观点，美国福音新教一般持保守的“以执行为考虑”观点，而美国主流教会和罗马天主教会立场为后者。尽管福音派亦坚持对人类尊严的尊重和核心家庭团聚的保护，但福音派高度关注法治、边境安全和纳税人的公正待遇，立场与天主教和新教有较大差异，同时美国福音派内部左右翼的移民问题立场亦有相当差异。美国主流教会与天主教移民观更为接近，而部分激进主流教会比天主教更为激进地保护移民、尤其是非法移民权益。

对于非法移民劳工议题，各宗教团体对待非法移民的态度因其教派、族裔背景各派不一样，天主教会、主流教会和拉美

---

① 可参阅该组织网站移民事务部分，http：//www. nae. net/immigration 2009。

裔福音派倡议在设立标准和适当程序的基础上给移民劳工暂时身份，并为他们获得永居和公民权开辟道路。倡议对能给美国贡献智慧、精神和经济资本的个人扩大配额。

对于家庭团聚议题，天主教会、主流教会和拉美裔福音派均积极倡议缩短家庭团聚的等待时间。

对于非法未成年移民议题，各教会普遍认为非法未成年移民一般是被迫陷入非法身份，由此往往丧失受教育的权利。出于对未成年人的保护，教会更倾向于给非法未成年移民一条身份合法化的路径，因此对《梦想法案》较为支持。

对于难民议题，各宗教组织均表达对难民的同情和支持，但在难民归化和遣返问题上具有较大的分歧，福音右翼强调以美国法律为基础行事，而其他组织则倾向给予难民更多身份合法化的途径、重视难民的家庭团聚。

对于边境安全议题，各教会组织均认为这是一棘手问题，在具体处理移民问题中必然面临对边境安全的两难选择。

表 2　　美国人对处理非法移民问题优先选项所持观点

	更好的边境安全	为非法移民获得公民权创造途径	对前两个观点均表示同意	对前两个观点均不同意或不知道
总数	33	22	42	4
白人	37	18	47	4
黑人	26	23	47	3
拉美裔	11	41	45	2
共和党	47	12	37	3
民主党	21	30	46	3

续表

	更好的边境安全	为非法移民获得公民权创造途径	对前两个观点均表示同意	对前两个观点均不同意或不知道
独立派	34	20	43	3
基督新教	37	19	41	3
白人福音派	42	15	39	4
白人主流教会	40	17	40	3
黑人新教徒	27	24	46	2
天主教	28	24	45	3
白人天主徒	37	16	44	3
拉美裔天主徒	8	42	47	3
不从属教会者	32	27	38	4

* Religion and the Issues：Results from the 2010 Annual Religion and Public Life Survey，http：//www. pewforum. org/uploadedFiles/Topics/Issues/Politics_ and_ Elections/immigration-environment-views-fullreport. pdf（登录时间：2014 年 9 月 30 日）。

各基督教组织均认识到美国当前的移民法已经过时且无效，但所关注的主要议题和解决路径各有不同。2010 年，非法移民问题严重的亚利桑那州通过的严苛移民法案 SB1070 给予地方警察及社会服务部门部分原属联邦移民局的权限，一些州也纷纷跟进这一路径。这引起众多天主教组织和主流新教组织的严重忧虑。

总体而言，美国教会的多元移民立场既表达出对移民的关爱和政治勇气，也表达出教会信徒组成对教会政策立场的渐进影响。同时，在社会议题上高度注重公平与正义的天主教会和主流教会比高度注重自由市场经济的福音派组织更清晰地认识到，美国移民政策的更新无法彻底消除移民问题，从深层次而言，亟须改良国际经济秩序、扶助贫困国家经济成长。

四、美国各类教会争取移民权益的内部组织动员

（一）美国天主教会争取移民权益的内部组织动员

美国天主教会的发展与移民息息相关，除信仰的社会表达之外，美国天主教会的结构和信徒组成等情况亦决定了美国天主教会在争取移民权益方面的主动性与迫切性。

在结构层面，美国天主教会是普世天主教会的组成部分，拥有 7700 余万注册信徒，在国别天主教信徒人口上居世界第四，在教会经济水平上居世界第一。美国本土现有 32 个拉丁裔教省，195 个主教区和一个代牧区，下辖 17644 个教区，与美国州、地方的行政区划具有大幅重叠。在国家间横向交流方面，由于天主教会的普世特性和科层结构特性，美国天主教会在与其他国家天主教会就移民事务的交流与合作方面拥有优势。同时，罗马教廷加入多个国际组织，2011 年 12 月 5 日成为国际移民组织（政府间国际组织）正式成员国，不采取在其他国际组织内享有的观察员地位，而是成为正式成员，成为国家间移民事务协调和教会内部的移民事务协调的重要桥梁。在各类理念统合和行动实践方面，罗马天主教会的普世和科层体系令其具有其他类型的非政府组织难以比拟的纵向集合和横向铺散优势。

在信徒层面，信徒组成是美国天主教会服务移民、影响移

民政策的充足动力。历史上美国天主教会的增长与移民密不可分，1830年—1920年，美国天主教移民深受本土主义的困扰，教会在移民事务方面拥有丰富的历史记忆与处理经验。当前美国天主教会的拉美裔人数已达39%。[①] 在南部一些地区拉美裔的比例更高，如在洛杉矶县超过70%。[②] 在美国天主教会内部，拉丁裔神父的人数比例和担任要职的比例亦在不断增长，他们在移民事务倡议中成为重要引领者。目前美国天主教主教会议移民委员会主席、洛杉矶教区总主教何塞·戈麦斯（José H. Gomez）本人亦有移民背景。目前美国各类天主教网站均有西语版。当下美国天主教会中尽管拉美裔本身内部也有分野，中产阶级和专业人士的拉丁裔的诉求和大部分拉美裔有一定距离，但总体而言美国拉美裔比其他族裔更大幅支持放宽非法移民合法化的途径。此外，菲律宾裔，越南裔，第一、二代非洲裔移民均有较大比例的天主教徒，目前美国各地天主教会的族裔成分日趋丰富。

在移民服务整合方面，美国天主教主教会议设有移民委员会，下设移民政策和公共事务办公室和重新安置办公室，另设儿童服务和反人口贩运两个特殊项目办公室，主要职责是就国内和国际移民问题协调发展众多主教立场，教育天主教徒及其

---

① United States Conference of Catholic Bishops. Hispanic Affairs website, Demographics section.

② Gregory Rodriguez, "Tamed Spaces: How Religious Congregations Nurture Immigrant Assimilation", in Gregory Rodriguez, eds., *Immigrants, Religious Congregations, and the Civil Society* (Faith and Public Policy Report), The Davenport Institute and Pepperdine University School of Public Policy, 2004, http://publicpolicy.pepperdine.edu/davenport-institute/reports/faith-public-policy/content/faith-public-policy-report.pdf.

他公众，协同政府、地方教会、天主教伙伴组织与其他联盟组织服务于移民和难民；协同其他草根天主教网络对各类移民政策的促进。另教会内文化多样性委员会有 5 个分委员会，分管非裔美国人事务、亚裔和太平洋岛裔事务、美国土著事务、拉美裔事务以及移民、难民和旅行教牧关怀事务。其中移民、难民和旅行事务分委员会主掌移民教牧关怀事务，另四个分委员会中有三个分委员会的工作亦与移民事务有重叠。美国天主教主教会议的各委员会和分委员会的委员均由各地方教会主教组成，基于天主教的科层系统对整合办公的行动具有较好的协调作用。

美国天主教会亦成立美国天主教移民与难民事务基金为近年到达美国的难民和其他处于紧急或危机状态的移民开展救助。①

1988 年，美国天主教主教会议专门成立慈善组织天主教法律移民网络（Catholic Legal Immigration Network，INC，简称 CLINIC）面向小区服务。该组织高度整合主教与教友领袖之间的协作，注重发挥普通教友的能动性。现已服务于 201 个主教区，并为多个天主教慈善组织提供服务，在 47 州设有 290 个地方办公室，1200 名专业人士每年为 60 万低收入移民提供法律服务。②

天主教会的各层组织、美国天主教慈善会这类教会慈善组织网络、众多中小型天主教救援与发展组织为移民提供了法律

① 详参见美国天主教主教会议网站网页：http：//www. usccb. org/about/migration-and-refugee-services/。

② 详参见该组织网站说明，http：//cliniclegal. org/about-us。

援助、贫困救助、心理咨询、协同发展、疾病救治等种类丰富的服务，对移民问题的现状深入了解，与其他组织及各级政府就移民及其他问题有着密切合作。在组织跨国移民服务方面，美国天主教救援组织依靠世界罗马天主教会体系、修会体系、救援与发展组织体系开展形式多样的服务。美国天主教会系统是罗马教会内部的科层传统与美国式慈善组织的平行运作方式的复杂结合，教会内部的移民事务整合亦是基于这一复杂结构不断优化移民服务。

在移民改革倡议整合层面，美国天主教会认为立法在美国移民体系改革中位置关键，因此把促进符合教会立场的立法列为优先选项。基于美国社会的政治参与特色与教会自身特性，教会在倡议中高度注重对信徒的教育与整合。如今美国天主教体系通过以下行动整合天主教内部思想和行动。

第一，天主教会注重推动教会上下形成一致的移民问题立场。天主教会采取多种途径不断进行教内教育和理论政策问题探讨，向公众推广天主教会关于移民问题的社会教义，通过各层次法律、经济、政治、社会服务等不同角度的解读和分析将相关议题明晰化并撷取多方意见，并在进一步探讨的基础上一步步更新整合教会内部立场和观念，从而便利主教们进一步规划以推动立法和行政改革，为推动具有积极意义的全面改革奠定民意基础。教会内部基层游说有助于将没有选举权的移民、包括非法移民的呼声纳入教会的主张。非法移民并不是美国公民，但他们是天主的子民、美国基层天主教会的教友，参加基层教会及相关组织活动，成为教会系统内部有成员资格的行动者，并在教会找到同情者和声援者。

第二，天主教会注重推动建立更为有效的倡议网络。目前在地方和州一级的相关倡议中，由于各地教会在社会中的位置、教会自身结构等多方面原因，对相应议题展开倡议主要因地制宜，在一些游说活动中亦有借助其他地方或层级天主教的力量。一些主要行动组织体不断就移民改革倡议与各教区、教会、各类其他天主教组织进行组织性协同合作，在地方、州和联邦层次针对不同事项组织协同推进各类游说。为了更广泛地促进移民改革，美国天主教主教会议和天主教法律移民网络共同创立“为移民争取正义”（Justice for Immigrants）行动对移民倡议进行高度整合，该骨干行动组织于2005年设立，不到一年80个教区就设立了这一组织的分支部门。①

第三，天主教会注重推动移民问题的整体解决。移民并非一个单一的问题，而是多种复合因素的总和。同时，解决美国移民问题远非美国一国单纯深入进行移民改革所能达及，这是一个极为复杂的多边问题。为此美国天主教会努力协同国内外，尤其是拉美国家天主教会各种类型的天主教救援与发展组织进行综合服务，为移民问题的整体解决开展基础工作。解决非法移民问题的关键在于缩小美国与拉美国家及世界众多发展中国家的收入差距。由此，美国天主教会亦高度重视推动公平贸易、债务减免、争取外援等多种方式协助拉美社会推动当地发展。天主教反对全球贫困、天主教人类发展行动、天主教慈善会、天主教救援会等24个国际救援与发展类天主教组织为移民伸张正义行动创始成员组织，在移民权利倡议之外，亦致力于缓解被迫移民的经济根源。

---

① Donald Kerwin，“Immigration Reform and the Catholic Church，” May 2006，http：//www. migrationinformation. org/Feature/display. cfm？ id =395.

（二）美国主流教会为移民争取权益的内部组织动员

美国各主流宗派亦在教会内部进行组织动员，透过宗派和跨宗派的网络积极向移民和难民提供法律援助、贫困救助、心理咨询、协同发展、疾病救治等类服务。各宗派均成立相应组织、部门或项目为移民争取权益。其中美国圣公会1938年即成立移民事务办公室，美国信义宗于1939年另行成立慈善组织信义宗移民与难民服务会（The Lutheran Immigration and Refugee Service）。[①] 而美国长老会（PCUSA）尽管迟至2004年才成立独立的移民事务办公室，但该会一直积极组织移民倡议，其整体移民事务立场在主流教会光谱中亦属于左翼。

代表主流教会集体声音的美国基督教教会理事会特别成立移民工作组（NCC/CWS Immigration Task Force），成员是9位具有不同宗派和教会背景的神职人员，包括美国基督教教会理事会的秘书长，对各宗派的移民事工进行协调。此后以《圣经》以赛亚书58章6节“我所拣选的禁食不是这样吗？不是要松开凶恶的锁链，解开轭上的绳索，使被压迫的获得自由，折断所有的轭吗”？为呼召，联络各宗派的众多本地教会参与活动，推动信众加入改善移民境遇的活动。他们为解决移民问题组织全国性的祈祷和禁食活动，如“以赛亚58之夏”等；2010年，该会在华盛顿举办每年一度的“普世倡议日”活动以移民改革为主题，进行专题探讨并与其他政治游说相配合。

① 由于美国信义宗在过去数十年中内部的分化组合，如今该组织的伙伴宗派是美国福音信义宗（主流教会）、信义宗—密苏里议会（福音教会）和拉脱维亚福音信义会。

为了让更多的信众理解对移民施爱的重要性，该会还制作主题赞美诗“亚伯拉罕去往新国度之旅”，通过在全国范围内的主流教会传习崇拜音乐而不断传输和放大这一主题。

由于双方在移民问题方面的立场基本近似，主流教会宗派近年与天主教组织在游说方面的合作日益增长。2005 年，美国天主教慈善会（Catholic Charities USA）、圣公会、信义宗移民与难民服务会、美国长老会（PCUSA）大会常务办公室、美国天主教主教会议、美国联合卫理公会教会与社会理事会、美国联合基督教会更广阔教会事工部首次发表联合声明，支持开展更为深入的移民改革，这是主流教会宗派与美国天主教会在宗派层面就移民问题游说开展正式合作的开端。①

（三）美国福音教会为移民争取权益的内部组织动员

美国福音教会内部对移民问题分歧巨大。保守白人福音教会和黑人福音教会总体而言对推动更有利于移民和非法移民的移民政策改革持一定保留态度，对改善非法移民归化方面持警惕态度。由于移民改革与拉美裔的利益直接密切相关，而美国的拉美裔新教徒以广义福音派为主体，在这样的现实情况下，拉美裔福音派领袖试图将拉美裔新教徒联合起来推动移民改革。其中美国拉美裔基督徒领袖会议由成员总数超过 1500 万的 40118 个拉美裔新教会组成，是美国最大的拉美裔福音派组织，近年来在推动移民改革方面充满动力。他们催请各类社团的基督徒领袖推动平信徒开展系列活动，开展家庭聚会推动对

① Glenn H. Utter, *Mainline Christians and U. S. Public Policy: A Reference Handbook*（Santa Barbara, California: ABC Clio, 2007）, p. 56.

移民议题的了解和热情、推动社团参与移民相关事务、联系选区官员催请他们推动移民改革等。[①] 为了减轻美国人对放开非法移民归化的疑虑，该会声明强调“我们的社会建立在犹太—基督传统、法律和秩序、和美国梦之上，我们能通过的法案将表明和强化这些基石，而不会做任何妥协。”近年来，拉美裔福音派领袖认为他们获得了罗马天主教、犹太教和穆斯林团体的支持，但对白人和黑人福音派的表现高度失望。由此，美国拉美裔基督徒领袖会议主席塞缪尔·罗德里格斯（Samuel Rodriguez）牧师在2006年甚至间接向福音派领袖喊话，认为移民问题对于拉美裔基督徒与福音派的关系具有分水岭效应，或是“确实与白人福音教会培育将持续数十年的关系，或是有可能有明确分裂。”[②] 在白人保守福音派和拉美裔福音派的共同努力下，两大福音派团体的合作近年有所增进。2012年12月，保守福音派组织自由法律顾问会（Liberty Counsel）成为美国拉美裔基督徒领袖会议的立法和政策机构，这有助于拉美裔福音派与白人福音派之间的进一步理解与合作。

为了进一步推进福音派参加移民游说，美国的一些立场温和的福音派组织和拉美裔福音派建立美国福音派移民台（Evangelical Immigration Table），成员有世界之粮（Bread for the World）、基督教社团发展联盟（The Christian Community Development Association）、基督教学院与大学协会（The Council for

---

① 参见该组织网站，http：//www.nhclc.org/immigration_ reform。

② Alan Cooperman，“Letter on Immigration Deepens Split Among Evangelicals，” *Washington Post*，April 5，2006，http：//www.washingtonpost.com/wp-dyn/content/article/2006/04/04/AR2006040401606.html.

Christian Colleges & Universities)、美南浸信会伦理与宗教自由委员会（The Ethics & Religious Liberty Commission of the Southern Baptist Convention）、希望（Esperanza）、自由法律顾问会、美国福音联盟、美国拉美裔基督徒领袖会议、旅居者、世界救援会、世界宣明会，这些组织在福音派及美国均具有重要影响。这一网络的建构成为美国福音派推动移民改革的重要平台。

美国新教会与天主教会的政体存在较大差异，绝大多数新教会为长老制和公理制，尽管美国圣公会和一些卫理公会实行主教制，但实施情况和天主教存在较大区别。因此新教会在推动形成一致的移民问题立场方面更为艰难，由此也无法建立统一的倡议目标和协同一致的倡议网络。在推动移民问题的整体解决方面，美国主流教会更为重视与其他国家主流教会的合作、更为重视推动经济正义等涉及到全球化深层结构的议题。近年来，福音派教会亦开始增进与拉丁美洲国家教会的联系推动移民事务的解决，移民儿童是为工作重点。

五、移民议题政治行动效应与影响

美国教会组织关于移民问题的政治倡议的基本目标有二：其一是达及根本性的法律更新，从根本制度方面解决美国当前日益严重的移民问题；其二是争取不同层次的政府进行各类政策、资金扶助，从本国和他国社会层面更妥善地弥补当今经济和政治体系造成的各种国内和跨国社会问题。基督教会主要通过政治游说来达成其移民倡议，而少数激进教会则不断采用公民不服从手段展开示威政治。

就教会的行动基础而言，基督教组织的移民救济部门一直积极与联邦、州和地方的各级政府密切合作。不同的政府部门对各层级宗教组织给予政府拨款以开展移民救助，甚至直接发包大量移民和难民服务项目。在获取政府资助方面，由于美国基督教组织与移民之间的密切关系和广泛的社会服务、在拉美国家的深远影响，与基层教会联系密切的基督教组织在争取联邦、州和地方资金扶助、帮助移民方面具有显著优势。在移民服务方面美国天主教救援会近年来一直是美国获得联邦资助最多的宗教非政府组织，各类各级天主教慈善机构亦获得了大量政府拨款，一些与墨西哥交界的边境州的天主教机构与政府的相关合作极为密切，而信义宗移民与难民服务会的难民事工项目是美国难民安置办公室指定的主要培训和技术支持机构之一。大量宗教组织从事种类丰富的移民事工，并通过宗派组织、跨宗派协会、基督教非政府组织的协调沟通而逐步形成专业系统的移民和难民服务网络，培养了大量熟谙各类移民事务的专业人才，也培训了众多参与移民和难民服务的志愿者，并通过各类教会和基督教非政府组织的活动而推动众多美国家庭直接参与到移民事务中。[①] 由此，以网络、经验和技能为依托，长期积极参与移民服务的宗教组织和宗教领袖在影响各级政府各类移民政策时，不只拥有普通倡议者身份，还具有从事

① 2013年，仅美国圣公会一个宗派的移民事务部及其基层网络就协助了4700名来自36个国家的难民。美国圣公会网站新闻，“The Episcopal Church's response to the Central American migrant crisis,” http://www.episcopalchurch.org/page/episcopal-migration-ministries。

移民事务专业知识的机构和个人。这是教会在移民问题上拥有一定发言权的重要基础。

从政治行动角度来看，宗教组织主要通过开展政治游说、组织公民不服从姿态影响政治决策和法律制定。

（一）政治游说

近年来美国教会对政治的影响力下降，[①] 为达成游说目标，教会组织必须与其它组织进行议题合作。各类宗教组织在移民问题上均坚持关爱移民，但具体主张和关注领域则有所区别，因此难以就整个议题进行结盟。不同的基督教组织就不同法案和不同分议题与其他宗教组织和非政府组织开展合作，天主教会和主流教会在联邦层面或地方层面进行合作游说的重要同盟者是美国公民自由联盟、拉美裔美国公民联盟、墨裔美国人法律保障和教育基金等组织，它们就总体议题和阶段性目标形成松散性联盟。

美国天主教会和主流教会均有通过与联邦、州和地方政府各分支领导人的私人关系开展精英游说。天主教会在精英游说方面近年来有所增长。在天主教徒充任各级政府官员、议员和各级法院法官日益增长的情况下进一步加大游说力度。各级主教亦就不同议题通过公开声明、公开信等多种方式向政界施加舆论压力。天主教会与联邦参议院司法委员会移民组、众议院司法委员会、各州议会的相关机构均保持密切的联系。在联邦层面，多位枢机主教、总主教和主教代表美国天主教主教会议

① Pew Report，"Public Sees Religion's Influence Waning，" Sept. 24，2014，http：//www. pewforum. org/2014/09/22/public-sees-religions-influence-waning-2/.

曾就移民问题在国会各种听证会作证，呼吁天主教立场的解决方案，在州层面教会组织亦或积极、或和缓开展政治参与。

一些天主教会组织和主流新教组织积极投入到移民议题的大众游说中去，宣传这方面议题的严重性和迫切性，表明教会所持的道德和政策立场，坚决反对 H. R. 4437 这类更为严苛的重在打击非法移民的法案，而倾向支持麦凯恩—肯尼迪移民法案这类较为宽松的方案。同时，为了增进游说有效性，各教会对儿童移民政策改革投入更大力量。教会的主要游说方式有：

其一，媒体攻势。各类宗教组织和跨宗教组织不仅大量通过宗教媒体表态，也积极通过各类世俗媒体发表各类声明，致总统、国会等的公开信等，众多宗教领袖和平信徒亦频频通过各类新旧媒体阐述观点，对现有政策进行批评，并解释教会立场将会为国家面对的严重问题带来转机，由此形成舆论压力。由于众多宗教组织长期从事移民救助，发言者的切身经历往往更能增强他们评说的真实感。各宗派的内部媒体也大量刊发有关议题和相关事件的现场报道和相关评论，并鼓励大家本着邻里之爱的精神关心伙伴信徒、关心移民的苦难。

其二，基层教会、非政府组织动员。各类基督教组织均高度注重利用自身网络进行基层动员。天主教会组织各地教会定期开展为移民祈祷、禁食活动及全国移民周等类活动，催请普通教友参与帮助移民的行动。在反对严苛移民法案通过的抗议中，天主教会鼓励教友参与各类抗议活动，支持各级神职人员为教会立场代言。各宗派对平信徒的直接政治游说主要来自有宗派和跨宗派教会的相应基督教游说团体。这类团体通过多种方式对普通平信徒进行游说，推动他们通过电话、邮件和电子邮件等多种形式和国会成员、州议会成员联系，促成强大的舆论攻势。在组织草根对立法分支的游说中，一些基督教倡议组织非常注重各类细节设计以便最有效游说。在地方层面，如洛杉矶县等众多天主教会势力相对雄厚且移民问题非常突出的地方，天主教会在整个游说行动中的地位与影响比在联邦和州层面更为明显。

其三，学术审视。各教会在这一层面进行了颇多努力。天主教会、主流教会和福音教会均联合众多人权、法律组织召开了一系列关于移民和移民政策的会议，并出台详尽报告，详细分析宏观和微观局势，法律、服务的全局和细节问题，并提出应对方案，通过这种途径来增强各组织所持的议题解决立场在全社会的信任度和处理此类问题的权威性。部分有宗教背景的基金会亦通过资助各类移民研究的方式对智库和学界产生影响，间接影响政府决策。同时各教会亦注重参与其他人权、法律组织、智库的活动，在各类公共论坛中通过积极参与扩大各教会立场的影响力。

其四，立法游说。宗教组织进行立法游说的层次包括联邦层次、州层次和当地三大层次。游说方式主要有二：一是以组织和个人的方式联系政府官员、国会议员和最高法院法官，催请国会议员加速更为公正、人性的移民改革。美国多个宗派组织和基督教非政府组织在华盛顿设有办公室，负责对政府各分支的游说，其中亦包含移民事务游说。近年来，关心移民权益的组织高度注重在首都华盛顿特区举办全国性集会，直接对联邦政府形成压力，以促进政策、法律更新。2010 年之后，天主教会、主流教会与犹太教、伊斯兰教等宗教背景的组织和一些世俗组织联合在华盛顿举办了多次集会活动，以期对美国最高法院对亚利桑那州通过的美国史上最严苛移民法的裁定产生影响。2012 年，这一方案被美国最高法院（9 位大法官中，6 位为天主教徒，3 位为犹太人）部分驳回。

（二）通过社会运动展开示威政治

教会组织进行跨教会合作，并与其他世俗组织合作，通过社会运动乃至采取公民不服从姿态影响美国移民政策主要体现在庇护所运动（Sanctuary Movement）中。1985 年始，为保护中美洲因战难而逃美的难民，先后有 300 多个教会组织承诺庇护，其中包括犹太教、天主教和基督新教机构，有 5 万余名美国人承诺愿意违法帮助难民，多名教会领袖因违法而受检控。但这是部分地方教会的行为，未得到天主教科层体系或新教宗派及跨宗派组织的认可和支持。①

2007 年始，美国福音信义宗牧师、教牧与平信徒联合起来争取经济正义组织执行主任艾莉西亚·萨尔瓦铁拉（Alexia Salvatierra）宣布各宗派背景的宗教领袖将重振庇护所运动，展开新庇护运动（New Sanctuary Movement）。这一运动以一些地方教会为基础，援助面临递解威胁的非法劳工。“新庇护运动”是由穆斯林、犹太教和基督教团体组成的社会运动，美国有 50 余个宗教团体参加该运动，向非法移民提供避难场所、金钱援助和移民律师的协助，而且在某些情况之下提供实质的庇护场所。参与该运动的基层教会绝大多数是主流教会和天主教会，新庇护运动的领袖均为美国出生的宗教倡议者。新庇护运动与美国当前推动移民改革的主流存在较大差异，同时参与

① Susan Bibler Coutin, *The "Culture of Protest": Religious Activism and the U. S. Sanctuary Movement* (Boulder, Colorado: Westview Press, 1993).

该运动的教会大多移民信徒比例较小甚至极小。美国移民改革联盟（FAIR）认为其行动不符合美国法律。[①]

2014 年，美国长老会、美国联合卫理公会、美国联合基督教会、美国基督门徒会、美国圣公会等主流教会的一些基层教会与一些唯一神论教会、犹太教会的基层教会联合发动“庇护所 2014”运动，为遣返难民提供各类庇护服务。目前该运动获得一定进展，但整体规模极为有限。同时该运动亦重视通过法律手段解决问题。至 2014 年 10 月 1 日，全国有 12 个城市提供庇护服务，24 个教会提供庇护所，60 个教会对庇护服务给予多方支持，目前该运动已打赢两场庇护官司。[②] 这一运动亦获得美国长老会（PCUSA）等主流宗派的正式支持。[③]

（三）行动限制

美国天主教会、主流教会组织和一些福音派组织在游说政府和公众、进行相就救援方面开展了大量工作，并与其他组织协同拦阻联邦、州严苛移民法律的通过或生效。其效应局限性主要来自以下方面：

1. 美国教会在移民问题上的信众影响力

随着美国人口结构的不断变化，美国天主教会信徒人数增幅显著。天主教与一些主流基督新教组织相比，美国天主教组

---

① Grace Yukich，*One Family under God*：*Immigration Politics and Progressive Religion in America*（New York：Oxford University Press，2013）.

② 详参见该运动网站，http：//www. sanctuary2014. org。

③ News release，“PC（USA）reaffirms commitment to deportees via Sanctuary 2014 movement，” Sept. 24，2014，http：//www. pcusa. org/news/2014/9/24/pcusa-reaffirms-commitment-deportees-sanctuary/.

织长期以来在直接利用教会及所属机构展开政治影响方面并不热切。主要原因有三：

其一，罗马教廷原则上认为普世教会可对现实社会和政治问题进行道德性表达，但不是直接作为倡议型组织直接卷入政治进程，这一观点直接对各个国家的民族教会产生影响。

其二，美国天主教会内部对教会如何关爱移民意见相对一致，但对教会影响移民政策的目标在具体问题上存在一定分歧，对非法移民问题的定性和处理意见则相对更有争议。[①] 由此在教会内部，无法藉由教会直接组织社会运动型政治倡议以改变美国联邦和州层面的移民政策。

其三，美国天主教会身处以新教传统和价值观为重要立国基础之一的美国，一直在完成从边缘到主流的努力，在政治倡议方面长期持温和立场，以至于美国学者用羊和狮来形容美国天主教会和美国基督教福音派的政治表现。[②] 此外，美国天主教会除牧灵关怀之外，长期从事大量救援发展工作。当前神父数量有限且事工极为繁忙，而天主教会体系下教友领袖的权威相对有限，美国教友发挥的作用尽管与世界其他多个国家教友相比更为彰显，但仍受到多方约束。

主流教会对移民游说立场鲜明且态度积极，但近年来主流教会饱受信众人数下滑之挑战。同时，各主流教会对多个热点问题均表示非常关切，但事实上其游说重点更为分散，对移民

① 美国社会从道义上一直多对非法移民抱有同情，但人们普遍认为非法移民确实违反了美国相关现行法律。

② William M. Shea，*The Lion and the Lamb*：*Evangelicals and Catholics in America*（New York：Oxford University Press，2004）.

问题的实际政治影响力相对有限。与此同时，除纽约等大城市外，主流教会拥有更大影响力的地方往往受非法移民问题的实际冲击与南方多州相比更少。

移民议题则是福音教会的分裂选项，同时福音派影响更大的南方诸州受到非法移民问题的冲击更大。在现实情况下，大多数福音派组织对进行移民改革非常关切，但对推进有利于非法移民的政策并无主动性，一些福音派信徒极为担心这类政策有可能变相鼓励非法移民进入美国。①

同时，皮尤调查也显示，与同性婚姻、堕胎等议题相比，美国人的移民观点受教会影响较小，只有7%的美国人表示其移民观的首要来源是宗教。

表3　　宗教对美国人移民观的影响

	宗教为最大影响源（%）	神职人员谈论移民问题（%）
基督新教	9	20
白人福音派	12	16
白人主流教会	3	15
黑人福音派	14	29
天主教	7	32
白人天主教徒	5	25

① 近年来由于美国对非法移民少年儿童的政策相对宽松，且有谣传美国将不会遣返非法进入的儿童，非法进入美国的儿童近年增长迅猛。美国海关及边境保护局估计仅2013年10月1日至2014年7月31日就有约6.3万名无人陪伴的儿童进入美国，其中大部分来自中美洲。Danielle Renwick，“The US Child Migrant Influx,” Sept. 1，2014，http：//www. cfr. org/immigration/us-child-migrant-influx/p33380.

续表

	宗教为最大影响源（%）	神职人员谈论移民问题（%）
拉丁裔天主徒	9	—
无宗教机构归属者	3	—
总计	7	24

* Pew Forum on Religion and Public Life，“Religion and the Issues：Results from the 2010 Annual Religion and Public Life Survey，” http：//www. pewforum. org/uploadedFiles/Topics/Issues/Politics _ and _ Elections/immigration-environment-views-fullreport. pdf（登录时间：2014 年 9 月 30 日）。

因此尽管美国基督教组织在不同程度上就移民问题影响信众，但政策影响力偏弱。即使在天主教会内仍能看到族裔的影响远超于教会的影响。

表 4　　天主教徒对处理非法移民问题优先选项所持观点

	更好的边境安全	为非法移民获得公民权创造途径	对前两个观点均表示同意	对前两个观点均不同意或不知道
天主教	28	24	45	3
白人天主教徒	37	16	44	3
拉美裔天主教徒	8	42	47	3

* Pew Forum on Religion and Public Life，“Religion and the Issues：Results from the 2010 Annual Religion and Public Life Survey.”，http：//www. pewforum. org/uploadedFiles/Topics/Issues/Politics_ and_ Elections/immigration-environment-views-fullreport. pdf（登录时间：2014 年 9 月 30 日）。

2. 移民问题作为集合议题的高度复杂性

移民问题本身巨大而复杂，牵涉利益极为广泛，人们难以对各类移民改革的支持者清晰归类，而只能根据各组织的基本立场及其对不同法案的细致观点来判断不同阶段各组织的具体立场，仅凭对某一法案的支持与否根本无法区分各组织不同的政治立场。尽管在堕胎、同性恋婚姻等议题上天主教会与基督教福音派经常协同行动，但在移民问题上两者分歧甚大。尽管天主教会与主流教会在移民议题上具有较大的一致性，但天主教会从未公开赞同少数激进人权组织、激进基督教自由派团体的移民立场。

同时，移民议题游说者众多，社区组织、工会、大公司、宗教组织、其他各类利益集团和非政府组织均参与议题，游说者几乎全方位覆盖了美国社会，因此难以评估基督教会在错综复杂的局势中游说移民政策的确切影响。

简短结语

长久以来，主导美国移民政策辩论的两类学说分别是“移民限制论”和“移民扩张论”。“移民限制论”主要以经济为出发点看待移民问题；“移民扩张论”认为移民的不断涌入有助于提供更多的劳动力，降低生产开支。宗教组织将移民政策纳入视野则为影响美国移民政策增添了更多以人为本的意味。由于美国是一个以基督宗教为主要信仰的国家，各类基督教教会和以基督教为背景的非政府组织蓬勃发展，其他宗教相较则信众、机构均少，因此基督宗教对当前美国移民政策发挥的影响最大。美国基督教组织的移民立场因其神学背景、族裔背景而呈现较大分歧，且信众对移民问题的观点受宗教影响远不及堕胎等议题深远，兼之美国移民问题极为复杂，宗教对美国移民政策的直接影响有限。由于美国基督教组织长久以来积极广泛地参与移民的安置、融入、救援和发展等各项事工，且其事工因其信仰根基而具有持久性，基督教组织的多种努力在不同层面上有利于减缓移民问题进一步恶化。在此背景下，基督教组织日益成为政府与移民之间重要的联系纽带，获得用于救济移民的各类政府资助不断上升，同时因熟谙移民事务而在政策建议等各方面发挥专业影响，由此在美国各层级移民事务中发挥难以替代的重要作用。

政策变迁中的议题演化与策略调适
——基于美国“反进化论”政策的变迁过程

•董　阳　李婧茹　汪伟良

［内容提要］　针对政策变迁问题，选取其中的议题演化过程作为主要解释机制，可以发现，议题演化是政策企业家为实现政策目标，适应社会语境变迁的一种学习行为，伴随着议题的演化，议题网络也会随之发生演化，并开展社会动员，更好地促进议题的实现。以美国的“反进化论”政策变迁为例，分别分析了宗教议题导向、科学议题导向、政治议题导向三个阶段的政策倡议行动，并梳理了其中的议题演化机制和行动者的策略调试行为，有效地对分析框架进行了论证。

一、问题的提出

广义上的政策变迁共有四种类型：政策创新、政策接续、政策维持、政策终结，政策接续即等同于狭义上的政策变迁，政策接续又可以划分为直接取代、合并、分割、部分终结、附带延续以及非线形延续等六种形式①。本文所使用的政策变迁概念意指狭义上的政策变迁。

政策变迁是一种以社会问题为起点的不可逆的社会过程，但是却不可避免地受到“政策记忆”，即继承性认知的影响，这也就意味着政策变迁是在路径依赖和环境变化双重因素共同作用下的演化过程，而政策博弈主体之间的非均衡状态则是政策变迁的主要驱动力量。② 公共政策变迁不完全是一个政治博弈和方案冲突的过程，同时也是一个政策学习的过程③。因此，从观念路径来看，政策过程中的主要参与者通过将社会问题转化为政策议题，展开政策倡议的行为将有助于导致政策的变迁。④ 而从网络路径而言，政策过程中的

---

① B. W. Hogwood & B. G. Peters，*Policy Dynamic*（Brighton，England：Wheatsheaf Books，1983），pp. 1 – 14.

② 陈潭：《公共政策变迁的理论命题及其阐释》，载《中国软科学》，2004年第12期，第10—17页。

③ H. Heclo，*Modern Social Politics in Britain and Sweden*：*From Relief to Income Maintenance*（New Haven，Connecticut：Yale University Press，1974），pp. 31 – 33.

④ 杨代福：《西方政策变迁研究：三十年回顾》，载《国家行政学院学报》，2007年第4期，第104—108页。

主要利益相关人与非直接利益相关人之间所建构的观念交流和塑造社会实践的网络对公共政策的变迁有着重要影响。[①] 间断—平衡模型（Model of punctuated equilibrium）则综合了以上两种路径，认为当公共问题的新思考方式、新支持者的迅速动员、制度结构的改变以及这些趋势偶然结合在一起所产生的自我增强的效果，将能够导致政策的变迁。其中问题的定义和议程的设定是政策过程的关键要素，问题在公共对话中以不同的方式论述，会对现行政策的稳定与变迁产生增强或质疑作用。[②] 倡议联盟框架（Advocacy coalition framework）更是突出政策演变过程中“理念”的作用——特别是政策辩论的技术层面所包含的理念[③]，将政策倡议者之间以政策目标导向的经由对话、互动而形成的学习行为视作政策变迁的主要动力。[④]

尤其是在多元主义的制度背景下，政府更容易回应那些被组织起来的利益[⑤]，因此，政策变迁往往“与议题参与者的社会地位、议题技艺和议题冲击的强烈程度有关，不同身份者的

---

① B. Marin, *Policy Networks: Empirical Evidence and Theoretical Considerations* (Frankfurt am Main, Hessen: Campus, 1991), pp. 3 – 4.

② F. R. Baumgartner & B. D. Jones, *Policy Dynamics* (Chicago, Illinois: University of Chicago Press, 2002), pp. 52 – 56.

③ P. A. Sabatier, “Political Science and Public Policy,” in *Political Science and Politics*, Vol. 24, No. 2 (April 1991), pp. 144 – 147.

④ P. A. Sabatier, “Knowledge, Policy-Oriented Learning, and Policy Change: An Advocacy Coalition Framework,” in *Science Communication*, Vol. 8, No. 4 (July 1987), pp. 649 – 692.

⑤ D. B. Truman, *The Governmental Process* (New York, NY: Knopf, 1971), pp. 116.

议题观点往往被赋予不同的权重”，重要人物的参与和发动有助于增强议题网络的影响力，[1] 同时，变化的社会经济条件也为政策变迁“提供了支持者的基础”[2]，从而影响政策的变迁。多元主义理论往往倾向于假设某个集团的动员会自然地导致另一集团的“反动员”（counter mobilization）。在没有反动员出现的情形下，一项政策通常能够持续数十年之久，然而，反动员的出现则会在一定程度上阻碍政策的延续。因此，政策议题、政策网络以及政策博弈三个要素将共同作用于政策变迁中。

为此，本文将试图围绕政策议题、政策网络以及政策博弈三个要素来探讨政策变迁的作用机制。

二、政策变迁的解释机制：议题演化

政策变迁作为一种社会过程，其必然有某种内在的、规律性的作用机制推动其变迁的发生。此类以变迁为特征的社会过程，往往也以时间维度为导向，遵循着生物学进化论中“变异—选择—遗传”的核心机制。[3] 而机制应当具备三个主要特征：1. 表现为一种过程；2. 能够将相关因素予以串联，从而

---

① 刘慧君：《性别失衡议题中的多元利益格局与政策博弈——对中国性别失衡政策议题网络的实证分析》，载《公共管理学报》，2011 年第 2 期，第 61—70 页。

② R. I. Hofferbert, *The Study of Public Policy* (Indianapolis, Indiana: Bobbs-Merrill, 1974), p. 47.

③ 唐世平：《社会科学的基础范式》，载《国际社会科学杂志（中文版）》，2010 年第 1 期，第 84—107 页。

引发或阻止变化；3. 机制是真实存在的，而非局限于一个过程概念。[①] 因为公共政策通常是以问题为导向的，所以从组织和知识的交叉维度来考量，把政策议题的演化作为政策变迁的主要解释机制，将是一种有益的尝试。

众所周知，“演化”是达尔文进化论中的一个核心概念，是依赖于唯物主义因果关系而生成的相互连接机制，强调自然选择的因素而非超理性设计的产物。在社会演化的过程中，若干重大信息的转变重塑了社会文化，因为信息的转变能够牵引社会群体的学习和适应行为。[②] 因此，政策议题同样是一种社会信息的载体，其演化应当是政策过程的参与者，尤其是精英群体面临社会语境（social context）的变迁所主动作出的学习与适应行为[③]，从而使得自己所开展的政策倡议更加具有生命力和延续性。

政策“行动者阶层”（activist strata）[④] 为了实现自身的政策目标会根据当时当地的政策语境，主动地从中搜寻符合自身

---

① P. Machamer, L. Darden & C. F. Craver, “Thinking about Mechanisms,” in *Philosophy of Science*, Vol. 67, no. 1 (March 2000), pp. 1 – 25.

② ［英］杰弗里·M. 霍奇逊、［丹］托尔比约恩·克努德森著，王焕祥译：《达尔文猜想：社会与经济演化的一般原理》，北京：科学出版社，2013 年版，第 162—165 页。

③ R. H. Moos, “Social Contexts: Transcending Their Power and Their Fragility,” in *American Journal of Community Psychology*, Vol. 31, No. 1 – 2 (March 2003), pp. 1 – 13.

④ V. O. Key, *Southern Politics in State and Nation* (New York, NY: Knopf, 1949), p. 121.

需要的因素[①]，调整、变通自己的话语，对原先的议题进行再包装，将议题结构进行重新框架化（reframe）[②]。值得一提的是，重新框架化并不意味议题的变迁，更不等同于哲学意义上的范式替换，而是对于原先议题的主次顺序等结构性要素进行调整。而处于核心本质地位的议题将仍旧发挥主导作用，是真实的行动目标，只有这一议题的实现才会导致政策倡议行动的终结，其它的阶段性主导议题都是围绕并指向该议题。[③] 因此，重新框架化是议题演化的表现形式。

议题演化的意义在于，政策企业家能够通过该种机制引导其他的政策参与者注意力的偏转。注意力的偏移与聚焦意味着，从多重议题中选择哪一个，以及如何做出选择。[④] 随着注意力的变化，不同的参与者被吸纳或排除出政策议题网络，从而使该网络更好地服务于政策议题的实现。与传统的利益集团不同，政策议题网络是“一种以特定问题而集结起来的参与者之间的松散网络，这种参与者网络具有主体的广泛性和层次的多样性，其成员可以根据问题本身的判断而随意出入于网络

---

① M. D. Cohen & J. G. March, *Leadership and Ambiguity*: *The American College President* (Cambridge, Massachusetts: Harvard Business Press, 1986), p. 3.

② ［美］布莱恩·琼斯著、李丹阳译：《再思民主政治中的决策制定：注意力、选择和公共政策》，北京：北京大学出版社，2010 年版，第 4 页。

③ 何艳玲：《“中国式”邻避冲突：基于事件的分析》，载《开放时代》，2009 年第 12 期，第 102—114 页。

④ ［美］弗兰克·鲍姆加特纳、布莱恩·琼斯著，曹堂哲、文雅译：《美国政治中的议程与不稳定性》，北京：北京大学出版社，2011 年版，第 168—179 页。

内外，各自以不同的方式对政策的制定施加各种影响”[1]。其人事变动频繁，呈现出低度排他和低度依赖的特征，是非常不稳定的体系；并且直接的利益关系让位于观念或感情的联结。而且，随着参与者的更换，政策过程充满着不确定性和流动性[2]。在政策制定过程中，不同集团会从多个层面参与政策议题，以不同方式相互作用、共同影响政策进程，其关系构成松散的网络。议题网络能够产生意义制造、信任建构、价值分享，参与者有可能因之调整自身期望或创新行为[3]，在网络中，各议题参与者组成社群，代表实在的或潜在的利益集团，进行政策博弈。[4]

而议题网络的建构又能够在很大程度上强化议题的表达与实现，增强议题的合法性，进而在更加广义的场域中吸收作为“非直接利益相关人”的公众的认同与支持，拓展议题网络的边界，最终推动政策的变迁。

---

① 杨代福：《美国政策网络研究及启示》，载《广东行政学院学报》，2007年第5期，第92—96页。

② 鄞益奋：《利益多元抑或利益联盟——政策网络研究的核心辩解》，载《公共管理学报》，2007年第3期，第43—49页。

③ H. T. Miller, “Post-progressive Public Administration: Lessons from Policy Networks,” in *Public Administration Review*, Vol. 54, No. 4 (July-August 1994) pp. 378-386.

④ H. Heclo, *Issue Networks and the Executive Establishment* (Washington DC: American Enterprise Institute, 1978), pp. 1 – 6.

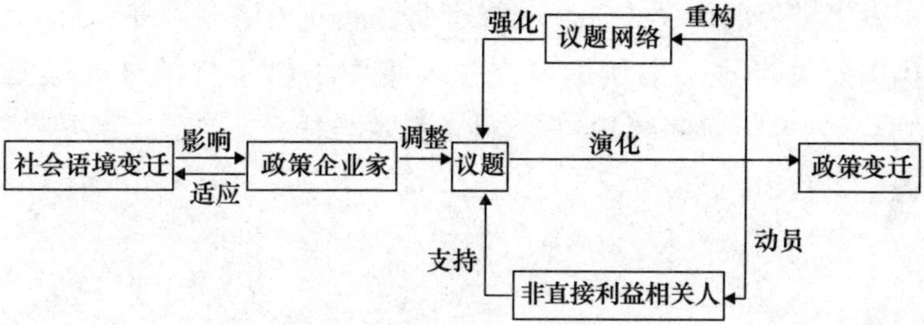

图 1　议题演化机制作用下的政策变迁过程

综上所述，议题演化是政策倡议过程中精英群体在一定的社会语境下为实现政策目标所开展的学习与适应行为，通过对自身所倡导的诸多议题的次序和显示度作出调整，进而更好地保证核心本质议题目标的实现。这一机制的作用等同于自组织过程中的“序参量”①，即由议题的演化引导议题网络的演化和扩展，使之更好地支撑不同阶段主导议题的表达，实现政策变迁。

三、美国“反进化论”政策变迁过程中的议题演化与策略调适

创世论与进化论的争论由来已久，尤其是在 20 世纪的美国，创世论与进化论之争持续了近百年，并且对美国的政治、

① 吴彤：《自组织方法论纲》，载《系统辩证学学报》，2001 年第 2 期，第 4—10 页。

社会、文化等各个领域产生了广泛而深远的影响。这一问题也引发了学界的广泛关注，围绕于此，展开了诸多研究。日前，国内外关于这一案例的研究主要集中于科学哲学（尤其是“科学划界”等问题）①②③、科学技术与社会④⑤⑥、宗教⑦⑧⑨、

---

① T. F. Gieryn, G. M. Bevins, S. C. & Zehr, "Professionalization of American Scientists: Public Science in the Creation/Evolution Trials," in *American Sociological Review*, Vol. 50, No. 3 (June 1985), pp. 392 – 409.

② 陈蓉霞：《创世论与进化论：能否走向统一?》，载《自然辩证法通讯》，2000 年第 2 期，第 92—94 页。

③ 张增一：《科学划界："世纪审判"案例分析》，载《自然辩证法通讯》，2004 年第 1 期，第 11—14 页。

④ R. L. Numbers, *Darwinism Comes to America* (Cambridge, Massachusetts: Harvard Business Press, 1998), p. 27.

⑤ 孙红霞：《警惕沉睡野兽的唤醒者——现代宗教和神秘主义对科学的批判和否定》，载《民主与科学》，2012 年第 5 期，第 17—19 页。

⑥ E. Plutzer & M. Berkman, "Trends Evolution, Creationism, and the Teaching of Human Origins in Schools," in *Public Opinion Quarterly*, Vol. 72, No. 3 (September 2008), pp. 540 – 553.

⑦ M. George, "And then God created Kansas? The Evolution/Creationism Debate in America's Public Schools," in *University of Pennsylvania Law Review*, Vol. 149, No. 3 (June 2001), pp. 843 – 872.

⑧ K. Greenwalt, "Establishing Religious Ideas: Evolution, Creationism, and Intelligent Design," in *Notre Dame JL Ethics & Pub. Pol'y*, Vol. 17, No. 2 (April 2003), p. 321.

⑨ 段琦：《论当代美国基督教中的反进化论思潮》，载《世界宗教研究》，2002 年第 3 期，第 78—87 页。

教育①②③等学科领域。

然而，进化论与创世论之争绝不是局限于单纯的科学与宗教之争，在长达数十年的博弈中，已经扩散到政治、法律、社会、教育等多个领域，尤其突出地反映在政策变迁的问题上。首先，从时间跨度上来看，创世论者们的反进化论立法运动始于1920年前后，几乎贯穿了整个20世纪，至今尚未真正结束，并且导致了美国的相关政策发生了数次变迁；其次，从空间范围上而言，反进化论立法运动波及了美国数十个州，导致了多个州的相关政策在此期间几经反复；并且，这一案例集中体现了美国政治的特征，反进化论立法运动的产生导致了美国联邦政府、州政府以及地方政府等联邦体制下不同层级政府的互动博弈，也集中体现了三权分立政治制度中立法、行政、司法三大部门的相互制衡，同时也可以窥见多元主义背景下的利益集团的运作模式和机制。而且，相对于传统的利益集团而言，创世论者主导的政策群体所关注的不是经济上的利益，而更聚焦于倡议联盟框架中所说的“信念”。

因此，通过分析这一典型案例，可以更好地考察典型多元主义体制下公共政策变迁过程中，政策企业家所主导的议题演化以及策略调适是以怎样一种机制展开，并在政策变迁中发挥了何种作用。

---

① M. Berkman & E. Plutzer, *Evolution*, *Creationism*, *and the Battle to Control America's Classrooms* (Cambridge, Massachusetts: Cambridge University Press, 2010), p. 5.

② 胡乐乐:《宗教影响下的美国学校科学教育——以公立学校课程中的进化论争议为例》，载《上海教育科研》，2006年第2期，第30—33页。

③ 刘丽群:《达尔文与上帝的较量——从进化论进出美国教科书看知识准入教科书过程中的博弈》，载《外国中小学教育》，2012年第9期，第54—59页。

（一）第一阶段：宗教议题导向的“反进化论”政策倡议

1910—1915年间，一套12卷本的《基本原理》丛书在美国出版发行，并产生了广泛的影响。该书“坚持在严格的字面意义上来理解《圣经》”[①]，这一观点成为了基督教基要主义的理论基础。然而这一保守的宗教和社会思潮最终却演变为一场大规模的反进化论的社会运动。主要是与这一时期的社会文化背景密切相关：20世纪初，美国的公共教育发展迅速，引发了公众对于教科书内容的关注，尤其是教科书中关于进化论的内容。基要主义的创世论者认为进化论的观点与宗教相抵触，甚至将其视为“宗教信仰的敌人”[②]。同时，第一次世界大战的爆发使基督教徒将进化论与德国的军国主义暴行相联系，加深了公众对于进化论的误解。[③] 为此，基要主义者们相继成立了许多反进化论的组织，并出版了大量反进化论的著作，并逐步演变为一场反进化论的立法运动。[④]

由此可见，以基要主义为代表的美国创世论者们反对进化论的最主要原因是，进化论与宗教信仰相冲突。而这一点其实

---

① George E. Webb, *The Evolution Controversy in America* (Lexington, Kentucky: The University Press of Kentucky, 1994), p. 4.

② ［美］爱德华·拉森著、语桥译：《众神之夏》，南昌：江西教育出版社，2001年版，第22—23页。

③ 张增一：《美国反进化论运动探源》，载《科学文化评论》，2005年第3期，第28—40页。

④ J. R. Moore, *The Post-Darwinian Controversies: A Study of the Protestant Struggle to Come to Terms with Darwin in Great Britain and America*, 1870 - 1900 (Cambridge, Massachusetts: Cambridge University Press, 2010), p. 11.

贯穿于创世论与进化论长达近一个世纪的争论中，可以说是创世论者推动政策议程的深层（规范性）核心的信念[①]。因此，在这一阶段，创世论者推动反进化论政策议程所选取的主导议题是宗教议题，即进化论与宗教教义相违背，可能会伤害学生的宗教信仰，所以应当将有关进化论的内容从教科书中删除，并且通过立法手段禁止在公立中学讲授进化论。

需要强调的是，在基要主义者反进化论的政策倡议过程中，他们提出了三个主要论点：1. 进化论缺乏实证的科学依据；2. 进化论妨碍了学生对于宗教的信仰和情感；3. 信仰《圣经》的大多数人应当把持学校教育的主要内容。[②] 可见，在他们的观点中，不仅包含了宗教议题，同时也包含了科学议题（进化论的科学性问题）。但是，在 20 世纪 20 年代的美国，宗教意识形态仍然占据着社会文化的统治地位，公众往往将宗教信仰默认为衡量科学的标准。因此，宗教议题可以当仁不让地被视为政策倡议的主导议题，科学议题则被淡化了。

在宗教议题的主导下，基要主义创世论者们开始反进化论政策的倡议。但是，在美国政治中，基要主义者的角色往往只能处于“院外集团”的地位，因此，他们迫切地需要寻找一个政治上的代理人。担任过国会参议员和国务卿的威廉·布莱恩无疑是最佳人选，其不仅具有优越的政治资本和社会声望，

---

① ［美］保罗·A. 萨巴蒂尔、汉克·C. 詹金斯－史密斯著，邓征译：《政策变迁与学习：一种倡议联盟途径》，北京：北京大学出版社，2011 年版，第 31—32 页。

② E. J. Larson, “Scientists Are Still Keeping the Faith,” in *Nature*, Vol. 386, No. 4 (February 1997), pp. 435 –436.

而且其在反进化论的立场上，与基要主义者基本一致。但是，需要强调的是，布莱恩本人并不是基要主义者，他关于反进化论的动机也不是因为宗教信仰问题，而是出于纳税人的权益保护问题，即“纳税人有权利选择公立学校所教授的内容”①。在布莱恩的呼吁和动员下，美国第一项反进化论法律在俄克拉荷马州获得通过。自此，反进化论的呼声日益高涨，出于政治投机的动机，越来越多参加竞选议员的候选人甚至将其作为自己拉选票的手段。由于反进化论热潮已经形成，许多出版商出于市场销量和经济利益的考量，主动将教科书中关于进化论的内容删去，而且议员候选人往往和某些出版商结成了利益共同体，在政客们的承诺下，出版商也通过财力资助的形式支持反进化论政策的推动。

基于倡议联盟框架分析，以基要主义者为核心，不同参与者出于不同的动机，共同结成了反进化论的政策倡议联盟。②基要主义者所追求的要捍卫宗教信仰，这也是整个反进化论联盟的深层核心信念，而布莱恩考量的是维护纳税人的权益，参选政客们的动机是为了赢得选举，出版商的目的是获得经济利益，这些都是信念体系结构中的政策核心。在上述参与者的共同倡导下，反进化论立法运动进入高潮。在 1921—1929 年间，先后有 37 个州提出了反进化论的立法议案，其中，俄克拉荷

---

① E. J. Larson, *Trial and Error*: *The American Controversy over Creation and Evolution* (Oxford, England: Oxford University Press, 1989), pp. 4 – 13.

② P. A. Sabatier, "An Advocacy Coalition Framework of Policy Change and the Role of Policy-oriented Learning therein," in *Policy sciences*, Vol. 21, No. 2 – 3 (May 1988), pp. 129 – 168.

马、田纳西、密西西比、阿肯色和德克萨斯等 5 个州通过议案，并成为正式法律。[①]

由于反进化论运动的浪潮十分猛烈，作为支持进化论的一方，科学共同体所能发出的声音则十分微弱。直到 1925 年，田纳西州通过反进化论法案之后，美国科学促进会（AAAS）才联合美国公民自由联合会（ALCU）发出声音，认为此项法律违背了宪法精神，对学术自由施加了宗教限制，并借助著名的“斯科普斯案件”为进化论的合法性展开辩护[②]。然而，在当时宗教意识形态主导下的美国，进化论的支持者们论证进化论合法性的论据只能是“进化论以及公立学校讲授进化论的行为都不与《圣经》相冲突”。这样的辩护方式明显处于被动地位，与其相反，创世论者通过借助于公众的宗教情感争取更广泛的支持，公众认为这起案件是“科学家精心策划的阴谋，目的在于毁掉宗教”[③]，使得进化论者在此次政策辩论始终居于劣势，难以获得公众的支持，最终败诉。

基要主义创世论者在当时宗教作为主导意识形态的社会语境，以宗教议题作为主导议题，并基于此吸收了布莱恩、政客、出版商等新参与者，聚合了大量的资源，建构了自己的议题网络——反进化论政策倡议联盟，更加强化了自身议题的效用，同时，主打“宗教情感”的招牌，吸引公众的支持，最

---

① R. A. Eve & F. B. Harrold, *The Creationist Movement in Modern America*（Boston，Massachusetts：Twayne Publishers，1990），p. 55.

② 张增一：《科学划界：“猴子审判”案例分析》，载《现代哲学》，2006 年第 2 期，第 52—58 页。

③ F. X. Ryan，F. X. *Darwinism and Theology in America*：1850 – 1930（Bristol，England：Thoemmes，2002），p. 103.

终实现了反进化论政策的推广。

（二）第二阶段：科学议题导向的“反进化论”政策倡议

20 世纪 30 年代以来，美国联邦最高法院时常援引联邦宪法第一修正案中的政教分离原则，不断削弱基督教的法律地位，使得基督教难以发挥其主导意识形态的作用。而 1957 年苏联成功地发射了第一颗人造卫星，在美苏冷战的大背景下，这使得美国感受到了巨大的压力，则又成为了美国科学教育的一个重要转折点，重新开启了创世论与进化论之争。国会批准“利用联邦政府资金支持科学研究和科学教育的计划”，政府支持生物学课程研究会（BSCS）重新组织人手编写生物学教材。在新的 BSCS 成员中，生物学家取代了中学教师，并将其理念注入到所编写的教科书中，因此，居于现代生物学基础地位的进化论便自然而然地重新回到教科书中，并在其中占据显著地位。直到 20 世纪 60 年代中期，美国近半数的中学采用了 BSCS 的新版教科书。[①] 同时，在联邦法院的干预下，阿肯色和田纳西等州也废除了反进化论的法律政策。

伴随着进化论的回归以及宗教意识形态丧失在美国社会中的主导地位，创世论者放弃了原先的基要主义立场，不再坚持原先的宗教议题导向的斗争方式，为创世论者新一轮反进化论政策倡议中的议题演化与策略调适埋下了伏笔。

由于美国政府提倡科学教育、甚至科学主义构成了美国社会新的思潮乃至意识形态的大背景，创世论者们试图阻碍进化

① 张增一：《创世论与进化论的世纪之争：现实社会中的科学划界》，广州：中山大学出版社，2006 年版，第 80 页。

论重新回到中学课堂，则必须将其所倡导的议题进行重新框架化。其实，在第一阶段的反进化论政策倡议行动中，基要主义者们就曾提出对于进化论的科学性的质疑，但是在当时宗教意识形态居于社会主导地位的背景下，他们选择了将宗教议题作为主导议题。然而，面临新的社会语境，创世论者将原先的宗教议题予以掩藏，而将科学议题上升为主导地位，形成了科学创世论。

伴随着科学议题的凸显，“反进化论”的政策议题网络的构成也发生了变化。以莫里斯为代表的科学家群体成为了中坚力量，他们往往受过正规的科学教育，并且拥有自然科学的博士学位，甚至在大学担任教职。由于相信科学、支持科学成为了这一时期美国政治意识形态的重要组成部分，科学家的职业声望和社会地位也达到了空前高度，毋庸置疑，由科学家群体组成议题网络将是最好的选择。弗吉尼亚理工学院水利工程系教授莫里斯等人合著了《创世纪洪水》等著作，为科学创世论奠定了理论基础，从而在学理上与进化论相抗衡，产生了广泛的社会影响。与此同时，创世论者共同成立了创世研究会（CRS），10 位核心成员都拥有自然科学的博士学位，对外宣称其为纯学术组织，突出其宗旨为“开展科学创世论教育和理论研究，而非宗教活动”，并拥有自己的公开出版物《创世研究会季刊》。① 显而易见，科学创世论的建制化是仿照科学团体的组织方式运行的，科学创世论者试图利用这一时期美国公众对于科学权威的崇拜，在“科学”的名义下开展反进化

① F. J. Ayala, “Science, Evolution and Creationism,” in *Proceedings of the National Academy of Sciences*, Vol. 105, No. 1 (January, 2008), pp. 3 – 4.

论的政策倡议活动，增强了自身的合法性。

科学创世论者在确立了自己的主导议题，并建构了相应的议题网络之后，便通过《科学创世论》等“学术著作”展开了对进化论的批评，这一过程充分体现了创世论者的议题操控能力和策略调适技巧。众所周知，在进化论的理论体系中也存在着不同的观点，这些观点之间也往往就进化的机制、程度、模式等问题相互展开争论[①]，但是，这些争论并不是关于进化是否真正发生，因为这早已成为了科学共同体的共识。然而，科学创世论者们恰恰是抓住这一点，并运用偷换概念的手法，将有关渐进变化模式和过程的论点转变为有关变化是否存在的论点，将“渐进”、“稳定”等话语转译为“没有变化”，用科学家自己的语言来反对科学家。鉴于在普通读者的心目中，进化论通常等同于“自然选择”、“适者生存”等观点，对于进化论缺乏系统、科学的认识，因此，创世论者们偷换概念并极具煽动性的“春秋笔法”往往能够使公众误以为进化论缺乏可靠的事实依据，唤起公众反对进化论的情绪，从而获得公众的支持。

科学创世论者通过“有选择地引用和歪曲科学家的论点”，从而臆断地宣称进化论既没有得到证实也不能直接观察，因而只是一个理论假说，而非事实。基于这一论点，创世论者发起了新一轮的反进化论政策倡议运动。1965 年，加利福尼亚州的科学教育指导委员会承担起为本州公立学校的科学教育计划起草课程指南的任务，指南于 1969 年完成，命名为

① L. R. Godfrey, ed., *Scientists Confront Creationism* (New York, NY: WW Norton & Company, 1984), p. 77.

《加州公立学校科学纲要》，其中包含进化论的相关内容。当年 10 月，加州教育委员会对《纲要》进行讨论审核，在这个由时任州长里根任命的委员会中，有 5 名委员反对其中的有关进化论的内容（总共 7 名委员），他们认为进化论不应当被作为事实来接受，“很多科学家支持创世论”。①

而此时，在加州，作为基督教浸礼会信徒的学生家长西格雷夫斯提出“进化论只是一个科学理论或假说”，反对新教材将进化论进行“教条式陈述”。一位五旬节教派的空间技术工程师格罗斯向教育委员会递交了一份倡议，强调“进化论是世俗宗教的人类起源问题的解释，创世论则是基督教的人类起源问题的解释”，科学已经“独立地假定了创世论的存在”，应当予以接受。这一提议得到了很多科学创世论者及其组织的广泛响应。

科学界和教育界对于此事并未能够给予高度重视。国家科学院在一份声明中指出不应当“把创世论包含在不同类的非宗教教科书中”，然而这一声明依旧将此事定性为科学宗教之争，没有回应到科学创世论中居于主导地位科学议题，更加引发了公众的反对。

1972 年，在创世论者的强烈倡议下，加州教育委员会作出决定：必须清楚科学教科书中关于进化论的“教条式陈述”，改为“条件式陈述”；并且将创世论纳入到社会科学的教科书之中。

科学创世论者在战后科学主义渐渐居于主导意识形态的社

① N. Wade, “Creationism and Evolutionists: Confront in California,” in *Science*, Vol. 178, No. 3 (January 1982), p. 725.

会语境中，以科学议题作为主导议题，建构出由科学家占据核心位置的政策议题网络，以建制化的方式运行，并充分利用进化论者之间的争论，试图扭曲进化论的科学性，向公众传递，获得公众的支持，给公众建构出一种印象：创世论与进化论之争纯属“科学家群体内部的争论”。

（三）第三阶段：政治议题导向的“反进化论”政策倡议

20 世纪 30 年代起，联邦最高法院开始在裁决各州有关宗教公共事务时广泛地援引宪法第一修正案中的相关条款，但是由于最高法院在审理不同案件时对“中立原则”的解释存在着不一致和含糊不清，使创世论者意识到他们同样可以利用这一条款来开展反进化论的政策倡议行动。70 年末，创世论者利用 1961 年“托卡索案件”中布莱克大法官在判决书的脚注里提到的“世俗人道主义”一词，将其定义为一种宗教，并将其称之为“以进化论为基本信念的美国官方宗教”。[①] 创世论者们尝试将进化论划归为“另一种宗教”，同时，他们也通过操控科学议题，将进化论定义为一种“理论假说而非事实”，试图将创世论与进化论置于相同的位置，从而迫使政府赋予创世论与进化论同等的法律地位。

创世论者试图从法律上为创世论争取“平等对待”的尝试，也意味着创世论者反进化论政策倡议行动从科学议题到政治议题的转向。而这一变化与耶鲁大学法学院学生温德尔·伯德密切相关。作为一名法学学者，伯德始终密切关注着围绕进

---

① ［美］克里斯托弗·托默著、王鸣阳译：《科学幻象》，南昌：江西教育出版社，2001 年版，第 160 页。

化论教育而展开的争论，并在《耶鲁法学杂志》上撰文指出：应当通过法律途径确立创世论与进化论在生物教科书中同等地位。而这一思路得到了科学创世论的精神领袖莫里斯的赞赏，莫里斯委任伯德作为全权代理律师，共同倡导通过法律手段为科学创世论争取“平等对待”的新策略。

时值20世纪70年代末80年代初，正处于美国即将举行总统大选的时候，众所周知，以政府换届为标志的政治周期转换往往会预示着政策变迁的不确定性，正如金登所说，“政治流是推动政策之窗开启的一个重要力量”[①]。因此，此轮大选，尤其是共和党的总统候选人里根的巨大社会声望，也为创世论者的反进化论政策倡议运动创造了新的社会语境。由于里根所持的保守主义立场，及其在担任加州州长期间所任命的教育委员会曾在《加州公立学校科学纲要》的制定问题上向创世论者做出过妥协，因此，创世论者希望争取将里根纳入到其反进化论政策倡议的议题网络中，并使之成为创世论者的代言人。

1980年9月，创世论者邀请里根参加基督教保守派领导人的一次会议，里根在此次会议上宣称进化论“是一个理论，也只是一个科学理论，并且近些年来它在科学界也受到一定程度的挑战，在科学共同体内部也不像过去那样被认为是确实可靠的。如果在学校里可以讲授它，那么，我认为也应该讲授圣

① J. W. Kingdon, *Agendas*, *Alternatives*, *and Public Policies* (*Longman classics edition*) (London, England: Longman Publishing Group, 2002), pp. 3–10.

经的创世理论……我对于进化论就深表怀疑”。① 里根的这一表态及其随后的当选，对于创世论者而言，无疑是一种鼓舞。而这也意味着伴随着新一轮反进化论政策倡议运动中主导议题从科学议题向政治议题的演化，其政策议题网络也随之发生演化，形成了以法律学者和政治家为代表的新的政策倡议联盟。

由于里根的当选，这一轮的反进化论政策倡议运动被推向高潮。伯德关于平等对待创世论和进化论的方案被修改成了立法议案，提交到了15个州的议会。恰恰是在里根任期的第一年，阿肯色和路易斯安那两个州通过了“平衡对待创世科学和进化论”的议案，制定了“平衡法案”。②

以ACLU为代表的进化论者迅速对此做出反应，先后向美国联邦地区法院起诉两个州的法案违反联邦宪法。在起诉阿肯色州的诉讼中，ACLU邀请了10位科学家作为专家证人，试图从专业的角度提供论证，从而辅助法官“在法律上确定科学与宗教之间的界限”，最终取得了成功。而在针对路易斯安那的诉讼中，ACLU采取同样的办法，却经历了更为曲折的过程，创世论者们和路易斯安那州当局委托的大律师古斯特以联邦政府干涉地方事务为由向州最高法院起诉，企图运用美国联邦体制中的联邦与州之间的博弈，使得州最高法院推翻了联邦地区法院的决定，从而运用政治化的方式来与进化论者们相抗

① C. Holden, “Republican Candidate Picks Fight with Darwin,” in *Science*, Vol. 209, No. 9 (March 1980), p. 1214.

② M. C. La Follette, *Creationism, Science, and the Law: The Arkansas Case* (Boston, Massachusetts: MIT Press, 1983), p. 32.

衡。通过对比可以发现，进化论者依旧是在以科学议题应对创世论者，而创世论则更加能够顺应社会语境，将议题偏移到政治议题上。与前两个阶段的博弈如出一辙，创世论者在议题操控上有着更加娴熟的技巧，而进化论者则由于议题把握的节奏落后于前者，所以始终处于博弈中的劣势地位。

最终，古斯特等人上诉到了联邦法院，强调进化论是科学家为了避免“在思想的自由市场上进行公开竞争”而提出的武断性论点。创世论者们尝试通过《洛杉矶时报》、《纽约时报》、《华盛顿邮报》、《时代周刊》等媒体争取法庭外的支持，他们向媒体传递出一种意思——“创世论者遭受了科学霸权的压迫”，意图以弱势群体形象唤起公众的同情。而这一尝试也取得了成功，相关媒体在报道该案件时都无一例外地将其作为一个政治和法律事件，淡化了其中关于科学议题的讨论。这些新闻报道多将创世论者描绘成“为争取非正统科学思想获得公平竞争机会而遭到围攻的少数派”，公众的反应则一边倒地同情和支持创世论者。①

创世论者利用总统大选所导致的美国社会政治周期变更，尤其是保守派上台的社会语境，切合时宜地将反进化论政策倡议运动的主导议题从科学议题偏移到政治议题，并将法学学者和总统候选人等保守派政治家吸纳进自己的议题网络，并在司法较量中运用媒体工具营造出自己的弱势群体形象，从而争取到公众的广泛支持。

① D. J. Futuyama, *Science on Trial*: *The Case for Evolution* (Sunderland, England: Sinauer Associates, 1995), pp. 93 – 94.

（四）议题演化的机制分析

在美国创世论者反进化论政策倡议的案例中，议题演化是驱动整个运动演进的最主要动力，其中最值得关注的便是创世论者们所展现出的对于议题操控能力。在迫使政策制定者关注某些问题时，政策企业家们对议题的操控起到了关键作用。[①] 创世论者们在每一次反进化论的行动中，都能保持充分的"语境理性"[②]，根据社会语境和行为者的注意力来选择行为嵌入语境中的程度。例如，在宗教作为美国社会主导意识形态的大环境中，创世论者会充分运用宗教议题触发公众的宗教情感，来为自己行动赋予合法性。

但是，之所以称之为"议题演化"而非"议题变迁"，则是有着特殊含义的。其实，在每一轮的反进化论政策倡议行动中，创世论者都会涉及到宗教议题、科学议题与政治议题三者。在第一阶段，宗教议题为主导，而科学议题主要包括公立学校自然科学教育内容的科学性问题，政治议题则包含了布莱恩所提出的纳税人在公立学校教学内容的选择权利问题等；第二阶段，科学议题为主导，而宗教议题体现为宗教信仰在科学问题上作用和意义，政治议题则体现为创世论在现实社会中应被赋予合法的地位；第三阶段，政治议题为主导，宗教议题是

---

① D. A. Stone, "Causal Stories and the Formation of Policy Agendas," in *Political Science Quarterly*, Vol. 104, No. 2 (April 1989), pp. 281 – 300.

② J. G. March, "Bounded Rationality, Ambiguity, and the Engineering of Choice," in *The Bell Journal of Economics*, Vol. 9, No. 2 (April 1978), pp. 587 – 608.

借助“世俗人道主义”的话语将进化论定义为“另一种宗教”，科学议题依旧是争取将创世论确立为一种科学理论。每一阶段的议题结构都会受到前一阶段的影响，并基于前一阶段的议题演化而来。

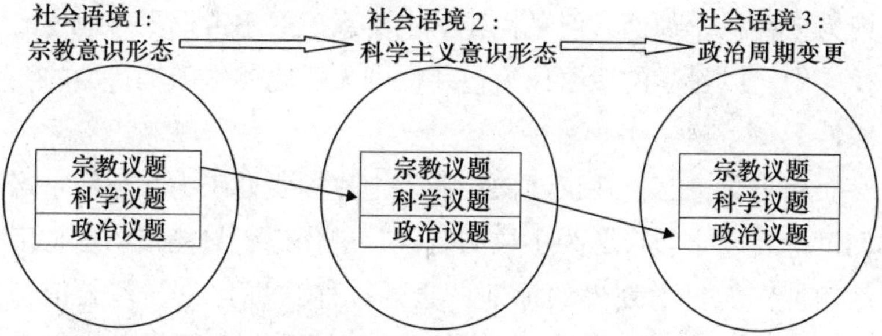

图2　不同社会语境下“反进化论”政策倡议行动的主导议题的演化机制

由此可见，每一阶段的议题都同时包含了宗教、科学和政治三种议题，但是，创世论者的议题操控能力就体现在其能够根据不同的社会语境，调整主导议题的侧重点，对于议题结构进行重新框架化，这一点恰好体现了创世论者作为政策倡议行动者能够主动适应环境，根据政策目标展开学习的行为。作为宗教人士，创世论者反进化论的主要动机和目的无疑是减轻其对自身宗教信仰和宗教情感的负面影响，换句话说，宗教议题实质上是反进化论政策倡议行动的最根本议题。但是，创世论者却能够展开“目标寻找行为”，根据不同的社会语境调整议题的次序和显示度，对于主导议题进行一定程度的包装，从而将最能够适应当前社会语境的议题凸显为主导议题，吸引公众和政策制定者的注意力，进而掌握住局势的主动性。以第二阶段的反进化论行动为例，关于加州的《科学纲要》的出台，就体现了“以政策为导向的学习”，即在一定经历的影响下，为实现相关政策目标，对自身相对持久的想法或行为目的予以转变。创世论者以科学议题为主导，并不意味其真的将创世论视为一种科学理论，但是在科学主义意识形态占据主导地位的社会中，以科学的话语作为包装，则无疑能够增强其行为的合法性。

而进化论者们在议题操控能力上显然要处于劣势地位：当创世论者以宗教议题为主导的时候，进化论者只能被动地将宗教信仰作为科学划界的标准，通过宣称“进化论与宗教信仰不相冲突”来论证进化论的科学性，而没有发挥科学家们自身的专业优势；即便是在创世论运用科学议题来反进化论的时候，进化论者们依旧将这一问题视为科学与宗教争论，而未能向公众呈现进化论在科学上的谬误；而进入政治议题为主导的阶段，进化论者才试图从科学上正面回应和驳斥创世论，然而这一行为却又被创世论者解读为“主流科学群体对弱势群体的霸权与压迫”，从而丧失了公众的同情与支持。原本在情与理两个方面都占据了优势的进化论，却在这一过程中始终处于被动地位，无疑体现了议题操控在美国政治中重要地位。

（五）创世论者的策略调适行为

伴随着主导议题的演化，创世论者也在不断地调试着反进化论的策略。其中，创世论者的策略主要包含两个方面：一是建构与主导议题相匹配的政策议题网络，吸纳相关领域的精英共同进行反进化论的政策倡议；二是通过相应的手段争取公众的同情与支持，从而为反进化论行为提供合法性。而这两种行为模式可以分别概括为“麦迪逊模式”和“谢茨施耐德模式”①。

1. 建构政策议题网络——麦迪逊模式

麦迪逊模式集中体现了美国政治的多元主义特征。② 由于政府更注重回应那些被组织起来的利益，创世论者们围绕反进化论运动每一阶段中的不同议题，通过议题的设定与定义，同时也将与之相关的参与者引入进来，与之结盟，建构新的政策议题网络。与利益集团不同的是，议题网络的参与者往往来源更为广泛，流动性更强，因此会随着议题的演化而变动。而与主导议题相匹配的议题网络的形成，则无疑能够更好地推动政策倡议行动。

当第一阶段的反进化论运动确立了以宗教议题为主导后，其议题网络便需要围绕基要主义者而建构，而布莱恩作为资深政客，有着雄厚的政治资本和社会声望，而且持有维护纳税人权益的信念，与基要主义者反进化论的意图殊途同归，因此被纳入到议题网络中。而相关议员候选人和出版商，出于各自的政治、经济利益考量，也将反进化论作为自己的目标，加入到议题网络中。由此所建立的议题网络便能够充分彰显宗教议题，为其反进化论政策倡议行动服务。

而当第二阶段的反进化论运动围绕科学议题而展开之后，

① ［美］小罗杰·皮尔克著，李正风、缪航译，《诚实的代理人：科学在政策与政治中的意义》，上海：上海交通大学出版社，2010 年版，第 11—12 页。

② ［美］汉密尔顿，杰伊、麦迪逊著，程逢如、在汉、舒逊译：《联邦党人文集》，北京：商务印书馆，2010 年版，第 44—51 页。

原先议题网络中的基要主义者自动地退出网络，让位于科学创世论者。科学创世论者则以科学家为核心，一大批具有自然科学博士学位，并在高等院校担任教职的高级知识分子成为了议题网络的中坚力量。而正是这个新的议题网络，在“进化论是理论还是事实”等学术议题上，与进化论者展开辩论，从而迫使加州对《科学纲要》中进化论的有关内容做出修订。

当反进化论的主导议题演化为政治议题时，创世论者们则吸收了伯德等法律学者和里根这位持保守立场的总统候选人，使之作为新的议题网络的核心成员。并通过他们的论证和表态，将创世论寻求与进化论相对等的法律地位等问题上升为反进化论政策倡议的核心，从而有效地展开了新一轮的博弈。

纵观创世论者反进化论的整个过程，其政策议题网络也始终随着议题的演化而发生着变化，而议题网络的调适也同时促进了议题的倡议，最终对政策倡议的实现，乃至政策变迁起到了重要作用。

2. 推动冲突扩大化——谢茨施耐德模式

谢茨施耐德模式意指在竞争性的民主体制中，赋予公民表达的权利并吸纳公民，可以充分地参与到政治过程中。[①] 在创世论与进化论之争中，双方博弈的一个重要策略就是“动员”与“反动员”，但是由于进化论者在主导议题的把握上始终处于被动地位，因此其“反动员”的策略通常效果不明显。而创世论者能在不同阶段将冲突的新维度引入政策争论中，进而将“非直接利益相关人”——公众吸纳到政策争论中，推动

① ［美］E. E. 谢茨施耐德著、任军锋译：《半主权的人民——一个现实主义者眼中的美国民主》，天津：天津人民出版社，2000 年版，第2—3 页。

冲突的扩大化，使精英之间的辩论上升为公共议题，以便争取更多的认同与支持。

在宗教议题占主导的阶段，由于宗教也是当时美国社会的主流意识形态，因此创世论者通过塑造自身作为公众宗教信仰的维护者的形象，诉诸于公众的宗教情感，获得了公众的广泛支持。从而，扩展了原先局限在精英群体之间的冲突边界，为自身的反进化论政策倡议行动打下了更坚实的民意基础。

而到了科学议题占主导的阶段，科学主义意识形态成为了社会的主流思潮，公众对于科学权威盲目崇拜，却又对科学知识了解有限，难以深度接入科学议题的论争。科学创世论者恰恰是利用了公众这样一种状况，对于进化论的相关理论进行刻意地简化、曲解和误读，从而使公众认为进化论的理论体系本身漏洞百出，缺乏严谨性，从心理上对进化论的科学性产生质疑，主动地参与到反进化论的政策倡议中来。

当政治议题演化为反进化论运动的主导议题时，创世论者的策略在于通过相关非科学类的新闻媒体为公众塑造其在社会和科学共同体中的弱势形象，营造一种科学主义的霸权图景，从而有效地辅助其“为创世论争取法律上的平等地位”这一核心议题，赢得了公众的同情与支持，为其反进化论政策倡议行动引入了潜在的支持者和参与者。

可以说，创世论者们通过策略上的调适，吸引到更多的新的参与者加入冲突，不断尝试将新的评价维度纳入争论，拓展了冲突的边界，使精英群体之间的论证上升为公共辩论，为自身赢得了更多的合法性。

（六）小结

由上述分析可以得知，因为社会语境的变迁，创世论者随即对反进化论政策倡议行动的主导议题做了重新框架化，使之更好地符合总体的社会语境。同时，基要主义、科学家、法律学者和政治家也依次进入或退出政策议题网络，从而有效地强化了不同阶段的主导议题，使之更好地推动政策变迁。

简短结论

政策变迁作为一种制度变迁形式，包含了诸多要素，并且蕴含着极为复杂的作用机制。从中抽取议题演化机制作为分析政策变迁的“中轴”，有助于突出关键结构中的首要逻辑，从打破整体主义的因果链条入手，局部突进，从而获得新的认知。[①]

本文通过分析议题演化机制导致政策变迁，从而发现：1. 议题演化是政策企业家的一种学习行为，基于具体的社会语境变迁，结合自身的政策目标，适时地将诸多议题重新框架化，对其结构和次序进行调整，使对符合当前社会语境的议题凸显出来，确立为主导议题；2. 议题的演化将导致政策议题网络的演化，原先网络中不符合当前议题的行动者逐渐地淡出，而更加能够与主导议题相匹配的精英群体被吸纳进网络

① 严翅君、韩丹、刘钊著：《后现代理论家关键词》，南京：江苏人民出版社，2011 年版，第 5 页。

中，从而围绕主导议题建构出一个新的议题网络，使议题更好地得到表达和实现，有利于政策倡议行动的开展；3. 在建构议题网络的同时，居于主导地位的政策企业家也会充分地利用时下的主导议题，通过不同的方式向非直接利益相关人展开动员，推动冲突的扩大化，扩展政策博弈的边界，争取更多的支持，以促进政策目标的实现。

本文只是围绕议题演化机制，将政策网络和政策博弈等要素串联起来，建构了一个初步具体化的分析框架，分析政策变迁的过程及其作用机制。但是，尚且存在着诸多不足：1. 所建构的分析框架未能将政策博弈的问题有机地整合，在一定程度上缺乏动态性，因此，未来的研究将尝试将更多的要素整合进来；2. 本文所选取的案例比较特殊，是典型的多元主义体制下的包含多轮博弈的政策变迁过程，仅用该案例作为分析对象，将会大大缩小分析框架的适用边界，未来的研究将尝试选取更多案例，尤其是中国本土的政策变迁案例，进而对框架进行改造和完善。

宗教与医疗在美国司法实践中的争议与评析*

——以基于宗教原因的抗拒医疗为分析对象

•刘 祎　李 珍

［内容提要］　在美国，家长基于宗教原因抗拒医疗导致儿童死亡是宗教与医疗复杂关系中的一个缩影。一方是家长的宗教信仰自由，一方是儿童的生命健康及福利权利。在这对关系之中，出于宪法、法律及民意的要求，政府又负担着双重义务：其一是美国宪法第一修正案所要求的不得禁止信教自由和不得支持赞助某一特定宗教；其二是从国家亲权的法律原则出发，政府应积极主动地保护儿童的生命健康及福

* 本文系 2013 年教育部人文社科青年基金项目《宗教领域基本法律体系构建问题之研究》（13YJCZH112）和湖北大学人文社科项目《宗教事务的法治调整和政策设计》的阶段性成果。

利，尤其在家长不能恰当行使监护权时。为了协调好这对复杂关系，在发生争议时，美国法院藉由宪法判断方法——平衡测试——发展出一套政府应否干预宗教和医疗关系的方法。本文围绕平衡测试的实施效果，对比中美两国处理宗教问题的法治方法，分析得出未来处理此类问题的一般立场与经验。

宗教与医疗的关系在西方社会源远流长。在职业科学家或职业医师出现以前，教会向社会提供了大部分的“医疗服务”，不管这种医疗服务的程度、效果如何，这份功绩毫无疑义应当归属于教会和宗教。随着18—19世纪期间自然科学的飞跃进步，在职业医师出现之后，医疗与科学开始并轨前行，医疗也成为科学的代表和伟大象征之一。如是，医疗与宗教的关系也如同科学与宗教间的关系，变得复杂起来。在历史上，科学（医疗）与宗教的一般关系呈现出两种模式：对抗式和非对抗式。在对抗式模式中，神职人员被描绘为科学的敌人，因此也成为社会和智力进步的敌人。这在19世纪尤为显著。约翰·德雷珀在《宗教与科学冲突史》中写道：“科学史并非只是孤立发现的记录，它是两种竞争力量冲突的描述。一方面是人类智力增长的力量，另一方面是由传统信仰和人的利益产生出来的压迫。”其中最著名的莫过于1925年发生在美国田纳西州的“猴子审判”。[①] 相对地，在非对抗式模式下，一种观

① 张增一：《科学划界：猴子审判案例分析》，载《现代哲学》，2006年第2期，第52—58页；李亚宁：《科学、宗教与法律：猴子审判的启示》，载《民主与科学》，2006年第5期，第32—34页。

点主张宗教和科学是会聚的。换言之，“所有的真理都是上帝的真理”，进化论也被视为与上帝的存在及活动是一致连贯的。另一种观点则将科学与宗教截然区分开，从而消除两者间发生冲突的可能性。代表人物如卡尔·巴特，他认为，各门自然科学与基督教没有什么关系，它们不能被用来支持或抵触信仰，因为科学与神学在各自非常不同的假设基础上活动。①

在当代，宗教与医疗的关系仍然没有脱离自19世纪以来形成的两种基本模式，一方面，宗教与医疗都对人的健康提供支持和表达赞美；另一方面，某些宗教团体则对现代医疗抱持迥异于一般观点的主张。譬如，这些宗教团体会基于各自宗教信仰的原因而抗拒现代医疗方法，转而代之以“精神治疗”（spiritual healing）或“信仰治疗”（faith healing），一旦后者的治疗“奏效”、“成功”了，他们甚至会称之为“上帝的治愈”。而一旦“精神治疗”不奏效，结果是轻者延误病情，重者则会导致死亡。在美国，大部分被报道的死亡案件中，死者多为儿童。盖因为其父母的宗教信仰，当未成年子女需要接受现代医疗诊治时，其父母拒绝实施而代之以“精神治疗”，最后，因病情延误与恶化，出现死亡的结果。最早引起公众和立法者普遍关注的事件之一是1982—1983年间发生的“强生死亡”事件，下面将介绍这一事件的原委，以裨益读者了解宗教信仰与医疗争议的基本面貌。

1982年6月，住在美国俄克拉荷马州的强生·洛克哈特（Jason Lockhart），9岁，死于由阑尾炎导致的腹膜炎。尽管在

① ［英］阿里斯科·麦克格拉思，王毅译：《科学与宗教引论》，上海：上海人民出版社，2007年版，第44—45页。

去世前他已经患病有5日了，但是他的父母没有为他尝试医疗手段，因为他们是“第一诞生统一教会”（General Assembly and Church of the First Born）的成员，该教会是一个基督教原教旨主义教会且不信任任何医疗手段。据洛克哈特夫妇说，为了他们的儿子，他们做了能做的一切事情。他们为他祈祷并邀请同教会年长的教友也一起为他祈祷。但很不幸，强生还是死亡了。之后，因为强生的死亡，官方以谋杀罪起诉了洛克哈特夫妇，在官方的判断理由中，如果合适的医疗手段能得以实施，强生的死亡是本可以避免的。①

这起案件因为媒体的广泛报道而使宗教与医疗这一议题进入美国民众关注的范围。此后，在美国各州都陆续发生了类似事件。有研究者推断，从1975—1995年间，有172名“信仰治疗”教派的儿童死亡。其中，142例的存活率超过90%，18例超过50%，有3例曾接受过医疗救治。② 而在过去30年中，大约有超过200例儿童死亡事件，死因都与父母依赖精神治疗而拒绝现代医疗有关。③ 鉴于成年人拥有完全的意思自由，因此成年人拒绝接受各种医学治疗都具有不受限制的自由裁量权，所以实践中最重要的宗教豁免问题是对子女作出的决

---

① K. Hochenauer, “Church of the First Born Members Stand by Beliefs,” in *The Daily Oklahoman*, September 26, 1982, p. 22A.

② S. M. Asser and R. Swan, “Child Fatalities From Religion-motivated Medical Neglect,” in *Pediatrics* 101, No. 4 (1998), pp. 625 – 629.

③ Ronald B . Flowers, “Withholding Medical Care for Religious Reasons,” *in Journal of Religion and Health*, Vol. 23, No. 4 (Winter 1984), p. 268.

定。[①] 拒绝接受治疗的复杂问题涉及父母对子女作出的决定：政府是应当接受家长拒绝医疗的决定还是应主动介入强制进行治疗？政府能否惩罚没有寻求治疗措施的父母或者剥夺他们的监护权？在联邦和各州层面，对于“信仰治疗”的规制的合宪性和如何平衡信仰自由与儿童的生命健康权之间的作法，前后都有反复调整，变化的幅度不可谓不大。如此，在本文中，笔者将分析基于宗教原因抗拒医疗这一复杂现象的神学基础和政府介入的法律原则，归纳已经形成的宪法判断要点；其后，将从比较法的角度，提出个人的一些见解，期望对国内相关问题的处理有所裨益。

一、他们为什么要抗拒医疗

除了前面提及的“第一诞生统一教会”（General Assembly and Church of the First Born）外，现在已经明确表示支持信仰治疗而抗拒医疗救治的教会还有数家。这些教会是“终末事工”教会（End Time Ministries）、“信仰阵线”教会（Faith Assembly）、“信仰圣龛”教会（Faith Tabernacle）、“第一基督”教会（The First Church of Christ）和“基督科学”教会（Christian Science）。另外值得一提的是“耶和华见证人”教会（Jehovah's Witnesses）。该教会最广为人知的是禁止对其成员的输血行为。见证人援引《圣经》的篇章原则来为禁止输

① ［美］格里纳沃尔特、程迈译：《宗教与美国宪法：自由活动与公正》，北京：中国民主法制出版社，2012 年版，第 389 页。

血辩护。圣经的原意是禁止饮血。因为，在古代世界，血液被视为含有灵魂或生命的物质。见证人认为圣经所言的真实的禁止不仅包括喝血的行为，还包括以各种形式将血液送入人体的行为，相应地，输血行为也就被禁止。但是，见证人并不完全拒绝医疗救治，只要不涉及他们所理解的圣经禁止的输血行为，见证人非常乐意采取各种医疗手段。在这点上，“耶和华见证人”教会又是区别于前面提到的那些教会，他们会抗拒包括输血在内的各种医疗手段。在这些教会中，基督科学教派最为知名，其信徒人数最多，组织也最为系统完整。下面就以该教会为例，介绍此类教会拒绝医疗救治的共通观点。

1879 年，玛丽·贝克·艾迪（Mary Baker Eddy）在波士顿创立了基督科学教会。基督科学教会的宗旨之一就是通过祈祷进行治疗。他们认为，唯一真实的存在就是上帝，人的肉体感染疾病或觉得疼痛是由于凡人在精神上犯了错误。为了治疗疾病，人必须以真理将头脑中的错误观念驱逐出去。换言之，疾病是不真实的，而上帝、心灵则是一切的一切。科学教会预设了所有的疾病在“本质上”都是精神状况问题，而人类“本质上”也是精神的存在而非物质组织。他们通过解释圣经的经文来说明只有上帝才能治疗疾病而人类无法做到，如：“信的人必有神迹随着他们，就是奉我的名赶鬼；说新方言；手能拿蛇；若喝了什么毒物，也必不受害；手按病人，病人就必好了。”[①]“所以我告诉你们，凡你们祷告祈求的，无论是什么，只要信是得着的，就必得着。”[②] 上帝有力量治愈疾病。

① 《马可福音》16：17—18。

② 《马可福音》11：24。

如果一个人热诚地祷告他就会得到治愈，如果他在上帝的意志之中，治愈就会跟随而来。另一段被频繁引用来证明上帝的治愈力量的经文是："你们中间有受苦的呢，他就该祷告；有喜乐的呢，他就该歌颂。你们中间有病了的呢，他就该请教会的长老来；他们可以奉主的名用油抹他，为他祷告。出于信心的祈祷要救那病人，主必叫他起来；他若犯了罪，也必蒙赦免。"①

基督科学教会对上述经文的解释，都是基于两个假定。假定一：上帝将会治疗真正信仰祂的人。（"信的人必有神迹随着他们……若喝了什么毒物，也必不受害；手按病人，病人就必好了。"）进言之，如果人拒绝医疗救治转而信赖上帝，他就显示出祈求上帝治疗的信仰，反之，如果他转求医疗救治，那就显示出他缺乏对上帝的信仰。那如果一个人为治疗祈祷而治疗并没有临到，那也只是说明他的信仰还不充分或者他不在上帝医治病人的计划之中。假定二：医疗，作为源自人类并由人类所发明的，无法获得与上帝的治愈同等的信任。恰如在一例祈祷治疗导致的儿童死亡案件中，信仰精神治疗的父亲在法庭作证时说："如果他们给你一些帮助来让你的疾病消除，那对你岂不是再好不过。如果他们不能保证做到治愈你，那又为什么要做，如果有哪位医生告诉我，他有一种药物可以治愈我，我立马到他那去。但是他们什么都不能保证。"②

一般说来，在抗拒医疗的神学原因方面，其他教会与基督科学教会没有明显区别，大体都建立于上述两个假定基础之上。

---

① 《雅各书》5：13—15。

② 657 S. W. 2d 425（1983）.

二、国家亲权，政府介入的法律原则

如上所述，因为信仰原因出现的儿童死亡事件，引发了公众和立法者对信仰治疗的关注。因为有宪法保障的信教自由和禁止确立国教，所以除非有充足的理由，在美国，政府一般是极力避免牵涉进宗教纷争或宗教管制的。而在抗拒医疗案件中，政府介入到对信仰治疗是否可行的宗教观点的争议之中，则是出于国家亲权的法律原则。此原则源自英国普通法，在英国历史上，普通法确认了君主拥有皇权，从而作为监护人以保护那些在法律上被认定为残疾或行为能力不足的人。而当国家独立之后，皇室的特权转授给了政府，政府便成为人民的健康、安适、福利的保护者，并对于那些无法照顾自身的人给予特别的关照。[①] 尤其是对于儿童的福利，政府多以立法的方式来提供保护。

该原则在司法上的适用，最为典型的是美国联邦最高法院在普林斯诉马萨诸塞州（Prince v. Massachusetts）[②] 一案的判决。如今，该案已经成为涉及到宗教和健康方面的一个重要先例。在这起案件中，一位“耶和华见证人”带领她的子女们和一名儿童（她也是这名儿童的监护人）在她所在镇上的公共街道分发“耶和华见证人”的传单、手册。然而，马萨诸塞州的《童工法》禁止未成年人在街道或公共场所从事商业

① Ronald B. Flowers, “Withholding Medical Care for Religious Reasons,” p. 271.

② 321 U. S. 158（1944）.

活动。普林斯坚持，政府应当允许她的孩子们在街头巷尾分发宗教宣传品，于是她被逮捕。之后她起诉了州政府，因为她主张童工法否认了她和她的子女受宪法保护的实践他们所选择的宗教的权利。她们都视自己为牧师，而法律禁止了她们实践自身的宗教事务。

在普林斯诉马萨诸塞州案中，联邦最高法院确立了这样的规则：父母的亲权和受宪法保护的宗教自由必须服从于儿童安全和良好健康之中存在的国家利益。该规则在法官判词中有更具体的阐述：

家庭本身以宗教自由作为抗辩不会超越公共利益的管制。不管是宗教权利还是父母亲权都是有限的。政府藉由国家亲权的身份，可以通过强制入学、管制或禁止童工和其他多种方式来限制父母的控制力。政府的权威不会仅仅因为父母管教儿童的行为过程是基于宗教或良心的基础而被宣布无效。因此，父母所主张的儿童免于强制接种的自由和父母本身的宗教自由都不会更重要。自由实践宗教的权利不包括将社区或儿童暴露于传染疾病或有损健康甚至死亡的自由……政府在儿童事务上的权力比在成年人事务上更广泛……父母本身有成为殉道者的自由。但是这并不能得出，在相同情形下，在子女还没有达到法定成年年龄可以自主选择之前，父母拥有让他们的子女也殉道的自由。[1]

① 321 U. S. 166. 168. 170（1944）.

这起案件表面上看来与医疗无关，但如今，它已经成为宗教与医疗争议类案件所频繁参照的一个先例，因为该案清楚释明了政府的国家亲权这项法律原则及其适用标准。之后该案的法理也被频繁适用于“耶和华见证人”输血争议案件中，如新泽西州诉佩利康案（New Jersey v. Perricone）。[①] 在该案中，对于危在旦夕的婴儿，婴儿的父母由于是“耶和华见证人”，出于宗教原因拒绝给予医院输血的许可，于是医院诉至法官，在经过听证之后，法官宣布婴儿被父母所忽视并剥夺其父母的监护权，法官为这名婴儿任命了新的监护人并授权决定输血的治疗。法官认为，政府在儿童福利上有迫切的利益。为了实现这项利益，政府有权力作为这名婴儿的监护人，下令进行医疗救治，直到该婴儿恢复健康后再将其送回父母身边。法院认为，上述程序并非对父母的信教自由的干预。关于此类问题，早在 19 世纪末，判例法就已经认为，尽管有第一修正案的宗教自由条款，但如果宗教活动给个人、公共福利带来伤害或侵犯了社会的道德伦理，仍然可以干预宗教活动。

总之，在儿童尚不具备自我选择的能力之前，国家亲权这项普通法上的法律原则，要求国家在必要时可以代替其父母代行监护权利和职责，这里的“必要时”可以理解为儿童的福利可能面临来自外界的危险包括来自父母的危险时，即使危险源含有宗教因素，也只作为法院考虑的因素之一，并不会绝对地阻止政府的干预。

① 181 A. 2d 751 (1962).

三、平衡测试，宪法判断的方法

如前所述，国家亲权是政府介入宗教与医疗纷争的一项法律原则，而使这项法律原则运转起来则需要透过法院的司法适用，换言之，法院必须形成某种判断方法，从而能够对宪法第一修正案中的宗教条款加以解释。美国宪法第一修正案规定：国会不得制定关于下列事项的法律：确立国教或禁止信教自由；剥夺言论自由或出版自由；剥夺人民和平集会和向政府请愿申冤的权利。一般性的宪法条文，无法直接适用到个案中，因此仍需要透过法院对宪法的解释来明确宗教自由的界限所在和政教分离的内容，即当满足何种条件时，政府才可以介入到权利的纷争之中，从而以合宪的方式作出判断并行使权力。那么，在过去20年里，美国法院惯常会采取平衡测试来判断政府介入宗教与医疗纷争的时机。接下来，笔者将介绍这一测试的具体内容。

以宗教案件为测试对象，平衡测试的检测程序包括三个步骤：第一个步骤，考察政府是否有给个人或团体的宗教行为施加负担？通常在涉及个人的案件中，法院会通过质疑两个与之相关的问题来获得步骤一的测试答案。问题一：这一引起争议的宗教是否要求个人实施某种公开的行为？问题二：个人所实践的行为是否符合该宗教的要求？如果对上述两个问题的答案都是确定的，法院会再次回到步骤一的主要问题：政府是否施加负担于宗教活动？如果答案是否定的，则该案就将结束，因为至此政府并没有侵犯信教自由。反之，如果答案是肯定的，则接下来的探究将进入第二个步骤。

第二个步骤为：如果政府给信教自由施加了负担，是否有迫切的政府利益使负担得以正当化。这里关键词“迫切（利益）”解释了政府必须具有非常重要的理由才可以干预宗教活动。如果政府拿不出迫切的理由，则政府将输掉案件，而宗教团体或个人获胜。如果答案是肯定的，说明政府有充分的理由来干预受质疑的宗教活动，那么就必须进入到第三个步骤。

第三个步骤：政府是否有替代性的方法既能达到它的目的又不至于侵犯信教自由？如果答案是否定的，即政府除了干预宗教行为外，再没有其他方式来达成它的目标。则政府具有干预的自由。但是如果法院发现还有替代性的方式的话，宗教团体或个人就将赢得案件而政府则必须换用其他的方式。

上文所介绍的这种对信教自由条款的司法解释方法就叫“平衡测试”，因为它旨在平衡政府所保障的利益和宗教利益间的关系。但从测试的结构观察，它并非纯粹的平衡，还是会有所偏向。该测试要求除非宗教行为威胁到十分重要的政府利益，并且政府需要证明除了阻止宗教行为外，政府无法以任何其他方式实现其利益，这才可以介入到信教自由事务之中。从理论上看来，政府在法院面前完成合宪性证明的责任较之宗教团体或个人显然要更严格些。接下来，笔者以一个案例——汉密尔顿案，来更具体地说明平衡测试的司法适用。该案案情如次：

1983 年，12 岁的帕梅拉·汉密尔顿被发现一条腿罹患癌症。她的父亲是“统一阵线上帝教会”（the Church of God of Union Assembly）的成员，因为他相信“禁止医疗”的圣经教导，所以拒绝给孩子进行化疗。州政府知晓此事之后，对此种信仰治疗进行了干预。在帕梅拉治疗期间，汉密尔顿诉至田纳西州法院，诉由是其个人及其家庭的信教自由受到政府行为的干预，请求获得宪法保护。州法院在该案中试图决定：州政府是否应当取得帕梅拉的监护权并强制汉密尔顿送其接受化疗。最后，法院的裁判肯定了州政府的介入行为。

进入到平衡测试的步骤：

第一步：田纳西州政府是否干预了汉密尔顿及其女儿的信教自由？答案是确定无疑的。从州政府强制汉密尔顿送帕梅拉接受化疗这一行为背离了他对标准医疗的宗教抗拒这一点，即可看出。为了进一步判断答案是否准确，还必须提出两个小问题：其一在汉密尔顿这一方而言，他所属的教会是否提出这样的行为要求？答案也是确定的。“统一阵线上帝教会”于1921年在乔治亚州成立，在美国17个州中有数千名信徒。所有教会成员都被禁止使用医疗手段、接种或注射。教会教导信徒单靠信仰并向上帝祈祷就可以治愈，医疗则不行。其二原告是否属于要求这一行为的教会的成员？答案也是确定的。汉密尔顿是教会的传道人，他的妻子和女儿也都是教会的成员并且同意不使用医疗手段。如此，田纳西州政府干预了汉密尔顿的信教自由，这点是清楚明确的。

第二步：是否存在迫切的政府利益能够将这一干预正当化。在该案中，维系帕梅拉的生命成为政府的迫切利益。尽管汉密尔顿辩称，即使化疗，帕梅拉也生存不了多久，所以并不值得以侵犯她及家庭的宗教偏好这么高的成本来进行治疗。对此，法院回应道：治疗可以减轻她的痛苦，所以是有必要的，她生存的时间长短不是考虑的唯一要素。在法院的判词中，这样写道：

我们的宪法保护美国人的个人自由远多于其他文明社

会，但是仍然有个人自由必须让步的时刻。当一名儿童正面临癌症的死亡威胁，随着疾病的加剧她所承受的痛苦越来越多，就如同帕梅拉的境况，我们相信，人类的同情心和求生的努力远胜于不受限制的宗教信仰行为时，就是个人自由必须让步的时刻之一。①

第三步：政府是否有替代性的选择可以达到既不介入宗教信仰，又能保存帕梅拉的生命？在本案中，的确，除了医疗手段外，州政府再没有其他方式能够减轻帕梅拉的痛苦和延长她的生命。② 于是，法院就政府从国家亲权原则出发的干预宗教自由行为给出了独立且包含理由的判断，即法院肯定了田纳西州州政府干预汉密尔顿的宗教信仰行为的合宪性；该行为并不构成对宪法第一修正案中信教自由条款的侵犯。在经历完整的平衡测试之后，法院有充足的理由说明自身的判断根据，公众也可以根据测试内容来检证法院的裁判质量。

四、平衡测试之后，行政、立法、司法三分支的各自发展

（一）对家长刑事追诉的除罪化

尽管平衡测试在理论上显得政府行为通过合宪性考验会比

① In Re Hamilton 657 S. W. 2d 425 (1983).

② Ronald B . Flowers, "Withholding Medical Care for Religious Reasons," p. 275.

较困难，但实际上，由于国家亲权法律原则的出发点是针对行为能力不足需要照顾的人，尤其是未成年人，在查明其家长（监护人）有明显拒绝医学治疗这一事实前提下，政府介入行动一般都很容易通过法院的测试。于是，经过大量案件的实践经验积累，形成了这类宗教与医疗纠纷案件的一般性处理规则：患病儿童接受适当医学治疗的权利可以取代其父母出于宗教信仰原因抗拒医疗的信教自由权利。[①] 如此，会不会意味着，宗教利益在此类案件裁判中将被舍弃？病亡儿童的家长（监护人）也会因其拒绝医疗的行为而承担法律责任？实际上，就算是站在平衡测试这一共同基础上，裁判和立法的发展也是相当复杂和反复。首先，关于家长（监护人）是否需要为信仰治疗导致儿童病亡而承担法律责任方面，从 1974—2004 年，全美有 39 个州包括哥伦比亚特区通过立法保护病亡儿童的家长（监护人）免于刑事追诉。这些立法被称为“宗教豁免法”。立法的通过，得益于那些坚持祈祷治疗教义的教会，尤其是基督科学教会的院外游说。较为典型的反对让有信仰的家长承担刑事责任的理由是：刑事惩罚不会在实践中发挥任何作用，而且这些家长会遵循内心深处的宗教信念以使其子女的身体和宗教健康受益。如果政府警告说在事态恶化时会对其子女产生危害，这些家长不会因此停下自己的脚步。在责任问题上，如果这些家长是根据他们信仰的原则为子女谋求最大的利益，他们不应被谴责。如果子女死亡了，这些按照自己良

---

① Kenneth S. Hickey & Laurie Lyckholm, “Child Welfare Versus Parental Autonomy: Medical Ethics, the Law, and Faith-Based Healing,” in *Theoretical Medicine* 25 (Kluwer Academic Publishers, 2004), p. 275,

知行事的父母已经承受了极大的痛苦，此时刑事责任并不能起到什么警告或惩罚的作用。[①] 一般情况，这些立法会认为不应当单独地判定儿童被忽视，因为儿童毕竟还是得到祈祷者或其他精神方法的治疗，不能简单认为父母对于儿童放任不理。绝大多数立法加入了受到豁免的祈祷治疗必须与有建制的教会的教义相一致，而且必须是由教会的修习者来实施这样的条款。某些立法加入了当儿童健康需要的时候，也不得阻止法院的医疗决定的条款。还有些立法确立了精神治疗可以作为诉讼中的抗辩理由以对抗儿童忽视的指控。总而言之，宗教豁免法同样关注对儿童生命健康权的保护，但它出于对家长宗教信仰和宗教自治权利的尊重，豁免了家长因宗教原因拒绝对子女施以医疗而可能招致的刑事追诉。

立法机关之外，行政机关也在发挥自身的影响。在 30 年里，美国行政分支共发动了三次对信仰治疗的除罪化行动。1974 年，美国健康、教育和福利署（现在为美国卫生部）指导各州为依赖祈祷治疗而非医学治疗的父母提供宗教豁免，从而免于儿童虐待和忽视的指控。这项政策在 1996 年伴随国会立法再次被确认。当年，国会通过了《联邦儿童虐待阻止和救治法》(the Federal Child Abuse Prevention and Treatment Act, CAPTA)。该法没有纳入父母或监护人应当提供医疗服务或治疗给儿童，哪怕与其信仰相冲突这一联邦法律的义务要求。在

① ［美］格里纳沃尔特、程迈译：《宗教与美国宪法：自由活动与公正》，第 398 页。

2001年，卫生部的除罪化政策再次得到了国会的授权。[①] 如是，从联邦到地方的国会立法和行政立法，都接受到行政分支关于信仰治疗应除罪化的政策灌注。

（二）继续变化与发展的平衡测试

以上立法和政策的动作恐怕还需要联系平衡测试来共同理解其后续的法律效果。如前述，法院所适用的平衡测试方法确立了儿童的健康及医疗权利较之宗教信仰权利更为重要。但在这种保障效果之外，宗教信仰自由的利益又应当如何保护，如果在每一起案件中，父母都无法选择祈祷治疗，不得不被政府强制介入，那会不会也是宗教信仰自由的一种缺失呢？所以，除罪化的立法和政策，都旨在与平衡测试一道将宗教信仰权利和儿童权利分离开来，避免那种保护儿童权利就必须要舍弃宗教权利的非此即彼的选择。一方面，司法裁判使得儿童权利能够得到及时有效的救济，另一方面，在司法之外，立法保护使得家长（监护人）免于儿童虐待和忽视的刑事指控，不至于出现因实践宗教信仰会遭受（政府）惩罚的印象。

尽管有宗教豁免法、除罪化政策和平衡测试的宪法判断方法等多种根据为宗教与医疗争议提供解决指导，但由于美国的判例法制度和联邦制度，各个法院还是会出现各异的判决，这些判决的积累一方面丰富了国家亲权原则的内涵，另一方面也在近10年中对之前延续近30年的宗教豁免法提出了质疑并引

---

① R. Swan，Religious Exemptions from Health Care for Children：Federal Policy，Children's Health Care is A Legal Duty，Inc，http：//www.childrenshealthcare.org（登录时间：2014年6月6日）。

发动一波废除宗教豁免法的州立法运动。下面从若干具体案例出发，观察在一般原则情况下，司法裁判出现的新发展。

1. 杰森案（in Re Jensen）[①]

杰森是患有脑积水的 15 个月大的儿童。她的生命虽不至于有生命危险，但是如果不进行手术清除脑部的积水，她会面临严重的智力发育迟缓。她的父母是“第一诞生统一教会”(General Assembly and Church of the First Born）的成员，倾向于祈祷而拒绝手术。然而，法院为儿童下达了手术的命令，因为法院认为不做手术的话，杰森将来绝无可能过上丰富且有意义的生活。在本案中，法院对于干预宗教偏好的根据——“迫切的政府利益”——的理解不限于即刻的死亡威胁，未成年人未来的生活质量也被视为政府需要保护的“压倒性利益”的成分。

2. 谢菲尔案（in Re Seiferth）[②]

谢菲尔，14 岁，因唇腭裂导致兔唇症。该状况严重影响了他的表达能力，同时因为外貌原因，他也遭到同龄人的嘲笑。尽管他的父亲不属于任何宗教团体的成员，但是他个人的世界观相信所谓“让自然的力量在身体中发挥作用”的精神治疗。儿子谢菲尔也被教导以同样的世界观。在该案中，法院并没有从生命质量这一理由出发决定对谢菲尔实施医生强烈推荐的手术。首先，这名儿童并没有生命危险；其次，法院基于谢菲尔的宗教—世界观信仰得出结论认为，几年之后，谢菲尔将可以独自作出自我决定。所以，这一次，法院支持了谢菲尔

① 633 P. 2d 271（1982）.

② 127 N. E. 2d 820（1955）.

家的宗教及世界观选择，认为在谢菲尔具备行为能力之前，鉴于其并没有生命危险，且信仰偏好对谢菲尔的生命质量带来的负担并非永久的，法院不妨尊重谢菲尔家的世界观信仰。在未来，当孩子具备行为能力之后，他可以选择遵从信仰要求或接受唇腭裂手术。

3. 格林案（in Re Green）[①]

本案中，16 岁的男孩格林需要接受外科手术以部分矫正由小儿麻痹症给他带来的脊柱弯曲的影响，他的母亲因为是“耶和华见证人”教会成员，于是拒绝让其接受手术过程中必然需要的输血。本案法院否决了政府的手术输血命令，让步于孩子家长的宗教信仰，理由在于儿童本身和社会在这起案件中都未达到陷入危险境地的程度。

4. 利巴革案（People v. Lybarger）[②]

约翰·利巴革是一名基要派教会中尚未任命的牧师，他在生活的所有方面都信靠上帝的话语，包括治疗。1982 年 3 月，利巴革的女儿杰西卡，5 周大的时候，显现出伤风感冒的症状。利巴革向上帝祈祷使之康复。他也邀请了教会的朋友们一起为杰西卡祈祷，他们也的确如此做了。尽管利巴革说他曾发现杰西卡出现改善的迹象，但是她还是死于肺炎。本案发生地的科罗拉多州的法律允许精神治疗作为儿童忽视指控的辩护理由。利巴革的律师原计划利用该法进行正面辩护，但是，初审法院没有采纳这一辩护意见，还宣布该法因为支持特定的宗教而侵犯了禁止确立国教条款构成违宪。其后，基督科学教会加

① 292. A. 2nd 387（1972）.

② Colorado Court of Appeals，Case # 82-CA-1226.

入进来，并代表利巴革与法院就该法是否违宪展开了辩论。科学教会就初审法院认为构成违宪嫌疑的疑点，即这部法律只给予知名的宗教团体豁免的有效性提出辩护：

> 将豁免限制在知名的宗教团体，其正当性关系到一个司法难题的解决，即证明真诚信仰中所宣称的个人宗教确信。法院不应当去探究宗教信仰的本质或有效性，但是法院可以判断他们是否真诚的相信。除非他采取措施与某些组织性的知名的团体联合在一起，否则一方当事人的宗教确信的唯一证据只能来自他本人的宣称。对于科罗拉多州议会要求的公开展现原告的信仰生活，这是不合理的，尤其在涉及到儿童的生命和健康。几乎在所有的案件中，信仰的外部化都包含与某些教会的联合。在这起案件中，豁免也同样要求该宗教应当是公开的或为社群所知晓的。[①]

上述案例只是平衡测试确立之后产生的众多案例之一，但依然可以看到平衡测试经由司法裁判成为具备生长性而非僵化的裁判方法。归功于判例法制度，法院在各异的案件中不断地去探索平衡测试的内涵，才使得该测试具备了应对复杂的宗教与医疗争议的能力。至此，笔者将法院所发展出来的测试内涵或裁判要点，进行不尽完全的归纳，同时也会附带性地提出个人的评析：

第一，一般，患病的未成年人的生命健康权利高于宗教—世界观信仰的权利。这是平衡测试适用到宗教与医疗案件中所

① Amicus Curiae Brief, People v. Lybarger, S. Ct. # 83-SA-433, 6-7.

形成的基本原则。换言之，在儿童能够独自选择自身所信仰的宗教或世界观之前，儿童的生命权利必须得到最充分的保障。除非满足以下三项条件之一，法院才有可能支持对未成年人的拒绝医疗行为。即（1）治疗的效果不能确定，尚在怀疑中；（2）治疗所产生的弊端或负担远大于其产生的益处；（3）拒绝医疗的决定是由具备行为能力的未成年人本人经过深思熟虑之后做出的。①

第二，干预宗教信仰的政府行为若要正当化，应当以对儿童的医疗境遇带来明确的实际成果为标准。至于说什么是“实际成果”则争议相当大，各个法院都有不同的理解，对“实际成果”的程度、大小有着宽严不一的把握。这点是平衡测试在除罪化运动之后所形成的最容易引起争议的衡量标准。有的法院会倾向于严格考察医疗手段的影响效果，即以大比率的治愈率作为政府介入信仰治疗的正当性根据。如某一儿童身患病毒性脑膜炎，经使用抗生素后他治愈的机会可以高达90%以上，那么该法院便极有可能肯定政府的医疗介入行为。反之，如果该儿童患有脑瘤，即使接受化疗也只有15%的机会缩小肿瘤而不可能根治的话，严格的法院会以疗效缺乏实际性而否定政府的强制医疗行为的正当性；而较为宽松的法院，如汉密尔顿案中的田纳西州法院则可能认为只要治疗能够减轻其痛苦就是必要的，“生存的时间长短不是考虑的唯一因素”。

① K. Kipnis, “Parental Refusals of Medical Treatment on Religious Grounds: Pediatric Ethics and the Children of Christian Scientists,” in Larry May, Christine Sistare and Jonathan Schonsheck, eds., *Liberty, Equality and Plurality* (Lawrence, Kansas: University of Kansas Press, 1997), pp. 268 – 280.

至此，美国各地方法院还没有对医疗效果究竟要达到何种程度才能正当化政府的干预行为，形成一个相对确定的标准。而在联邦层面，关于“实际效果”的判断标准，尚未有先例形成，可以说，联邦最高法院现阶段对各地方法院探索政府介入的“实际效果”作为持放任立场。

第三，对于迫切的政府利益的要求，除了包含生命权之外，还应以不剥夺儿童未来的自我决定权为标准。起初法院的解释范围限于生命权，即生命受到严重威胁，后随着判例的积累，该范围逐步扩张至儿童的生命（生活）质量，这里的“生命质量”不宜做简单化的理解，似与《德国基本法》中“人性尊严”的概念有异曲同工之妙。简言之，人应当作为目的而非工具受到有尊严的对待。“在任何一种宪法判断中，法律条文或规范同人的尊严性发生冲突时，裁判者应服从于人的尊严性。在发挥客观宪法原理功能的同时，人的尊严性具有主观权利的属性，抵制与防止任何把人变为工具或手段的现象。”[①] 所以才在帕梅拉·汉密尔顿案中，以生命质量胜于生命长度来正当化政府的医疗干预。进一步，鉴于“生命质量”比生命权更为抽象，为了避免范围过度扩张以致任何稍有影响的决定都可能成为阻止家长信仰自由的理由，法院通过杰森案将“生命质量”细化为对儿童未来自我决定权利的保护和尊重。如杰森案中杰森所面临的严重的智力发育迟缓威胁，若不接受手术治疗，就很有可能在未来给杰森带来不可逆的丧失自我决定的能力。

---

① 韩大元：《中国宪法学应当关注生命权问题研究》，载《深圳大学学报》，2014 年第 1 期，第 25 页。

第四，青春期孩子（15—17 岁）的意见较之 14 岁以下的儿童应有更大的分量，法院在个案裁判中应综合考虑家长、孩子和政府的利益。在谢菲尔案中，谢菲尔尽管患有兔唇症，但他与其父亲都保持自然疗法的世界观信仰，法院审查到（1）谢菲尔的状况并不足以危及生命；（2）谢菲尔虽然遭到同龄人的嘲讽，但其生命质量不至于受到严重损害；（3）更重要的是，谢菲尔还有几年就将进入青春期，具备部分的行为能力或宗教—世界观信仰的选择能力，可以做出自我选择，不妨将是否接受兔唇修补术留待谢菲尔本人自主决定；倘若法院这时候介入，强制进行兔唇修补，日后，若谢菲尔选择自然疗法，不愿进行医学修补，又该如何是好？

第五，平衡测试中所要求的家长（监护人）应当是某宗教团体的成员，并且信仰治疗是该宗教团体所要求的及必须由家长（监护人）本人来实施。部分州的宗教豁免法会明确要求豁免应给予建制化的全国知名的教会或为社区成员所知晓的宗教团体，而不给予那些秘密教会。尽管非宗教团体和部分初审法院（如利巴革案法院）会质疑《宗教豁免法》有支持特定宗教的违宪疑义，但不得不承认这对于方便法院裁判，获得较客观的判断还是有一定作用的。诚如前述，平衡测试需要判断类似祈祷治疗行为是否属于宗教行为、是否与宗教教义相符合，才能确定出现有待保护的宗教利益，测试便结束。但困难的地方在于，如果是不公开的秘密宗教，或松散缺乏组织性的不知名宗教，法院就需要审查该团体是否属于宗教团体，家长的行为与教义又是否相符合，而对于秘密宗教和不知名的宗教来说，常出现教义考证困难、难以捉摸、缺乏记录等问题。这些都给法院的审查带来困难，而法院不是宗教裁判所，它只能尽量依赖外部的客观事实来确定信仰的真实和有效性，所以对于建制化的知名教会，法院比较容易辨别其祈祷治疗行为的宗教性，反之，法院则可能需要对宗教本身来加以认定，而这既非法院权限所在，也是法院所极力避免的。

第六，干预手段应符合比例原则。所谓比例原则，亦即当不得以需要干预个人权利时，政府行为与其所希望实现的目的之间应当符合比例。简言之，一是所选择的干预手段应当有助于目的的实现；二是能够实现目的之手段应当是对当事人利益影响最小的。[①] 在宗教与医疗争议中，对家长（监护人）信仰自由的干预应当限制在特定的范围之内，尽量降低干预行为给儿童及家长带来的不利影响，如家长（监护人）对儿童的知情权、探视权以及医疗决定之外的决定权利都应当得到尊重，不因政府介入而一概丧失。

（三）宗教豁免法的未来

在前 20 年的裁判历史中，从美国联邦最高法院到各州的法院都为解决宗教与医疗争议问题付出了明显的努力，他们不断地以案例的形式回答美国宪法第一修正案中信教自由和政教分离条款所追求的法律效果。如是，围绕平衡测试所积累形成的大量案例和丰富法理，无疑是具有重大借鉴意义的宝贵经验，它的指导意义将一直延伸向未来。美国立法和行政分支同时也在积极探索争议的解决。立法的成就是《宗教豁免法》，行政分支则推动了三次除罪化行动。但宗教与医疗的问题毕竟

① 叶必丰:《行政法与行政诉讼法》，武汉大学出版社，2008 年版，第 75—76 页。

相当复杂，虽有以上司法、立法和行政的做工，但在近30年中，仍然有超过200名儿童因未得到及时医治而夭折，而从宗教以外的一般观点看来，这些死亡事件可谓非正常、是原本可以避免的。尽管法院和《宗教豁免法》都努力为儿童生命健康提供保护，但毋宁说这些保护基本都是迟缓的、事后的，仍然有不少儿童没有得到及时的干预。这对于关心儿童福利的人士来说，追究家长（监护人）的忽视乃至虐待的法律责任，存在这样的愤怒情绪是显而易见的。他们提出了追究家长忽视、虐待的刑事责任的理由：

> 有些家长信奉蔑视普通医学治疗措施的宗教，但是对应当怎么做的问题他们倍感苦恼。如果得知没有寻求治疗他们将承担刑事责任时，这些家长中的有些人也许会越过宗教界限去向医师寻求建议；其他人也许至少不会掩盖他们子女生病的事实。如果在儿童死亡后对其父母做出了有罪判决，当这一判决结果被广为报道时，那些尚未决定是否加入某一宗教组织的人们也许会受到该判决结果的影响。如果该宗教组织的思想会危及子女健康，这些人也许会因此或多或少地不再愿意加入该宗教组织。刑事惩罚在影响他人行为的问题上也许并非完全没有效果。①

于是，在1974—2004年豁免法实施30年之后，各州对于

① ［美］格里纳沃尔特、程迈译：《宗教与美国宪法：自由活动与公正》，第399页。

是否继续施行《宗教豁免法》意见纷纭，不断有成员州加入到废止该法的运动之中。2001 年，科罗拉多州立法者迫于舆论压力出台了法令废止了该州的《宗教豁免法》，科罗拉多州的家长（监护人）从 2001 年 4 月起，不再拥有豁免于儿童忽视、虐待乃至谋杀的权利。① 又有 3 个州，夏威夷、内布拉斯加州和北卡罗莱拉州废止了民事和刑事法典中所有给予家长（监护人）的宗教豁免。② 同样有学者认为《宗教豁免法》将"周知"的特定宗教排除于政府干预之外，因此绝大多数的《宗教豁免法》已经产生违宪的嫌疑。③ 虽然及至现在，并非所有的州都废止了《宗教豁免法》，但从前 30 年里，44 个州和一个哥伦比亚特区都存有《宗教豁免法》这一致性上来看，如今废止运动的出现，已经证明这种免于家长（监护人）因宗教原因拒绝医疗的法律追责的共识已经崩塌了。在这逐渐碎裂的过程中，美国联邦最高法院关于宗教信仰与儿童福利方面所做出的最优秀的判例——普林斯诉马萨诸塞州一案（Prince v. Massachusetts）——在废止运动中成为一张王牌，毕竟联邦最高法院在这起案件中，已经给宗教、家长、儿童之间的关系下了类似定论的判断："父母本身有成为殉道者的自由。但是这并不能得出，在相同情形下，在子女还没有达到法定成年年

① M. Janofsky, "Colorado Children's Deaths Rekindle Debate on Religion: Should Parents be Allowed to Deny Care?" *New York Times*, February 2001, sec. A, p. 10.

② Kenneth S. Hickey & Laurie Lyckholm, "Child Welfare Versus Parental Autonomy: Medical Ethics, the Law, and Faith-Based Healing," pp. 269 – 270.

③ Ibid., p. 270.

龄可以自主选择之前，父母拥有让他们的子女也殉道的自由。”①

简短结语

中美两国在法律体系、宗教状况方面有明显的差异，美国的诸多立法、司法案例和裁判经验都有很大差异，换言之，在宗教与医疗的许多方面，中国和美国法律界所面对的问题都是唯一的、具有独特性的。但这并不意味着美国在宗教与医疗关系问题上所积累的经验智慧无借鉴之义。儿童的福利、公民的生命健康和宗教信仰自由，这些自由和权利无分中美，都是人们所尊重和必不可少的。在这点上，美国法从法律理论和顶层设计（价值高度）的层面为中国类似问题的解决提供了参照。

面对宗教与医疗间的复杂争议，美国藉由司法裁判发展出“平衡测试”方法以为政府介入信仰行为提供准据。同时由于三权分立的政治结构和判例法的制度，使得立法、司法和行政分支在争议解决中都具有一定的发言权，这在丰富相关法律智慧的同时，也增加了不确定性。对比美国这种灵活多元的救济体系及方式，一方面令中国法律界警醒到自身存在的某些“病症”，另一方面也为未来消除这些“症候群”提供了相当有益的启发。

---

① 321 U. S. 166. 168. 170（1944）

论冷战初期美苏宗教外交战略及其差异*

——基于美苏档案的解读

● 贾付强

[内容提要] 冷战初期，为应对苏联及共产主义对美国的威胁，美国试图建立国际反苏反共“宗教同盟”。苏联也开始实施宗教宽容政策，规划利用俄罗斯东正教会开展对外宗教交流活动以实现苏联的外交目标。对比美苏的宗教外交战略可以发现，两者呈现出了很大的差异。

宗教作为一种“软硬兼施”的力量，其所具有的生存、整合与认知等功能不但能为一国外交政策提供“路线图”，而且能为一国团结“他者”、反对敌人提供“粘合剂”。因此，

* 本文为国家社科基金青年项目“宗教与冷战时期的苏联公共外交研究（12CZJ022）”的阶段性成果。

宗教常成为国际舞台上各国竞相争夺的资源，一些政府常为了自身的政治目的利用教会——特别是教会的管理层。[①] 在“十字军东征”、欧洲“三十年宗教战争”中，宗教因素的重要性自不待言。即使在被学者们称为“上帝已死”的冷战时期，宗教也是世界各国，特别是美苏竞相利用并积极使用的“武器”。为争夺“人心”，美苏两国都制定了利用宗教资源以实现本国外交目标的战略。有学者将国家利用宗教开展的对外交流活动定义为“宗教外交”（Religious Diplomacy）。[②] 例如，涂怡超博士认为，“宗教外交”是指一个国家的中央政府以特定宗教价值观念为指导，通过职业外交官直接实施、授权或者委托各种宗教组织实施的外交行为以及默许宗教组织开展的针对另一个国家政府的游说行为。其包括两个方面：一方面，宗教外交是利用宗教手段服务于外交使命的行为，比如借助宗教组织对其他国家民众进行传教，并动员教众对其他国家政府施加压力的行为；另一方面，宗教外交是利用外交手段为宗教扩展服务的行为。“宗教外交”有三个要素：其一，宗教外交的主体必须是一国中央政府或者得到中央政府许可或默认的组织或个人，没有政府背景的宗教传播活动不能算是宗教外交。其二，宗教外交的客体必须是宗教组织和广大教众。其三，宗教外交的目的是促进宗教信仰的扩散和国家利益的实现，更好地

① Matthew Spinka, “A Survey of Recent Eastern Orthodox Historical Literature,” *Church History*, Vol. 20, No. 3 (September 1951), pp. 82 – 85.

② Lucian N. Leustean, “Religious Diplomacy and Socialism: The Romanian Orthodox Church and the Church of England, 1956-1959,” *East European Politics and Societies*, Vol. 22, No. 7 (2008), pp. 7 – 43; Casey Lucius, “Religion and the National Security Strategy,” *Journal of Church and State*, Vol. 55, No. 1 (2012), pp. 50 – 70.

服务于国家战略和外交政策。[①] 本文拟通过对美苏相关档案的解读，勾勒出冷战初期美苏两国的宗教外交战略，并试图比较两者之间的差异。

一、冷战初期美国的宗教外交战略

针对冷战对手苏联利用莫斯科牧首区在东正教世界的影响力来“执行斯大林的帝国主义抱负[②]”的方式，时任美国驻苏代办的乔治·凯南（George F. Kennan）在八千字“长电报”中向杜鲁门政府发出了警示，希望杜鲁门政府关注斯大林治下的苏联政府利用“俄罗斯东正教会及其海外分会与一般的东正教会的联系[③]”来实施苏联外交政策的行为。作为一名“冷战斗士”，杜鲁门（Harry S. Truman）除了在政治、经济、军事等方面与苏联进行全方位对抗外，还制定了宗教外交战略，以利用各种国内外宗教资源与苏联进行“人心之争[④]”。

杜鲁门政府认为，以苏联为首的共产主义阵营把马克思主

① 涂怡超、赵可金：《宗教外交及其运行机制》，《世界经济与政治》，2009年第2期，第48—56页。

② Anna Dickinson，“Domestic and Foreign Policy Considerations and the Origins of Post-war Soviet Church - State Relations，1941 - 6，” in Dianne Kirby，ed.，*Religion and the Cold War*（New York：Palgrave Macmillan Ltd，2003），p. 27.

③ Moscow Embassy Telegram，No. 511，February 22，1946，FRUS，1946，Vol. VI，pp. 696 - 709.

④ Melvyn P. Leffler，*For the Soul of Mankind：the United States，the Soviet Union，and the Cold War*（New York：Hill & Wang，2007）.

义作为其主要信仰，并在官方层面促进无神论思想的传播，这是其阿喀琉斯之踵（the Achilles' heel）。因此，美国政府应在官方层面上宣扬上帝的重要性，把上帝打造成为反对苏联的“第一道防线（first line of defense）”。[①] 美国国家安全委员会（National Security Council，简称 NSC）在 NSC129 号文件的附件中就指出：“在那些宗教对社会、政治和经济生活有重要影响的地区，共产主义的无神论教条对宗教的憎恶会成为美国实现目标的一笔重要资产（an important asset）”。[②] 事实上，杜鲁门也一直试图建立一个国际反共“宗教战线”（religious front）。1946 年 11 月 21 日，在致罗马教宗庇护十二世（Pope Pius XII）的信中，杜鲁门宣称“作为一个基督教国家，美国祈祷世界上所有的道德力量都能联合他们的力量，创造一个持久的世界和平。”[③] 1947 年 10 月 2 日，杜鲁门在给其妻子贝斯（Bess Truman）的信中透露了他建立国际反共“宗教战线”的计划：“我们正在与坎特伯雷大主教、柏林的路德宗主教（the Lutheran Church）、伊斯坦布尔（Istanbul）的希腊东正教会牧首（the Metropolitan of the Greek Church）以及罗马教宗商谈此事。我可能会派他去拜访最有名望的佛教人士以及西藏的大喇嘛。如果我能动员所有反对布尔什维克唯物主义者、对道德世

---

① Jeremy T. Gunn, *Spiritual Weapons: The Cold War and the Forging of an American National Religion* (Westport, CT: Praeger Publishers, 2009), p. 8.

② CK3100451704, Annex to NSC 129, April 7, 1952, DDRS.

③ William Inboden, *Religion and American Foreign Policy*, 1945-1960: *the Soul of Containment* (New York: Cambridge University Press, 2008), p. 121.

界有信心的人们，我们就能赢得这场斗争的胜利。”[①] 为有效实施建立国际反共“宗教战线”的计划，杜鲁门以总统指令创建了心理战略委员会（Psychological Strategy Board），该委员会也于1951年6月22日成立了一个由新教、天主教和犹太教等宗教领袖组成的建议小组，并制定了一份名为“美国信息交流项目中的道德和宗教因素”的报告。1952年3月，心理战略委员会又制定了“利用宗教及其他精神力量”的心理战项目[②]，以明确“利用道德和社会力量的政策目标及广义上的行动步骤”。[③]

“美国信息交流项目中的道德和宗教因素”报告指出，美国宗教外交的战略目标是“促进理解、反对共产主义”，即在“促进外部世界对美国人生活中道德与宗教力量的历史与持久影响的理解”的同时，“基于我们信仰的共同要素，促进与所有珍惜道德与精神价值的民族的相互尊重与相互理解”。在此基础上，“赢得所有民族的合作以捍卫道德与精神自由，反对共产主义者的威胁。”为应对共产主义的威胁，“总体外交要求美国在进行政治建设、军事建设和经济建设时，绝不能忽视道德与精神力量的建设”。为建立一种平衡共产主义的“精神均势”，美国“必须使他者相信美国道德与精神力量的持久力

① Truman to Bess, October 2, 1947, in Robert H. Ferrell, ed., *Dear Bess: The Letters from Harry to Bess Truman*, 1910 - 1959 (New York: W. W Norton and Company, 1983), p. 551.

② CK3100318259, Psychological Strategy Board Planning Objectives Detailed, March 20, 1952, DDRS.

③ CK3100140967, Memorandum from Edmond L. Taylor to George Morgan, January 16, 1953, DDRS.

与可靠性；必须使他者行动起来，以捍卫道德与精神自由；在维护道德与精神价值时，必须利用与他者共享的利益以巩固所有珍视这些价值的民族之间的友谊与相互理解。”在这一过程中，美国“必须在一个相对广泛的战线的基础上开展反击。”因为“尽管在天主教徒、新教徒、东正教徒和犹太教徒之间存在基本的不同，但基督教信仰和犹太教信仰能为建立一种联合的努力提供一个广泛的基础。”① 同时，伊斯兰教、佛教、印度教、孔教（Confucianism）和神道教（shinto）虽然差异很大，但仍然有一些相同的要素，如诚实、尊重生命、忠于信仰等，这为建立一种世界范围内的、反对共产主义的道德与精神协会提供了广阔的空间。在实施信息交流项目时，美国需要向他者解释美国的政教分离制度，澄清美国境内的宗教力量并不在政府的控制之下，但这不会妨碍政府与宗教组织合作。与此同时，在许多非官方的项目与计划中需要特别注意道德与宗教动机，避免任何被理解为干预他者宗教或为了隐蔽的目的试图“利用”他者宗教的行为。②

美国的一份心理战文件也指出，美国应“利用宗教和其他精神力量”来“削弱苏联的权势与影响，使之不能对和平、国家独立与世界民族国家大家庭的稳定构成威胁。”③ 为实现这一目标，美国在冷战初期曾精心策划了多个利用宗教反击共

---

① CK3100210894, Information Program Guidance on Special Series: Moral and Religious Factors in the USIE Program, June 22, 1951, Harry S. Truman Library, Papers of Harry S. Truman, Records of the Psychological Strategy Board, DDRS.

② Ibid.

③ CK3100318259, Psychological Strategy Board Planning Objectives Detailed, March 20, 1952, DDRS.

产主义的冷战项目，包括利用罗马天主教教廷的影响与苏东社会主义国家对抗；借助中东伊斯兰教领袖引导民众反击共产主义；利用东南亚国家佛教徒人数众多的特点鼓动当地佛教徒反华反共等。[①]

二、冷战初期苏联的宗教外交战略

在官方无神论意识形态的指导下，苏维埃政府自建立始一直对宗教及宗教组织采取限制政策，以消灭作为“人民的鸦片”的宗教，但苏维埃政府实施的“反宗教运动”成效甚微。在1937年的苏联人口普查中，仍有57%的成年人，即大约5600万苏联人认为自己是宗教信仰者。其中4200万人是东正教徒，其余的是穆斯林、犹太教徒、佛教徒、天主教徒，以及新教徒。[②] 鉴于俄罗斯东正教会在苏联卫国战争中体现出来的“正能量”，斯大林逐渐放弃了迫害宗教的政策，转而实施宗教宽容政策，并积极利用宗教服务于苏联的内政外交。苏联的历史档案也显示在冷战初期苏联政府有着明确的宗教外交战略，而美国人认为苏联的意图是将莫斯科打造为“第三罗马（The Third Rome）”。[③]

---

① 张杨：《以宗教为冷战武器——艾森豪威尔政府对东南亚佛教国家的心理战》，《历史研究》，2010年第4期，第34—48页。

② Steven Merritt Miner, *Stalin's Holy War: Religion, Nationalism, and Alliance Politics*, 1941－1945（Chapel Hill: University of North Carolina Press, 2003）, p. 33.

③ CK3100676182, Program for Support of the Orthodox Church, April 27, 1953, DDRS.

早在1943年9月会见俄罗斯东正教会领导人前，斯大林就向负责宗教事务的乔治·卡尔波夫（Georgii G. Karpov）询问了几个问题：（1）俄罗斯东正教会三位主要领导人（谢尔盖、阿列克谢和尼古拉）的个人情况，如政治态度、在教内外的威信等。在国家政策中是否可以指望谢尔吉这个人。（2）君士坦丁堡和耶路撒冷两大牧首区的情况及在东正教中的地位。（3）巴尔干、罗马尼亚、南斯拉夫东正教的情况及在整个东正教中的地位，等等。[①] 很显然，斯大林计划利用俄罗斯东正教会及其领导人，对此苏联外长莫洛托夫在1945年3月2日指示苏联人民委员会东正教事务委员会就罗马天主教会和东正教会之间的相互关系以及教廷与俄罗斯东正教会过去的外部关系问题进行研究。3月15日，卡尔波夫向斯大林提交了关于加强东正教在国外影响力措施的报告。

报告指出，罗马天主教会已走上了维护法西斯主义道路，并企图将自己的势力伸入到战后世界体系中。为对抗罗马天主教会，苏联应采取以下措施：1. 让苏联的希腊天主教教区（东仪天主教教区）脱离教廷，随后使其加入俄罗斯东正教会。为此，（1）在城市利沃夫建立东正教教区，赐予其主教利沃夫主教和捷尔诺波尔主教封号，用以团结利沃夫、斯坦尼斯拉夫、多罗毕其和捷尔诺波尔地区的东正教区。（2）赋予该教区主教和神职人员开展传教工作的权利。（3）从希腊天主教堂（东仪天主教堂）中选出一座作为大教堂受利沃夫教区差遣。（4）在克列缅涅茨、捷尔诺波尔地区巩固波恰耶夫

---

① 转引自傅树政、雷丽平：《俄国东正教会与国家》（1917—1945），北京：社会科学文献出版社，2001年版，第169—170页。

修道院，将修道院院长设为利沃夫教区的副主教。(5) 以牧首和俄罗斯东正教会主教公会的名义向牧师和东仪天主教信徒发出特别号召并在东仪天主教区广泛传播。(6) 在东仪天主教会内部组织倡导郑重声明与教廷决裂，并征召东仪天主教会牧师过渡到东正教会。2. 在苏联西部加盟共和国利用旧天主教会反对梵蒂冈。为此，(1) 寻找机会在拉脱维亚和立陶宛组织旧天主教倡导人，将其看作是教廷的反对派，支持并巩固他们的地位，向他们提供教堂、器具等。(2) 帮助苏联的旧天主教组织和其他国家的旧天主教组织建立联系。(3) 在里加、维尔纽斯、格罗德诺、卢茨克、利沃夫和切尔诺夫策这些城市成立东正教联盟，赋予他们进行传教和慈善活动的权利。联盟的主要任务是巩固东正教会和对抗天主教会。3. 加强俄罗斯东正教会在国外的影响力。为此，(1) 采取措施结束波兰东正教会的自治权，让其完全加入到莫斯科牧首区牧首管辖的教区。(2) 根据巴里（意大利）的俄罗斯东正教区和神职人员发出的请求，将其纳入莫斯科牧首区。向巴里派遣莫斯科牧首区的代表。(3) 根据穆卡切沃—普雷绍夫（乌克兰喀尔巴阡地区）东正教区的集体愿望和塞尔维亚东正教主教公会的同意，将穆卡切沃－普雷绍夫东正教区纳入莫斯科牧首区(4) 加快都主教叶夫洛基由巴黎回到莫斯科的步伐。(5) 在今年五月派教会代表团访问英国，代表团一行 3 人以都主教尼古拉为首，作为对约克大主教访问莫斯科的回访。该代表团的主要任务是试探在伦敦建立俄罗斯东正教区的基础，并与坎特伯雷大主教就英格兰教会参加世界基督教会代表会议问题进行商讨。(6) 俄罗斯东正教主教公会可能会通过苏联外交人民委员会提出恢复以前国外的使馆东正教堂，首先要恢复的就是法国、意大利、匈牙利、捷克斯洛伐克、南斯拉夫、保加利亚、希腊、瑞典和巴勒斯坦的使馆教堂。（7）为了使南斯拉夫、保加利亚和罗马尼亚的东正教会与俄罗斯东正教会的关系更为紧密，按照现有的邀请，在今年（1945 年）3 月 25 日派出以普斯科夫和波尔霍夫斯克大主教格里高利为首的教会代表团一行 4 人赴索菲亚访问；派以基洛夫格勒和敖德萨主教谢尔盖为首的代表团一行 5 人赴贝尔格莱德访问；今年（1945 年）4 月 5 日派以基希纳乌主教伊耶罗尼姆为首的代表团一行 5 人赴布加勒斯特访问。（8）持有亚历山大和全非洲牧首克里斯托弗的邀请与安提阿和全东方牧首亚历山大的邀请，可以在今年（1945 年）夏天组织莫斯科牧首区牧首阿列克谢一世在副牧师随员的陪同下到中东国家（叙利亚、黎巴嫩、巴勒斯坦和埃及）进行访问。回访的目的之一是调查在贝鲁特、大马士革、耶路撒冷、开罗和亚历山大组建俄罗斯东正教区的可能性，并与东方的牧首们商讨在莫斯科召开全世界基督教会代表会议的前提。（9）在俄罗斯东正教主教公会和全美菲奥菲尔都主教派遣的教会代表团所达成协议的基础上，派遣亚拉斯拉夫和罗斯托夫大主教阿列克在今年（1945 年）的 5 月至 6 月访问美国的全美东正教会。最后，在莫斯科组织和举办组织全世界基督教会（非天主教）代表会议以对抗自以为已统治世界的教廷。参加代表会议的首脑或代表可以来自东正教会和非东正教会的新教会，并在会议上批判教廷。①

卡尔波夫认为，“如果莫斯科牧首区在国际舞台上能够扮

① ГАРФ，ф. 6991，оп. 1，д. 29，л. 101－109，DA0720.

演沙俄时代的角色”，将能为苏联创造一种“非常有利的条件”。[①] 为对抗罗马天主教会，为苏联创造一种非常有利的条件，俄罗斯东正教会于冷战初期开展了一系列的对外宗教交流活动。为在苏联周边建立一条战略缓冲地带以维护苏联的国家安全，俄罗斯东正教会先后使中东欧国家、芬兰、中国等境内的东正教会接受莫斯科牧首区的宗教管辖，并“合并”或取缔了苏联势力范围内的东仪天主教会，从而为苏联在其势力范围内的“老大哥”地位提供宗教层面上的“合法性”；为维护苏联南部边疆的安全，扩大苏联在中东地区的影响力，俄罗斯东正教会进行了朝觐之旅，先后出访了耶路撒冷牧首区、亚历山大里亚牧首区、安提阿牧首区，并故意“遗漏”了君士坦丁堡牧首区。在苏联政府的“授意”下，在俄罗斯东正教会的努力下，苏联在其周边建立了一个庞大的宗教势力范围。莫斯科牧首区也成为了东正教世界几大牧首区中拥有教徒最多、势力最大的牧首区。

三、冷战初期美苏宗教外交战略的差异

冷战初期，信奉“有神论”的美国和信奉“无神论”的苏联都不约而“同”地制定了宗教外交战略，拿起了宗教武器以服务于本国的外交目标。纵观冷战初期的美苏宗教外交战

① Heather J. Coleman, “Atheism versus Secularization? Religion in Soviet Russia, 1917 - 1961,” *Kritika: Explorations in Russian and Eurasian History*, Vol. 1, No. 3 (Summer 2000), pp. 547 - 558.

略可以发现，两者存在着以下几个方面的差异：

（一）地缘宗教层面上的差异："全球视野"与"地区视角"

从世界宗教的分布区域[①]可以看出，宗教的分布具有明显的"地缘"特征。就世界三大宗教而言，基督教徒在全球的分布最为广泛。其中，新教徒主要分布在北欧诸国、英国、美国、大洋洲国家等；天主教徒主要分布在中东欧（主要是德国、波兰、匈牙利、捷克、斯洛伐克）、西欧、拉丁美洲等；东正教徒则主要分布在俄罗斯、乌克兰、白俄罗斯、罗马尼亚、保加利亚、巴尔干地区、高加索地区等。伊斯兰教的信徒则主要分布在赤道以北的非洲、西亚、中亚、南亚次大陆至东南亚的马来西亚与印度尼西亚这一北纬10—40度之窗的"动荡弧"上。佛教徒则主要分布在蒙古、中国、斯里兰卡、缅甸、老挝、柬埔寨、泰国等地。

在冷战初期，国家的"宗教属性"和地缘宗教位置深刻作用于并在某种程度上界定了美苏两国的安全战略和对外政策，两国在利用宗教开展对外交往时呈现出明显的"地缘宗教"特征。就美国而言，美国国内宗教信仰的"多元化"以及欧美宗教的"亲缘关系"使美国领导人在建立国际反苏与反共的"宗教同盟"时采取了一种"全球视野"，即联合世界上一切有宗教信仰的国家与民众来反对无神论的苏联及其盟友。例如：在"心脏地区"，美国试图分化东正教世界，使其

① 转引自 Martin Palmer, *World Religions*, London: Harper Collins Publishers, 2002, p. 16。

他的东正教会与莫斯科牧首区产生“缝隙”；在西方世界，为强调同罗马天主教会结盟的好处，泰勒向国务院出示了一张新教、天主教和东正教的欧洲分布图，其结果显示罗马天主教会是运转于铁幕背后的最大的反苏反共组织①；在伊斯兰教的“心脏地区”中东，美国也鼓动伊斯兰教徒反苏反共；在东南亚，利用佛教徒反对中国与共产主义；在日本，利用神道教反华反共。如果将美国试图建立的“宗教同盟”区域用线条大致连接起来，可以发现从东亚、东南亚、西亚至西欧，美国构筑了一条针对苏联的“宗教包围圈”。

反观苏联，虽然苏联境内的宗教生态也呈现“多元格局”，但东正教在俄国历史上的“国教”地位使苏联领导人在利用宗教开展外交活动时采取了一种“地区视角”，即利用俄罗斯东正教会在毗邻的东正教世界开展宗教交流活动，在团结与拉拢东正教盟友的同时，试图将其他东正教会纳入莫斯科牧首区的羽翼之下。如果将苏联开展宗教交流活动时的区域用线条大致连接起来，可以发现从中东、东南欧至中东欧，苏联在周边构筑了一条维护自身安全的“宗教缓冲地带”。而美苏之间的“宗教分界线”与冷战初期东西方阵营的地缘分界线十分吻合。

（二）宗教策略之“异”：“求同存异”与“求异存同”

为反对苏联和共产主义对美国的威胁，杜鲁门政府试图联合世界上所有有宗教信仰的国家和民众，忽略各宗教信仰之间

① Dianne Kirby, “Harry Truman's Religious Legacy: The Holy Alliance, Containment and the Cold War,” in Dianne Kirby, ed., *Religion and the Cold War*, p. 86.

的分歧，试图寻找各宗教信仰之间的共同点。苏联则主要利用东正教来开展对东正教世界的交往活动，并特别强调东正教与基督教等其他宗派的“差异”。

自杜鲁门视美苏之间的冲突为一场“宗教冲突”后，就一直试图在国际上建立一个反对苏联和共产主义的“宗教同盟”。杜鲁门的理想是实现世界上所有宗教信仰的宗教领导人及其信徒之间的积极合作。只有这样，在对苏联和共产主义的斗争中，才有可能取得胜利。1946 年 11 月 21 日，杜鲁门写信给罗马教宗庇护十二世，表示：“作为一个基督教国家，美国祈祷世界上所有的道德与宗教力量都能联合起来，创造一个持久的世界和平。”① 为劝说世界上的所有宗教领导人联合起来，杜鲁门特别强调冷战冲突的性质是信仰宗教的国家与否定宗教的国家之间的冲突，即有神论者与无神论者之间的冲突。杜鲁门表示，在这场宗教之战中，所有信仰宗教的人们应团结起来，在上帝的帮助和指引下，搁置争议，团结一致。虽然基督教、犹太教、伊斯兰教、佛教、印度教、神道教等所有宗教信仰在教旨、教义等方面都有很大的不同，但杜鲁门认为面对共产主义无神论对所有宗教信仰的威胁时，信仰宗教的人们能够求反苏反共之“同”，存宗教教旨、教义等之“异”，即能够在反对共产主义这一“共同信念”的基础上建立起一种各种宗教信仰相互合作的模式。杜鲁门在其自传中承认，为了建立国际反共“宗教战线”：“我与基督新教的高级教士有过一些私下的观点交流，他们其中有主教俄南会督（G. Bromley

① William Inboden, *Religion and American Foreign Policy*, 1945 - 1960: *the Soul of Containment*, p. 121.

Oxnam）和塞缪尔·卡沃特（Dr. Samuel McCrea Cavert）。我同一些杰出的犹太教领导人谈过话，同穆斯林世界的精神权威接触过。我试图同其他宗教信仰的领导人建立联系，包括西藏的达赖喇嘛（the Dalai Lama of Tibet）。"①

虽然苏联领导人并未视美苏之间的冲突为“宗教冲突”，但并未忽视宗教在对外交往中的作用，并积极利用东正教增强苏联在东正教世界的影响力，突出东正教与西方教会的不同。在举行俄罗斯东正教会自治500周年庆典时，莫斯科牧首区专门举办了一系列小型会议，讨论诸如东正教会同罗马天主教会的关系、教会授圣职的有效性（The validity of Anglican ordination）、教会的历法（the Church calendar）、普世运动（the ecumenical movement）等宗教议题。其中最特别的是，重点把东正教会与新教会和罗马天主教会进行了“差异化”对比，认为在东正教会中，人们更崇尚和平与正义；而在新教会和罗马天主教会中，人们更喜好战争与剥削。俄罗斯东正教会此举很明显有以下三个方面的意思：第一，虽然东正教会与新教会和罗马天主教会是基督教的三大分支，但只有东正教会才是基督教会的正统，否认罗马教宗在基督教内的首脑地位。第二，东正教会内的人们崇尚和平与正义，因此以东正教为主要信仰的国家也是爱好和平与坚持正义的，因而是“善”的；新教会和罗马天主教会内的人们喜好战争与剥削，因此以新教和罗马天主教为主要信仰的国家是崇尚战争与剥削“他者”的，因而是“恶”的。因此，东方与西方的冷战是一场“善”与

① Dianne Kirby, "Harry Truman's Religious Legacy: The Holy Alliance, Containment and the Cold War," p. 93.

“恶”之间的斗争。第三，作为世界上规模最大的东正教会，俄罗斯东正教会应在东正教世界中起领导作用，其他的东正教会应团结在俄罗斯东正教会的周围。

（三）政府主导程度之“异”：美“弱”苏“强”

冷战初期美苏两国都积极利用宗教及宗教组织开展对外交流活动，以实现本国的外交政策目标。从外交的角度来说，这些活动毫无疑问都是在本国政府主导下开展的，但就政府主导的程度强弱来说，美国政府的主导性较弱，比较隐蔽；相反，苏联政府的主导性较强，比较明显。究其原因，与两国的政教关系模式不同有关。

在美国，宪法第一修正案确立了“政教分离”原则，因此美国政府并不干预宗教及宗教组织的内部事务。在教会与国家的关系问题上，美国的多数宗教组织都在不同程度上坚持“政教分离”原则，要求美国政府尊重和保障公民的宗教自由，因此宗教及宗教组织也不愿让政府干预宗教组织的“内政”。在这种“政教分立型”政教关系模式下，美国在利用宗教组织开展对外交流活动时其主导程度相对弱一些。例如，杜鲁门在试图将 WCC 纳入其反苏反共“宗教战线”时不但遭到了 WCC 的反对，也遭到了美国国内几位新教会大佬的反对。艾普林·雷纳兹博士（Dr. Eppling Reinartz）就明确指出，世界基督教协进会“不是一个反共产主义的社团，也不是一种限制无神论的尝试……我希望总统能从这一错误观念中醒悟，即在伊斯兰教、犹太教和基督教中建立一个道德统一体，其在结构上能联合起来，或者以非正式的方式防止共产主义或无神论的洪流。"[①] 长老会的威廉·普（William Pugh）坚持认为WCC的主要兴趣"不在世界和平或宗教反对共产主义的战斗，而在于普世运动。"而卫理公会（the Methodist Church）的俄南会督（Bishop C. Bromley Oxnam）也声称，"在欧洲的新教团体中，共产主义的渗透并不严重。"[②] 此外，美国也常常采取"隐身其后"的方式，即在幕后给予各种宗教组织以资金、物质、技术等方面的支持，由宗教组织"出面"与他国境内的宗教组织开展宗教交流活动，以消除美国政府在幕后支持的印迹。例如，美国利用佛教对东南亚佛教国家进行"心理战"时，就要求避免所开展的行动被"误解"为美国利用佛教作为一种政治工具。

在教会与国家的关系问题上，俄国自彼得大帝始一直希望"君主能够领导教会"，并视东正教会为国家的一个部门。东正教会也十分珍视与国家的联盟，希望最大程度地影响国家政权，并怀有把政权神圣化和政权溶解于教会自发性之中的理想。[③] 因此，在苏联实施宗教宽容政策后，这种历史遗产也被斯大林所承继。斯大林希冀利用俄罗斯东正教会增强苏联政府的统治合法性与国际影响力，东正教会也希冀重现东正教会在俄国的"历史荣耀"，两者一拍即合。但在这种"政主教从型"政教关系模式下，处于"奴仆地位"的教会很难抵御政

---

① Transcript of Meeting of Protestant Clergymen with Myron C. Taylor, May 3, 1949; Myron Taylor Papers 2; HST Papers. 转引自 William Inboden, *Religion and American Foreign Policy*, 1945 - 1960: *the Soul of Containment*, p. 138。

② Ibid., p. 139.

③ ［俄］C. H. 布尔加科夫著、徐凤林译：《东正教——教会学说概要》，北京：商务印书馆，2001年版，第196—201页。

权对教会主权的“侵蚀”。俄罗斯东正教会在冷战初期开展的一系列对外交流活动都是在苏联政府的“授意”下进行的，缺乏对自身宗教事务管理的自主性。例如，在劝说芬兰东正教会回归莫斯科牧首区这一“宗教”问题上，俄罗斯东正教会本来很容易就能实现这一目标，但因为与苏联的外交目标不一致，结果未能有效地将之带回“母亲的怀抱”。虽然苏联政府在利用俄罗斯东正教会开展对外交流活动时也尽量隐身其后，以避免外界视俄罗斯东正教会为苏联政府手中的“木偶”，但由于苏联政府官方的无神论意识形态，以及苏联境内宗教团体缺乏自主性，俄罗斯东正教会开展的一系列对外交流活动被外界打上苏联政府的“烙印”，并由此影响了俄罗斯东正教会对外交流活动的效果。

马克·吐温的宗教观

• 王传顺

［内容提要］　马克·吐温的《傻瓜国外旅游记》的主要内容描述的既是一次海外漫游，也是一次朝圣之旅，充满着浓厚的宗教色彩。游记中既有对天主教和伊斯兰教的批判和反思，也有对盲信盲从的信徒的嘲弄和讽刺，更有对圣地和宗教本源教义的还原和探析，为我们了解吐温的宗教思想提供了重要依据。本文结合马克·吐温的《傻瓜国外旅游记》和其它文本，探讨吐温的宗教信仰自由的观点：不仅仅在于能够自由地选择宗教派别，更在于能够在信仰中保持淳朴自由的心灵状态；获得真正的宗教信仰自由的手段是通过去蔽还原找出与人性相符的本源教义——仁爱、纯洁和无私。

马克·吐温在美国文学史上有着“美国文学之父”的美

誉。在其诸多作品中，使他一举成名的却是《傻瓜国外旅游记》（*The Innocents Abroad*）。游记出版后，大受欢迎，各大报纸媒介争相报道，不过大多集中在其幽默风格上，比如当时的《纽约晚报快讯》（*New York Evening Express*）评价该书为“最离奇有趣的作品之一”；《纽约领袖报》（*New York Leader*）评价说吐温是“美国最好的幽默家”；《纽约太阳报》（*New York Sun*）说该书的基调之一就是“冷幽默（dry humor）”。[①] 由于该书的出版，马克·吐温一跃成为美国的知名作家。随后人们对该书的关注度逐渐减弱，而该书也淡化为马克·吐温的一部“非经典”作品。近年来，随着文学的文化转向，学界又开始关注作品中的种族色彩以及作者对中东的失望情绪，[②] 但是，对其宗教色彩国内鲜有关注者。在国外，已经有学者关注吐温在游记中流露的宗教思想及观点。在《不虔诚的朝圣客》中，沃克（Franklin Walker）认为吐温是个“怀疑、嘲弄和虔诚的混合体”；[③] 夏皮罗－齐思克（David Shaprio-Zysk）认为“自然神论在马克·吐温文学生涯中起着关键作用”；[④] 菲普斯

① Louis J. Budd, ed., *Mark Twain: The Contemporary Reviews* (Cambridge: Cambridge University Press, 1999), pp. 38－42.

② 如吴兰香的《马克·吐温早期游记中的种族观》，载《解放军外国语学院学报》，2010 年第 4 期，第 107—112 页；宋德发的《马克·吐温笔下的“基督圣地”》，载《商丘师范学院学报》，2012 年第 11 期，第 28—32 页；李秀珍的《美国人精神历史中的圣地情节》，载《西安交通大学学报》，2008 年第 3 期，第 88—92 页，等等。

③ Franklin Walker, *Irreverent Pilgrims: Melville, Browne, and Mark Twain in the Holy Land* (Seatle and London: University of Washington Press, 1974), p. 174.

④ David Shaprio-Zysk, "The Separation of Church and Twain: Deist Philosophy in the Innocents Abroad," *The Mark Twain Annual*, No. 4 (2006), p. 32.

（William E. Phipps）在其专著《马克·吐温的宗教》（*Mark Twain's Religion*）的开篇中就指出虽然许多学者批评吐温是个没有宗教信仰的非宗教徒，但是根据不同的宗教界定范围，既可以说他是“非宗教的（irreligious）”，也可以说他是“宗教的（religious）”。① 随后，菲普斯描述了吐温一生的宗教经历，驳斥了吐温是“异教徒”或“非宗教徒”的有关评论，认为吐温依然是一个有着宗教信仰的人。菲普斯的论述纠正了夏皮罗-齐思克的偏颇之处，同时也弥补了沃克描述吐温中东之行而没有思想剖析的不足，但是没有指出吐温的宗教信仰自由的观点。吐温的宗教信仰自由思想的核心不仅仅在于人能够自由地选择宗教派别，更在于能在信仰中保持一种淳朴自由的心灵状态。有些宗教机构故意设蔽，愚弄信徒；有些信徒受蒙蔽而盲信盲从。这些都遮蔽了人的心灵，不利于人的身心发展。要想获得真正的宗教信仰自由，就应该去蔽还原，重新发现宗教中与人类天性吻合的教义——“仁爱、纯洁、无私（charity, purity and unselfishness）”②。这是吐温在欧洲和中东之旅中见证了圣地和欧洲各地的宗教情况后得出的结论。本文拟结合吐温的《傻瓜国外旅游记》和其它文本，沿着设蔽—蒙蔽—去蔽还原的思路，探讨马克·吐温的宗教信仰自由的观点。

---

① William E. Phipps, *Mark Twain's Religion* (Macon: Mercer University Press, 2003), p. 4.

② Mark Twain, The Innocent Abroad (Signet Classics, 2007), p. 192. 后文出自同一著作的引文，将随文标出该著名称首字和引文出处页码，不再另行做注；论文引用内容参考了陈良廷译的《傻瓜国外旅游记》。

一、朝圣之旅的历史背景

吐温的自由宗教观与他的朝圣之旅是分不开的。没有此次朝圣之旅的激发，没有在朝圣过程中对宗教和圣地的再认识，就很难形成吐温的自由宗教观。把吐温的这次漫游定义为朝圣之旅并不为过，他给游记附以“新天路历程”的副标题也是有此深意。此次漫游从纽约出发，横渡大西洋至地中海，途经欧洲地中海沿岸国家，然后到达圣地和埃及，随后就是返程。从漫游的行程来看，圣地是此次旅游的重头戏，也是目的地。此外，旅游所乘的豪华游轮“教友城”（Quaker City）号也极具宗教含义。“教友城”号原是1854年建造于费城的一艘汽轮，美国内战期间服役于联邦海军，战后退役，被拍卖为商务用船，1867年吐温乘坐的就是这艘汽轮。“教友城”号的名字来自于费城的别名，该城由英国贵族威廉·宾恩（William Penn）于1682年命名。据说，威廉·宾恩是“教友派”（也叫贵格派，Quakers）的成员，而教友派是17世纪中期兴起于英国的新教教派，强调“内在之光”或对上帝的内在理解是宗教权威之根源。英王把这块土地封赏给他后，威廉·宾恩允许受到迫害的异地教徒来此定居。于是，许多受迫害的教友派成员纷纷来此，费城就有了“教友城”的美誉。“新天路历程”、“圣地”、“教友城”，单从这些名称就可以看出这次活动的宗教宣传性质。

此次朝圣之旅与美国内战前后的历史背景密切相关。美国是个宗教信仰自由和宗教多元的国家。[①] 美国建国后，把宗教从世俗权力中剥离出来，并通过法律规定公民享有宗教自由的权利。但是，信仰自由也带来了教派林立的局面。由于历史的原因，新教在美国社会中一直占有优势，后来随着移民的增加，天主教徒和犹太教徒在美国的数量也不断增加，尤其是天主教徒增长速度惊人，1850 年前后，罗马天主教会已成为美国最大的教会组织。这样，天主教、犹太教就与新教一起成为美国的宗教主流。在新教内部，又有长老会、公理会、圣公会、教友派、浸礼会等宗派。再加上其他教派，林林总总，教派纷呈。美国教派虽然很多，但总体上来说是比较宽容的。在北美殖民地期间，具有不同宗教背景的北美定居者认识到，宗教狂热和宗教偏执不能带来和平，只能带来宗教迫害，所以他们选择了宽容。但是，宽容并不代表教派之间没有分歧。在 19 世纪，随着天主教移民的大量涌入，美国的反天主教情绪也越来越高，新教与天主教的关系长期处于紧张之中。在 1855—1856 年，极端排外主义者发动了“非教皇运动“No—

① 这一点在董小川的《宗教多元化——美国多元社会的根基》（载徐以骅主编：《宗教与美国社会——多元一体的美国宗教》（第二辑），北京：时事出版社，2004 年版）有详尽论述，第 45—69 页；相关文章还有郭长刚、陈竞哲的《美国宗教多元主义：历史与现实》，载《兰州大学学报》（社科版），2007 年第 4 期，第 73—80 页，程乃胜的《美国宪法与美国宗教信仰自由》，载《安徽师范大学学报》（人文社科版），2000 年第 1 期，第 49—53 页，吴飞：《从宗教冲突到宗教自由——美国宗教自由政策的诞生过程》，载《北京大学学报》（哲学社会科学版），2006 年第 5 期，第 39—47 页；美国学者小约翰·威特在《宗教与美国宪政经验》（宋华琳译，上海：上海三联出版社，2011 年版，第 58—67 页）中对美国的宗教实践自由和宗教多元主义也有深入探讨；在安东尼·特罗洛普的《北美游记》（刘俊平译，厦门：鹭江出版社，2011 年版）中也有所提及，见第 308 页。

Popery Campaign”，诋毁和攻击天主教徒及其教会。这种宗教分歧的紧张程度在托克维尔采访的一位美国人士的话中略见一二：“我确信在当今的美国，如果这些宗教派别中的任何一个被赋予世俗的权利，路德教教徒还会烧死加尔文派教徒……而天主教徒还会烧死所有其他教徒。”① 分歧不仅在新教与天主教之间存在，也存在于新教内部各个宗派之间。相对于天主教的依靠“神职人员的代祈”与上帝对话，新教教义提倡“因信称义（Sola Side）”，信徒可以通过阅读《圣经》直接与上帝对话，这样就绕过了教会及教堂的繁文缛节。新教内部各宗派虽然都信仰上帝、承认《圣经》的权威，但也有不同。再洗礼派主张教会必须由各地信徒自行管理；加尔文宗要求根据《圣经》中记载的先例实行长老制；信义宗（路德派）虽然并不强调监督的必不可少性，但保留了主教制；安立甘宗保留了使徒传承的主教制，并遵守《公祷书》。由于对个体与社会之间的公平关系意见不一，在英国，新教分裂成圣公会派、长老会派和脱离派。由脱离派派生出的再洗礼派、贵格会派、公理会派等对美国产生的影响很大。在19世纪初，经过大觉醒后的美国思想界，受脱离派的影响对某些清教教义（如先定论、婴儿永受惩罚论、人类堕落论等）做了修正。正是由于教派林立和教义分歧，各个宗派都需要得到充分的证据支撑自己的教义，于是他们就把目光投向了圣地——耶稣诞生和基督教发源之地。

这种宗教上的海外聚焦恰恰与美国政治上的海外扩张契

① 托克维尔：《美国游记》，倪玉珍译，上海：上海三联书店，2010年版，第238页。

合。美国宪法规定了政教分离，但宗教和政治还是密不可分。[①] 宗教需要政治的许可与宽容，政治需要借助宗教寻求治国依据。17 世纪清教徒到达新大陆时坚信上帝选定了他们来到新大陆建立新的“山巅之城”，建立一个新的“以色列”。这种“选民观”为美国在新大陆建国提供了宗教上的合法性依据。到了 19 世纪美国需要海外扩张时，这种观点又被注入新的内涵进而发展为一种“天定命运（manifest destiny）”论。天定命运论最初由约翰·沙利文在 1845 年提出。这一信念认为，“美国向西扩张，遍及北美大陆，直至太平洋海岸，在那里建立民主与新教主义理想之国，这是上帝授予美国人的使命。”[②] 后来这一观念在美国政界和学术界广为流传，并成为美国西进运动和海外扩张的精神动力。受到这种意识的影响，

① 关于宗教与政治的密切关系，国内外学者多有论述：美国学者赫茨克从宗教游说的视角，考察宗教利益如何影响美国政治以及政治如何反过来引导、限制、改变宗教的关系（［美］艾伦·D. 赫茨克著、徐以骅等译：《在华盛顿代表上帝》，上海：上海人民出版社，2003 年版，第 3 页）；另一位美国学者威尔逊在论述宗教与美国的政治动态中指出，“纵观美国历史，在宗教团体与主要政党之间始终存在着显而易见的密切关系，而且这种格局强有力地持续到 21 世纪”（［美］约翰·F. 威尔逊、徐以骅等译：《当代美国宗教》，上海：上海人民出版社，2013 年版，第 120 页）；中国学者董小川认为“美国宗教与政治及其相互关系”是“了解美国文化和美国文明的基础和钥匙”（董小川：《20 世纪美国宗教与政治》，北京：人民出版社，2002 年版，第 3 页）；相关论文有冯春凤的《美国宗教与政治关系现状》（载《外国宗教研究》，2000 年第 3 期，第 100—116 页），吕其昌的《美国宗教及其对政治的影响》（载《国际论坛》，2003 年第 1 期，第 68—71 页），等等。

② 蔡永梁、何绍斌：《美利坚文明》，上海：上海三联书店，2010 年版，第 128 页。

美国在内战结束后开始有意识地在世界上树立美国形象，进行了大规模的海外宣传活动。宗教与政治一拍即合，借着国内的这种政治需求，“美国基督教各大宗派如浸理会，卫理公会，长老会等都纷纷组建海外宣教会。”[①] 在海外的美国传教士把天定命运看作“占领灵魂和精神的正当理由和根据”，[②] 不仅在海外传教，同时也宣扬美国理念。在某种意义上，吐温的《傻瓜国外旅游记》描写的就是一次明显的宗教海外宣传活动，当时的盛况正如书中所描述的那样，“几个月来，美国各地报纸都在谈论‘漫游欧洲和圣地’这一盛举，无数家庭也在炉边谈论不休。”（*Innocents*：13）这样的宗教文化及政治背景不仅为朝圣之旅提供了一种内在驱动力，同时也为吐温的具有批判性的宗教思想提供了肥沃的土壤。

二、对宗教设蔽与蒙蔽之批判

漫游中，吐温发现了神职人员借助宗教机构和教义愚弄信徒以及信徒不顾事实盲信盲从的现象。我把这两种现象称之为“设蔽”和“蒙蔽”，用来对应吐温的“去蔽还原”的提法，因为对于吐温来说，这两种现象都不利于人的天性发展，为人的自由天性设置了障碍。他站在宗教信仰自由的角度，反对和

① 刘澎：《当代美国宗教》，北京：社会科学文献出版社，2001 年版，第 71—72 页。

② Michael B Oren，Power，Faith，and Fantasy，*America in the Middle East*，1776 *to the Present*（New York，London：W. W. Norton & Company，2007），p. 131.

批判天主教。天主教认为人不能与上帝直接对话，必须依靠神职人员的代祈，这样就控制了上帝与人类之间的一切关系，结果形成了拥有特权的神职人员阶层。在《神秘的外来者》中，吐温借助小孩之口指出人们“接受的教育主要是怎样做一个虔诚的基督徒，顶要紧的是崇拜圣母玛利亚、教会和圣徒”。[①] 教会和圣徒都是间接的，让他们通过崇拜教会和圣徒来崇拜上帝，而不是直接的与上帝交流与对话，是为了把基督徒牢牢控制在教会之下。在历史上，天主教会曾和世俗权力结合起来，扼杀了人性的自由，在“短短的两三个世纪，罗马天主教会就把一个人的国家变成了一个蛆虫的国家。在教会凌驾于世俗社会之前，人就是人，全都昂首挺胸，拥有作为人应有的尊严、精神和独立品格，”[②] 而教会走到前台之后，与世俗政权一起，共同欺压奴役平民百姓，让他们谦卑恭维、自我牺牲，安心做一个奴隶，维护封建贵族的统治，结果把人变成了“蛆虫”。吐温竭力反对像罗马天主教那样的一个统一的教会，因为那样的教会一旦形成一股强大的势力，并落入一帮自私自利的人手里，就意味着人类将失去自由，人类的思想也会变得麻木。因此，在《康州美国佬在亚瑟王朝》中，他借助叙述者汉克·摩根之手，大力兴建各种学校和教会，供人选择，虽然叙述者自己是个长老教徒，也不强迫他人信仰该派教义，因为那样会触犯人类的自由天性。后来由于亚瑟王去世而引发了

---

① Mark Twain, *The Mysterious Stranger* (New York: Harper & Brothers, 1922), p. 4.

② Mark Twain, *A Connecticut Yankee in King Arthur's Court* (New York: Harper and Brothers, 1917), pp. 64–65.

全国动乱，摩根借机宣布共和制，在公告中就明确提出，“人人完全平等，不分贵贱高低，实行宗教自由。”①

天主教不仅在宗教组织上有压抑人天性自由的倾向，在一些具体事情上也有蒙蔽信徒的行为。吐温发现，有些天主教徒根据圣经典故四处制造圣迹。在拿撒勒的天主教修道院里有两个“石窟”，据说一个是圣母起居室，另一个是耶稣诞生地。拿撒勒是以色列最大的阿拉伯城市和有名的朝圣中心。在十字军时代曾数度被占领，后来又被土耳其占据。历经战乱和天灾人祸，有什么真迹能够完好无损？另外，这些重大事情都发生在石窟里也巧合得令人难以置信。因此，吐温认为这是天主教徒制造出来愚弄世人的把戏。对此，他用反讽的语气挖苦道：“世人甚至应该衷心感激天主教徒，幸亏他们投机取巧，在岩壁中开出了假石窟；因为一千多年以来，人们诚心诚意地把个假石窟当做圣母的故居。”（*Innocents*：407）另外，十字架作为基督教的标志和耶稣受难的象征，也是基督教的圣物之一，吐温在漫游中发现许多天主教堂声称拥有耶稣受难时的真十字架。在北大西洋的亚速尔群岛上的耶稣会大教堂，陈列着被信徒们信以为真的“救主惨遭钉死的真十字架”（*Innocents*：35）；在其它地方的古老教堂里，也几乎都供着耶稣受难时的那个十字架，甚至还有几枚散落的十字架的钉子，光这类钉子就“足足看到一小桶了”（*Innocents*：118）。另外，圣人遗骨也有人复制和造假：“圣丹尼的遗骨……要拼的话，足足可以拼作两个圣丹尼。”（*Innocents*：118）。各地教堂凭着他们收藏

① Mark Twain, *A Connecticut Yankee in King Arthur's Court* (New York: Harper and Brothers, 1917), p. 427.

了所谓的圣迹的名义，试图提高自己的神圣性和权威性，借此愚弄信徒。从行文中的讽刺和嘲弄语气可以看出吐温不赞成这种做法。此外，有些教会组织利用一些宗教骗局收敛钱财，在意大利的那不勒斯市，当地教堂每年都会演示圣杰纽厄里乌斯的血块化成血液的宗教骗术以及给圣母像剃头的把戏。这些行径完全失去了宗教的神圣性和纯洁性，沦为一种世俗闹剧。

天主教有压抑自由天性的地方，伊斯兰教也不例外。在游记中，吐温多次提到伊斯兰教徒的面纱，比如“去埃及用的面纱”，（*Innocents*：12），“蒙面纱的摩尔女郎”（*Innocents*：45）等。同样是面纱，在吐温眼里，美丽的热那亚女郎的头上披着“一层似有若无的轻纱，好像乳白的迷雾”（*Innocents*：115），或带着“薄如蝉翼的轻纱”（*Innocents*：119）；而“蒙着雪白面纱”的土耳其女人却如同“裹着寿衣的僵尸”（*Innocents*：271）；巴勒斯坦的贝鲁特妇女“用深色或黑色的面纱蒙住整个脸，看上去活像木乃伊，可胸脯却暴露无余”（*Innocents*：329）；大马士革的妇女用“黑纱蒙着脸，看起来活像木乃伊”（*Innocents*：350）。为什么同样是戴面纱产生的效果却不一样呢？除了白人中心主义的思想作怪之外，恐怕还有更深层的东西——人性自由问题。吐温主张宗教不应该限制人性的自由，而伊斯兰教的一些教义却对女性做了诸多不利的限制，尤其是女性戴面纱问题。《古兰经》中规定女信徒要“用面纱遮住胸膛，莫露出首饰，除非对她们的亲人”（24：31）；“应当用外衣蒙着自己的身体”（33：59）。[1] 这就为要求伊斯

① 马坚译：《古兰经》，北京：中国社会科学出版社，1996年版，第262、318页。

兰女性戴面纱提供了文本依据，结果造成了伊斯兰世界的女性普遍戴面纱的现象。虽然戴面纱能够起到防止异性偷窥的作用，然而，更是抑制了女性的爱美天性。爱美之心人皆有之，伊斯兰女性亦不例外，许多伊斯兰女性外表裹着单调的长袍，里面却穿着时尚的服装，常常在私下里互相展示自己的美。因此，吐温认为面纱限制了伊斯兰女性的自由天性。在《赤道圈纪行》中，吐温再次谈到伊斯兰女性面纱问题。在印度，曾经有好心的欧洲人士提议在某一城市划出一个大公园，专供上流社会的贵妇名媛使用，让她们在那里不必蒙面纱就可以随意走动，但是却遭到了拒绝，原因在于这样会招来那些“袒胸露臂、丢人现眼的欧洲妇女”。端庄持重是一种圣洁的情感，只要心地纯洁，无论蒙不蒙面纱，都是无可非议的端庄持重。因此，伊斯兰女性尽可以打破蒙面纱的条条框框，享受美和阳光，不必拘泥于教义。吐温随后指出“人类的所有准则，或多或少都是愚蠢的”①，或许就是对伊斯兰教义的一种间接批判。在《傻瓜国外旅游记》中，他还不无讽刺地指出，君士坦丁堡“清真寺多、蚊子多、坟子多，就是道德和威士忌少（*Innocents*：276）”。这是因为这里不仅缺少商业道德诚信，更重要的是这里允许一夫多妻制和买卖女奴。一夫多妻制和奴隶制也是《古兰经》所许可的。土耳其的苏丹可以有好多妃子，摩洛哥皇帝不知有多少老婆，民间的伊斯兰教徒也是妻妾成群。在伊斯兰世界，妇女地位极其低下，市场上女奴可以任意买卖，在家里女人可以随时被男人退回娘家。这些都是宗教

---

① Mark Twain, *Following the Equator*, Vol. 2 (New York and London: Harper & Brothers Publishers, 1899), p. 155.

教义带来的对伊斯兰女性的不公正现象，违背了人性自由平等的观念，是吐温竭力反对的。

当然，由于宗教冲突和文化差异，对于伊斯兰，吐温在字里行间难免带有基督徒的偏见眼光。在吐温眼中，伊斯兰信徒大都穿着“荒谬、邪气、光怪陆离、鲜艳夺目的奇装异服”（*Innocents*：330）；礼拜仪式也稀奇古怪，“忽而弯腰，忽而挺身，忽而又弯倒跪下叩头”；甚至君士坦丁堡著名的圣索菲亚清真寺也是“又破烂又丑陋又可憎（*Innocents*：334）”。虽然吐温曾对基督徒在清真寺里践踏祭坛拜毡、敲下基墙装饰做标本等不文明行为给予了讽刺，但也可以看出他对伊斯兰没有多少敬意可言。在1897年出版的《赤道圈纪行》中，吐温谈到对于不同信仰的人之间的尊敬问题。他认为“要心甘情愿对一个和你的信仰不同的人的政治和宗教态度表示敬意，这是很难做到的”①。人们往往是自我中心主义者，对自己视为神圣的东西表达出敬意，对他人视为神圣的东西却瞧不起。反过来，当别人瞧不起自己奉为神圣的东西时，我们就会感到不可思议。这是后期的吐温对其他宗教的一种反思，认为不同的宗教信仰之间应当换位思考并互相尊重。

除了天主教和伊斯兰，吐温也注意到了包括其他教派的神职人员或预言家曲解《圣经》的现象。他拿士麦那与以弗斯两座城市为例指出了这种行为。近代预言家们给一个历史上遭到六次毁灭的城市士麦那戴上生命的冠冕，而对以弗斯却依据《圣经》赋予毁灭的“预言”。《圣经》中用7个台灯作为7个

① Mark Twain, *Following the Equator*, Vol. 2 (New York and London: Harper & Brothers Publishers, 1899), p. 193.

天启教会的象征，并没有提到以弗斯必遭灭亡，即使威胁也是有条件的威胁："如果你不悔改，我就临到你那里，把你的灯台从原处挪去"（《新约·启示录》2：5）。以弗斯有没有悔改历史中并没有记载，那些所谓的近代预言家却据此预言以弗斯必遭毁灭。在吐温看来，这种根据事实反证"预言"的做法是极其有害的："一般俗物受此影响，往往用轻浮的语言谈论神圣的事物。糊涂的《圣经》注释家，愚蠢的教士和教师，给宗教带来的危害，远非头脑清醒、明辨是非的牧师极尽全力所能挽回。"（*Innocents*：311）这个例子说明，《圣经》虽然是基督教教义和神学的根本依据，却往往也会成为一些人或机构利用的工具。对于《圣经》，吐温承认其文辞优美、"措辞得当"，（*Innocents*：376），但这并不代表他对《圣经》的内容完全接受。他只是审慎地、批判地、有选择地接受《圣经》的内容。他认为《圣经》如同一家药房，里面"有一半是损身、伤人的毒药，另一半是治病、舒心的医药"。[1] 所谓"毒药"是指"地狱和毁灭"，"女巫"等；所谓"良药"是指"基督的爱心、安抚、慈善和同情"等。对于病人来说，关键不在于药房怎么样，而在于医生的疗法与手段，是看医生选择毒药给人治病呢，还是选择良药给人治病。因此，吐温指出，"该受责备的是医生的疗法，而不是药房。"[2] 长久以来，教会被看作上帝在地球上的唯一代表，以及《圣经》的永不出错的阐释人，但是却一直让医生（神职人员）选毒药救人，其

① ［美］马克·吐温：《〈圣经〉传授与宗教实践》，收入《马克·吐温十九卷集》（第19卷），石家庄：河北教育出版社，2002年版，第108页。

② 同上，第109页。

结果只可能伤害病人。吐温认为这是宗教实践出了问题，其直接责任在于教会组织。

一方面是宗教机构及神职人员的设蔽，另一方面是信徒心甘情愿地接受蒙蔽，盲信盲从，毫无质疑观念。设蔽与蒙蔽，原因是双方面的。如果没有信徒的盲信盲从，那些宗教骗局也不会得以每年流行。如果没有信徒对《圣经》的盲目迷信，《圣经》的随意被利用也不会轻易得逞。吐温的同伴中，就不乏此种信徒。他们带着对圣地的向往和迷恋来到圣地，一下陷入了激动与狂热之中："对加利利的荒凉海岸迷恋若狂；望着他泊和拿撒勒默默沉思；看到厄斯德勒那种靠不住的美景，就此诗性大发。"（*Innocents*：508）这些信徒在来圣地之前，就已经在《圣经》和一些游记材料的基础上形成了一个"想象的东方"。他们认为《圣经》的内容都是对的，即使在圣地看到了与现实不符的地方，也坚持自己原有的观念。在拿撒勒的圣母泉旁，他们对前来汲水的拿撒勒姑娘赞不绝口，说她们神态举止和衣着长相颇具圣母遗风，事实上这些人只是性情温和、长相一般而已。这些人之所以这么描述，是因为受了前人的影响，威廉·西·格里姆曾在游记中描写过圣母像恰似当地拿撒勒美女。吐温认为这些人的行为除了受《圣经》的影响之外，也有自欺欺人的成分。他在游记的后半部分就指出，"单凭最最普通的一点聪明，我就知道，应该入乡随俗地扯扯不伤脾胃的鬼话……可我一个字也不信……我从没听到我们四十个香客有谁说起过这种话……（可是）一回国，他们马上就会这么说。"（*Innocents*：469－470）。

三、宗教之去蔽还原

与那些朝圣客不同，吐温在圣地一直保持着理性的观察和思考。他发现真实的圣地与想象中的有很大差异。《圣经》中约书亚从迦南带回的葡萄被一些儿童画报和主日学校的小册子刻画得又大又圆，而在圣地看到的葡萄虽然味美无比，但与“童年时代最向往的美梦”（*Innocents*：335）仍有很大差距。小时候在主日学校里，读到《圣经》里的“这诸王”时，常常想起英、法、西、德、俄等国的皇上头戴皇冠、身穿紫袍、威风凛凛的形象。但是，当在叙利亚认真研究了当地的风土人情之后，“这诸王”只是让人联想到“一群小头目——衣衫褴褛、脸有菜色的野人。”（*Innocents*：372）通过这种对比，吐温一下子就剥去了那些朝圣客“东方想象”的外衣，还原了圣地的本来面目。

根据自己的切身体会和思考，吐温提出了去蔽还原的看法。在游记中，吐温说“如果我希望在这次漫游中增长见识，对一路上碰到的奇趣景物有个正确认识，那么从前总算学到的一大堆巴勒斯坦的知识，就得忘个干净。得运用还原法才行。”（*Innocents*：372）他认为，原来的知识都是书本上得来，经过了大肆渲染和夸张，有着西方人对东方的想象视域，与客观现实有很大的出入，会使人的心灵受到蒙蔽。要获得正确认识，必须推倒过去的种种知识，摒弃宗教幻想和想象，实事求是地对待《圣经》和圣地，摆脱枝节，直接探寻宗教的本源教义——慈善、纯洁和无私。这样的教义符合人的天性，能使人在宗教信仰中达到身心合一的自由境界。在他看来，无论是天主教的“代祈”，还是宗教机构和神职人员的假造圣迹愚弄信徒，都有自私成分。不仅如此，那些宗教派别打着朝圣的幌子，抱着一己之私，带着先入为主的观念来圣地寻找本派教义的证据也是不可取的。对此，他揭露到：

> 历年来，到过这地区的，不少人是长老会教徒，特地来寻证据，当作给他们那套教义的根据。他们找到了个长老会式的巴勒斯坦，虽然由于他们过分热心，不明是非，也许不知道有其他种巴勒斯坦，但心里早就打定主意，不再另找其他。游客中还有浸礼会教徒，找的是浸礼会式的证据和浸理会式的巴勒斯坦。还有天主教徒、卫理公会教徒、监理公会教徒，找的是他们那套教义张本的教义，天主教式的巴勒斯坦，卫理公会式的巴勒斯坦，监理公会式的巴勒斯坦。(*Innocents*：393)

本源教义的探寻和求证也应从根源做起，游记中吐温选择亚当和耶稣作为求证的根源。作为基督徒，信仰上帝天经地义，但是上帝远居于天庭，无迹可寻。不过，上帝创造了人类始祖亚当夏娃，人类沿承了他的血脉。吐温没有质疑人类的始祖，在亚当墓前，他抑制不住自己的情感，趴在那里嚎啕大哭，真情流露，“老祖宗啊，他可没活在人间亲眼看到我……而我——我——唉，天哪，我也没能活着亲眼看到他。(*Innocents*：438)。如果说到巴勒斯坦是为了寻求证据的话，这就是证据——人类起源的证据。认定亚当是人类的祖先，自己是亚当的子孙，这就从根本上认可了上帝造人的圣经故事，认定了上帝的存在。溯本追源，找到自己的根，找到自己与上帝的直接联系，这才是来圣地的真正收获。他对亚当夏娃的感情是纯真的。纵观吐温的作品，大多以幽默讽刺见长，嬉笑怒骂，针砭时政，但是在《亚当夏娃的日记》中我们却看不到他一贯的文风，而是充满了抒情，一路娓娓道来，如潺潺流水，讲述了人类始祖温馨浪漫的爱情故事。故事中的亚当古朴纯真，故事中的夏娃美丽聪明，两人的爱情是那样动人，一个说“倘若我们之中有一个先死去，那么但愿我（夏娃）先死去，”一个说“她（夏娃）在哪儿，哪儿就是伊甸乐园。”[①] 吐温对亚当的真挚感情不仅表现在他在亚当墓前的痛哭流涕，也表现在后来的演讲当中。在一篇题为《评说亚当》的演讲中，吐温把亚当抬到了很高的位置：“他（亚当）的位置应当高于新闻界，高于陆军和海军……几乎高于一切事物。”[②] 他认为我们应该感激亚当，因为他给与我们以生命和死亡，亚当虽然姓名前没有任何头衔，只是一介平民，但是他高尚的美德足以赢得世人的尊敬：“他来到我们面前，名声一无污点，即便有，也只不过拿了一个苹果罢了。”[③] 在吐温看来，亚当几乎是纯洁的代名词，探寻到了亚当，也就探寻到了人类的纯洁的心灵状态。

如果说亚当是纯洁的代名词，那么我们可以把耶稣看作慈

---

① Mark Twain, "Eve's Diary," in *The $30, 000 Bequest and Other Stories* (New York: P. F. Collier & Son Company, 1905), p. 383.

② ［美］马克·吐温：《评说亚当》，收入《马克·吐温十九卷集》（第16卷），石家庄：河北教育出版社，2002年版，第65页。

③ 同上，第67页。

善和无私的化身。耶稣在伽百农讲道、行医、选门徒、显奇迹等等都是慈善无私的行为。他是凡间之子，具有肉眼凡胎；同时也是圣灵之子，具有上帝的灵光。游记中凡涉及耶稣之处，吐温都没有掺杂自己的观点，甚至在讲述肉眼凡胎的基督乡亲们不相信基督是上帝之子时，他都没妄加评论，更没有丝毫讽刺挖苦和不敬之意。他只是惊叹于“如今枝繁叶茂的基督教，居然在这块弹丸之地萌芽”（*Innocents*：384）参观耶稣墓地和耶稣受难地骷髅山时，他认为圣墓有可能是假的，是修道士搞出来的假圣地”（*Innocents*：442），而耶稣受难地就不同了。虽然吐温讽刺了普瑞姆先生描述的耶稣受难时惊天地泣鬼神的场面，但是他认为基督被钉在十字架受难这件事是确信无疑的。这件事在耶路撒冷家喻户晓，短短几百年内绝不会被人遗忘，就像美国的邦克山战役一样，即使再过五百年，邦克山纪念碑不见了踪影，美国人还是会知道这一仗是在哪儿打的一样。通过这种方式，吐温也找到了耶稣受难的证据，确认了基督的存在。在游记发表后不久，当年的《纽约晚报快讯》就评论到：虽然吐温在欧洲和圣地不断嘲笑形形色色的圣迹，但是一到了骷髅山就支支吾吾起来，一下变成了“虔诚的基督徒”。①

通过还原法，吐温认识到了宗教的本源教义。这种教义是新教的教义，也应该是超越宗教派别的根本教义，它能治愈人的灵魂，是人类宗教实践活动中的“良药”。基督本身富有仁爱和同情之心，是拯救天下众生的救世主，上帝也应该是富有爱心的慈父形象，动不动就惩罚世人的愤怒的上帝形象违背了

① Louis J. Budd, ed., *Mark Twain*: *The Contemporary Reviews*, p. 39.

宗教的本来目的。他认为一个人所信仰的宗教是为了满足他精神上的需要，进而彰显他道德上的完美。然而，教会组织为了达到让世人敬畏上帝的目的，炮制出了“地狱和毁灭”，不让宣传仁慈的上帝形象。在《神秘的外来者》当中，彼得神父本是位仁慈善良、温文尔雅的神父，有人却以他私下宣扬上帝是仁慈的借口为名解除了他的神职。由于教会组织这种背离宗教原旨的行为，结果当“基督教和文明手挽手地穿过那些岁月向前挺进，就像撒旦发现的一样，前进的‘背后却留下了饥饿、死亡、荒凉以及人类进步的其他一些印记’”。[①] 因此，在后期发表的自传内容里，吐温再次流露出对基督教发明出地狱的痛恨之情：在人类历史上没有什么比发明地狱更残暴的事情了。[②]

马克·吐温在游历了圣地后，发现实际的圣地与想象中的以及《圣经》中描述的圣地有很大不同，《圣经》中的圣地有文学加工的痕迹，想象中的圣地带有西方对东方的想象视域。经过重新认识和思考之后，他得出的结论是：“巴勒斯坦在这个劳碌纷纭的世间已不再存在了，只是诗歌传说中的圣地——只是梦里天堂。”（*Innocents*：474）在认真思考的过程中，吐温一方面对天主教提出了批判，另一方面也对天主教徒对芸芸众生普施救济的超越教派行为给予了肯定，表现出其理性的一面。对于不同的教派如伊斯兰教，他既带有基督徒的偏见，也

① Mark Twain, *The Mysterious Stranger* (New York: Harper & Brothers, 1922), p. 109.

② Mark Twain, Charles Neider, ed., "Reflections on Religion," *The Hudson Review*, *Vol.* 16, No. 3 (Autumn 1963), p. 335.

有换位思考的反思。面对《圣经》，他表达了一种“尽信经则不如无经”的观点，《圣经》里面有良药也有毒药，要择其善者而从之，不善者而去之。他的许多宗教观点是通过托古喻今或死后发表的方式表达出来，在世人眼里显得激进、不合时宜、“不虔诚”，但是通过分析，我们发现他的所作所为都是为了去除宗教中蒙蔽人自由天性的因素，竭力弘扬宗教中仁慈无私的一面，使人在淳朴自由的心灵状态中得到升华和提高。后来，吐温在经历了人生诸多痛苦、洞察了人类的诸多苦难之后，在晚年陷入了一种悲观主义之中。《在神秘的外来者》中，他借助撒旦之口表露出对上帝的失望情绪，又在另外的文章中借助夏娃之口指出上帝惩罚人类的不公正之处，[①] 或者直接表现出对天堂和地狱的质疑。尽管如此，我们也不应该根据他的片言只语对其妄加评判，这是因为吐温自身的思想具有一种复杂性和矛盾性——他是“一个既有趣又严肃，既叛逆又爱国，既信仰又不信仰的人”。[②] 只有综合其作品及其传记评论等，才能客观地把握其宗教观点。

① （美）马克·吐温：《夏娃的话》，收入《马克·吐温十九卷集》（第19卷），石家庄：河北教育出版社，2002年版，第99页。

② William E. Phipps, *Mark Twain's Religion*, p. 374.

从教派冲突的视角看美国在伊拉克的困局*

• 潜旭明

［内容摘要］　本文分析了伊拉克的地缘宗教格局、政治生态、战后美国对伊拉克的政策及其困境。当前伊拉克基本呈什叶派、逊尼派和库尔德人三足鼎立之势。美国主导的联邦制没有给伊拉克带来稳定，反而使伊拉克国内局势混乱不堪，教派和民族之间原有的矛盾加剧，社会成员间的分裂也有所扩大，地方政府的权力得到加强，ISIS的发展壮大使局势更加恶化。美国的伊拉克政策有很大缺陷限，其深层结构性难题正在逐渐显露。

* 本文为教育部重大攻关项目（08JZD0039）、国家社会科学基金资助项目（12CGJ009）、国家社会科学基金资助项目（14BGJ008）、教育部重点研究基地自选项目（2012JDZDSZX 001）的研究成果

一、伊拉克的地缘宗教格局

伊拉克的国土面积为 43.5052 万平方公里，人口约 3333.1 万，[①] 其中阿拉伯人约占全国总人口的 78%，库尔德人约占 15%—20%，其余为土耳其人，亚美尼亚人，亚述人，犹太人和伊朗人等。伊斯兰教为国教，全国 95% 的人信奉伊斯兰教，其中什叶派穆斯林占全国总人数的 60%、逊尼派穆斯林占 33%。[②]

逊尼派和什叶派是伊斯兰教的两大派别，双方主要分歧由来已久，主要集中在关于哈里发的合法性和对《古兰经》的解释上。伊拉克的什叶派过去长期遭排斥打击，在政治上处于无权地位。战后美国在伊强力推行“美式民主”，扶植伊什叶派借机上台执政，什叶派在伊政坛中占据了主导地位后，向逊尼派清算过去老帐，两派的新仇旧恨一并爆发。美军违反伊斯兰教规的行为，特别是虐囚和无辜屠杀伊无辜百姓事件频频曝光，又进一步激化了伊拉克局势持续动荡，教派冲突有增无减。民族、教派矛盾激化，各种血腥爆炸事件，特别是针对平民百姓和清真寺的爆炸事件频发，暴力活动恶性循

---

① League of Arab State, *Arab Countries*, *Figures and Indicators*, *Fourth Edition*, 2013, p. 73.

② CIA publications, Coalition Provisional Authority, Council on Foreign Relations, Stanley Foundation, BBC, and other news organizations. http://www.pbs.org/wgbh/pages/frontline/shows/beyond/etc/map.html（登录时间：2014 年 9 月 5 日）。

环。教派冲突造成社会动荡、家庭分裂、宗教清洗、暴力杀人事件频发。①

从宗教地理分布来说，伊拉克南部是什叶派，主张泛伊斯兰主义；中部是逊尼派，坚持阿拉伯民族主义；北部是库尔德人，有强烈的独立的倾向。萨达姆被推翻后，伊拉克基本呈什叶派、逊尼派和库尔德人三足鼎立之势。美国“大中东民主化”战略使伊拉克长期压抑的教派矛盾得以释放，教派矛盾成为伊拉克国家整合的结构性难题。②

总的来看，伊拉克地缘宗教格局呈现出以下几个特点：第一，什叶派迅速崛起，成为伊政坛中最主要执政力量。由于萨达姆政权残酷镇压、迫害什叶派领导人，在萨达姆时期，什叶派领导人被迫流亡国外。战后什叶派回国参政，成为伊议会和政府中的主导力量。什叶派希望加强中央政府的集权，强化伊斯兰教在国家政治和社会生活中的地位和作用，希望在伊南部地区实行区域自治，掌控国家的各种资源。③ 但什叶派内部派系众多，相互牵制，由于多年被排斥在权力中心之外，缺乏治国理政的经验和人才。第二，逊尼派虽然丧失执政地位，但不甘心其政治作用被弱化。萨达姆被推翻后，逊尼派成了被打压的主要对象。为维护权益，多数逊尼派组织愿意参与伊政治进程，不甘心被边缘化。但逊尼派组织众多，派系林立，群龙无

① 杨洪林：《浅析伊拉克战后的教派之争》，载《阿拉伯世界研究》，2006年第5期，第29页。

② 韩志斌：《伊拉克教派冲突与美国的战略困境》，载《亚非纵横》，2006年第3期，第32页。

③ 刘月琴：《移交主权后的伊拉克》，载《西亚非洲》，2004年第5期，第31页。

首，没有什叶派那样具有能号令全国的宗教权威机构，也缺乏像什叶派西斯塔尼那样有权威的宗教精神领袖，因此难以形成统一的立场。逊尼派中的激进极端势力坚持武装对抗，逊尼派聚居较集中的安巴尔和摩苏尔等省是恐怖暴力活动的高发区。[①] 第三，库尔德人政治影响不断扩大，崛起成为伊政坛中第二大政治力量，库尔德自治区享有高度的自治权。[②] 库尔德人口约为 360—480 万，占伊拉克总人口的 15—20%，[③] 大部分属逊尼派，与阿拉伯逊尼派和什叶派都有着良好关系，能在两派中发挥重要平衡作用。库尔德人在对付恐怖暴力活动、恢复国家安全稳定方面与什叶派有共同利益，但不希望什叶派力量过于强大。库尔德人以北部自治区为依托，拥兵自重。他们近期的政治目标是支持在伊建立联邦制，巩固已享有的高度区域自治，进而扩大在全国政治、经济事务中的发言权，为谋求独立创造有利条件。[④]

萨达姆统治的瓦解，催化了伊拉克什叶派和逊尼派之间几个世纪的矛盾，并使之进一步恶化，这一矛盾蔓延到中东其他地区。例如，真主党不单单让以色列感到头疼，同样对中东地区的逊尼派阿拉伯政权构成了巨大挑战。伊朗和真主党的结盟

---

① 杨洪林：《浅析伊拉克战后的教派之争》，第 30 页。

② Wang Bo, "The Political Perspective of the Iraqi Kurds after US Military Retreat," *Journal of Middle Eastern and Islamic Studies* (In Asia), 2010 (2), p. 1.

③ Iraqi Kurds, http://www.pbs.org/wgbh/pages/frontline/shows/beyond/etc/pop_ kurd.html（登录时间：2014 年 9 月 5 日）。

④ 杨洪林：《浅析伊拉克战后的教派之争》，第 30 页。

将结束几千年来逊尼派统治中东地区的局面。[1] 伊拉克什叶派上台后，国内发生的什叶派与逊尼派之间的恶斗、报复和仇杀弥漫于整个社会，加剧了社会的恐怖和混乱气氛，教派之争演变为中东问题的新焦点。由于什叶派身份的认同感，美国等国家将伊拉克什叶派政治与伊朗力量的崛起必然地联系在了一起，教派之争的外溢效应波及整个中东地区。[2]

二、战后伊拉克的政治生态

伊拉克国内两派的冲突实际上还是伊拉克教派矛盾导致政治认同缺失的客观反应。正由于伊拉克政治认同不统一，使得国家整合文化力量涣散，难以建立一个达成共识、代表全民的民主政府，其主要特点是常常在互相有主要利益和价值冲突的教派间结成软弱的联合政府，其客观后果是在民主的政治生态中，很难找到一个众望所归的民主精英。这种异质宗教文化和观念导致美国在伊拉克政治重建步履维艰。[3]

以萨达姆为首的伊拉克复兴党政权被推翻后，中央集权体制终结，伊拉克建立起联邦制。2004 年 3 月，伊拉克临时管理委员会通过了《过渡时期国家行政法》，也就是战后伊拉克

---

① Nasr, Vali, "Old blood feud drives the Mideast's new power play," *Los Angeles Times*, Aug. 27, 2006.

② 刘月琴：《伊拉克战后的政治及社会变化》，载《亚非纵横》，2008 年第 5 期，第 48 页。

③ 韩志斌：《伊拉克教派冲突与美国的战略困境》，第 33 页。

的临时宪法，该法规定伊拉克为联邦制，实行中央政府和地方政府分权制。[①] 2005 年 10 月，伊拉克永久宪法获得全民公决通过，宪法规定，伊拉克是拥有完全主权的、独立的联邦制国家，政治制度是议会代表制；总统由国民议会选举产生，任期四年；总理负责国家总体政策的执行，兼任武装力量的总司令。地方政府拥有广泛的自治权力，宪法承认库尔德地区的现有权力。[②]

2005 年 12 月，伊拉克举行了正式国民议会选举。为了保障各省在新议会中的最低席位，选举采用了省级比例代表制度。受这一政策鼓励，包括逊尼派在内的伊拉克各派势力广泛参与了此次选举，约 700 万选民参加了投票。最终选举结果是什叶派的“伊拉克团结联盟”获得了 128 个席位，“库尔德政党联盟”获得 53 个席位，逊尼派的“伊斯兰共识阵线”获得 44 个席位，逊尼派的“全国对话”阵线获得 11 个席位，什叶派的“伊拉克民族团结阵线”获得了 25 个席位。大选结束后，库尔德人塔拉巴尼继任总统，逊尼派马哈茂德·马什哈达尼任议长，什叶派人士马利基出任政府总理。[③]

2010 年 3 月，伊拉克举行了新一届国民议会选举。此次

---

① 王龙琴：《背景资料：伊拉克临时宪法》，新华网，2004 年 06 月 28 日，http：//news. xinhuanet. com/world/2004-06/28/content_ 1551702. htm（登录时间：2014 年 9 月 5 日）。

② 中石油伊拉克公司编译：《伊拉克宪法》，中国驻伊拉克大使馆经济商务参赞处网站，http：//iq. mofcom. gov. cn/article/ddfg/tzzhch/201301/20130100003665. shtml（登录时间：2014 年 9 月 5 日）。

③ Kenneth Katzman，Iraq：Elections，Government，and Constitution，CRS Report for Congress，Order Code RS21968，June 15，2006，pp. CRS 5 – 6.

大选采用“开放名单”制度，选民可以投票支持“开放名单”中的任何一个候选人，这项制度增加了选举的代表性和透明度，民众参与大选的积极性被充分调动起来了，共有1900万选民参加此次大选，投票率为62.4%。[①] 根据公布的大选结果，阿拉维领导“伊拉克名单”获得了91个席位，马利基领导的“法制国家联盟”得到89个席位，什叶派领袖哈基姆领导的“伊拉克国家联盟”获得70个席位，塔拉巴尼领导的“库尔德斯坦联盟”获得43个席位，剩余32个席位被其他小党派瓜分。[②] 大选结束后，为了争夺组阁权力，各党派展开了激烈的斗争。“伊拉克名单”以91票的优势获得了优先组阁权，但是根据宪法要求，“伊拉克名单”必须与其他政党合作使其票数达到163张才能实现组阁。为了夺回组阁权，“法治国家联盟”和“伊拉克国家联盟”宣布联合，以共同拥有的159个席位向“伊拉克名单”发起挑战。“伊拉克名单”则联合一些较小的什叶派政党展开反击。由于参与竞争的各方对总理职位的人选分歧严重，导致新一届政府迟迟难以组建。直到2010年12月21日，伊拉克国民议会表决通过了马利基提交的新一届内阁名单，并批准马利基继续担任政府总理，才结束了伊拉克长达9个月“无人看管”的局面。[③] 库尔德领袖塔拉

---

① 《伊拉克公布大选投票率为62%》，2010年3月9日，http：//news. xinhuanet. com/world/2010-03/09/content_ 13128584. htm（登录时间：2014年9月5日）。

② 马学清：《伊拉克战争后伊拉克政党政治的重建及发展》，《当代世界》，2014年第3期，第73页。

③ 《伊拉克结束九个月“无人看管”》，人民网，2010年12月23日，http：//news. xinhuanet. com/world/2010-12/23/c_ 12908901. htm（登录时间：2014年9月5日）。

巴尼继续任总统，什叶派领袖阿拉维掌控国家战略政策委员会，逊尼派领袖奴贾伊菲担任国民议会议长，政府29位部长职位分别为什叶派、逊尼派和库尔德人士担任。①

从中央集权制到联邦制，伊拉克政治权力分解为三元结构，联邦制包括什叶派、逊尼派、库尔德人三大部分组成，国家最高权力由三大派按照人口比例分享，这种结构性变化明显削弱了国家综合实力。由于各地方政府享有实权，减弱了中央政府的权威和整体操控、运作能力。伊拉克宪法规定，地方政府拥有行使立法、行政和司法的权利；地区政府可以按照需要的方式实行管理，并有权建立地区“安全组织”，如警察部队、治安部队和卫队等。地区政府在不违反国家宪法的前提下，可以制定地区法律，确立行政权力机构以及行使这些权力的机制；宪法承认库尔德地区作为一个联邦地区现有的权力，各地方政府享有地方立法权、行政权和司法权，可以独立决定地区事务。库尔德地方政府事实上早已独立行事，什叶派也在南方9省区域内积极谋取自治权。由此可见，联邦制从法律上削弱了中央政府的权限。②

联邦制没有给伊拉克带来稳定，反而使伊拉克国内局势混乱不堪。一方面教派和民族之间原有的矛盾加剧，社会成员间的分裂也有所扩大，另一方面地方政府的权力得到加强。库尔德人在高度自治的前提下，更加独立于中央政府，从而削弱了中央政府的权威和实权。伊拉克战争后，联邦制的实施给予了民族分裂活动以合法性，助长了库尔德人的民族独立意

① 马学清：《伊拉克战争后伊拉克政党政治的重建及发展》，第74页。

② 刘月琴：《伊拉克战后的政治及社会变化》，第48页。

识。在伊拉克实施联邦制，导致地方势力坐大，库尔德民族区域自治逐步演变为独立的政治实体。民族矛盾变得更加尖锐和复杂，实现民族和解之路越发艰难，联邦制下国家的凝聚力减弱。①

逊尼派和什叶派以及库尔德人之间为重新分配权力而展开了新一轮的斗争，但从整体看，伊拉克政府掌握着实力逐渐增强的安全部队，基本掌控着国内的安全局势。围绕2014年4月大选，各方势力进行着明争暗斗。2013年4月，伊拉克举行了省级议会选举，共有12个省参加了此次选举，约8000多名候选人竞争12个省级议会的378个席位。根据伊拉克独立高等选举委员会发布的结果，总理马利基领导的“法治国家联盟”在12个省级议会共378个席位中占97个席位，排名第一，巩固了其在什叶派政党的地位，② 有助于该联盟在2014年大选中取得优势地位。战后形成的以民族和教派为基础的政党制度以及权力分配格局，造成了伊拉克社会的严重分裂。③

2014年4月的国民议会选举中马利基领导“法治国家联盟”赢得最多席位。伊拉克宪法规定，议会最大党团有权提名下届总理。然而，由包括“法治国家联盟”在内的多个什叶派党团组建而成的拥有超过半数议会席位的大党团“全国

① 刘月琴：《伊拉克战后的政治及社会变化》，第47页。

② 梁有昶、张淑惠：《伊拉克安巴尔和尼尼微两省举行省级议会选举》，中国日报网，http://www.chinadaily.com.cn/micro-reading/dzh/2013-06-20/content_9371326.html（登录时间：2014年9月5日）。

③ 马学清：《伊拉克战争后伊拉克政党政治的重建及发展》，第74页。

联盟”却提名阿巴迪出任新总理。新一届国民议会在7月15日和24日分别选举逊尼派议员朱布里和库尔德族议员马苏姆担任议长和总统。8月11日，马苏姆总统指任阿巴迪为总理。这一举动引发马利基的强烈不满和抗议，拒绝承认新总理人选阿巴迪，[1] 并将特种部队部署到包括绿区在内的巴格达各敏感区域。

美国总统奥巴马对新总理阿巴迪表示支持，并呼吁伊拉克领导人实现和平交接。[2] 沙特、伊朗等多个国家也表示支持阿巴迪为总理。这让马利基的处境更加孤立。马利基已决定放弃寻求连任，并转而支持总统马苏姆日前指派的候任总理阿巴迪。2014年9月8日，伊拉克新总理阿巴迪宣誓就职，伊拉克国民议会表决通过了他提交的新内阁名单，马利基、阿拉维和努贾伊菲被任命为副总统，库尔德人泽巴里、世俗逊尼派穆斯林穆拉克以及什叶派伊斯兰教徒阿拉吉被任命为副总理。阿巴迪通过把什叶派、逊尼派、库尔德人共同纳入联合政府体系，弥合国家的教派分歧，以共同应对“伊斯兰国”。[3]

总的来看，伊拉克国内政治面临民族、教派自我意识不断增强，库尔德人要求民族独立、自治的声音增强，民族分离倾

---

① 于杰飞：《总理将总统告上法庭》，载《光明日报》2014年8月13日，第8版。

② President Obama's statement on Iraq, Stars and Stripes, August 11, 2014. http://www.stripes.com/news/president-obama-s-statement-on-iraq-august-11-2014-1.297802（登录时间：2014年8月27日）。

③ 《伊拉克新总理内阁名单获通过马利基任副总统》，《观察者》网站，http://www.guancha.cn/Third-World/2014_09_10_265586.shtml。（登录时间：2014年11月9日）

向增强的严峻局面，原因主要是国家政治体制改变成以民族、教派区域自治为基础的联邦制。①

三、ISIS 对伊拉克局势的影响及走向

随着什叶派在伊拉克乃至整个伊斯兰世界地位的上升，中东逊尼派激进势力开始抬头。教派冲突的影响已溢出伊拉克国境，他们以不同的面貌活跃在中东各地，其中包括“基地”组织、在伊拉克的逊尼派抵抗运动、阿富汗的塔利班残余势力，乃至巴勒斯坦的某些抵抗组织等等。他们的势力也在不断加强。

2003 年伊拉克战争催生了 ISIS 的前身（“基地”组织伊拉克分支（AQI）），多年来该组织制造上万起恐怖事件。2006 年 10 月，该组织宣布成立“伊拉克伊斯兰国”（ISI）。2011 年底美军撤出了伊拉克后，伊安全局势开始不断恶化。2011 年“阿拉伯之春”爆发后，伊拉克西邻叙利亚很快陷入危机，并从 2012 年始爆发内战，且愈演愈烈，不断外溢。进入 2013 年以来，伊拉克又爆发了一系列暴力恐怖事件，2013 年 4 月，“伊拉克伊斯兰国”与叙利亚反对派武装“胜利阵线”合并，成立“伊拉克和黎凡特伊斯兰国”（ISIS 或 ISIL），② 乘机积极

---

① 刘月琴：《伊拉克战后的政治及社会变化》，第 48 页。

② MEMRI，ISI Confirms That al-Nusra Is Its Extension in Syria，on April 8，2013，http：//www.memrijttm.org/content/en/report.htm？report = 7119（登录时间：2014 年 9 月 5 日）。

介入叙内战，借以扩张势力，并得到了西方及海湾国家、土耳其等国的支持。外部资金和武器的援助，实战的锻炼，大量外部“圣战者”的加入，使得该武装日益成为叙反政府势力中实力最强的一支武装。①

2014年6月以来，伊拉克安全局势持续恶化，伊斯兰极端组织ISIS连续攻占摩苏尔、提克里特、泰勒阿费尔市和加伊姆等多个逊尼派地区的重镇，并日益逼近首都巴格达。伊拉克已陷入自伊拉克战争结束以来最严峻的危局之中。②

随着ISIS的发展壮大，地区局势进一步恶化，恐怖主义更加扩散，把叙利亚与伊拉克战场连为一体。8月2日至3日，ISIS武装从库尔德武装手中夺取北部尼尼微省辛贾尔镇、扎马尔镇、艾因扎莱油田。8月7日，ISIS武装占领伊拉克全国最大的基督徒聚居区尼尼微省卡拉克什镇，致使当地数以万计居民逃至库尔德自治区。③

2014年8月7日，美国总统奥巴马宣布授权在伊拉克进行有针对性的空袭，以保护在伊美国人。④ 17日，库尔德武装地面部队在美国空袭支援下，夺回被ISIS占领的摩苏尔水坝，

---

① Donald Holbrook, “Al-Qaeda’s Response to the Arab Spring,” in *Perspectives on Terrorism*, Vol. 6, issue 6 (2012), p. 6.

② 唐志超：《伊拉克危局难觅出路》，载《中国国防报》，2014年6月24日第10版。

③ 石中玉：《伊拉克局势时间轴》，新华网，http://news.xinhuanet.com/world/2014-08/09/c_126850150.htm（登录时间：2014年8月27日）。

④ Reid Wilson, “READ IN: Friday, August 8, 2014: New strikes in Iraq, Alexander wins by 9, DesJarlais up by just 35 votes, Walsh quits, ‘Star Trek’ councilman running for Senate in N. C.,” *the Washington Post*, August 8, 2014.

ISIS头目巴格达迪离开摩苏尔市逃到了叙利亚境内。伊拉克局势暂时得到缓解。

美国国防部长哈格尔认为，ISIS已经不仅仅是一个恐怖组织。他们结合了意识形态以及老练的军事战略、战术能力。他们的资金极为充裕。这一极端组织比他迄今见到的任何恐怖组织都要强大，已经成为美国近年来所面临的最危险组织，所构成的威胁可能已经超过前些年的“基地”组织。①

2014年11月7日，奥巴马授权国防部长哈格尔再向伊拉克增派1500名军事人员，美军已派驻伊拉克的军事人员约为1400名，白宫这一决定，这意味着派驻人员数量将“翻倍”。新派驻的军事人员不参加战斗任务，而是为伊拉克安全部队和库尔德武装对抗“伊斯兰国”极端组织提供“协助”。美军将在巴格达和埃尔比勒附近建立两个军事建议和协助中心，在伊拉克北部、西部和南部建立几处训练场，负责训练12支伊拉克作战力量。此外，奥巴马还请求国会拨款56亿美元对抗“伊斯兰国”。②

---

① Jeremy Herb，“Chuck Hagel：ISIL ‘beyond anything that we’ ve seen’”，August 21，2014，http：//www. politico. com/story/2014/08/chuck-hagel-isil-defense-james-foley-110241. html（登录时间：2014年8月27日。

② 张蔚然：《美国再向伊拉克增兵1500名帮助对抗“伊斯兰国”》，《中国新闻网》，2014年11月8日，http：//news. china. com. cn/world/2014 – 11/08/content_ 34001094. htm。（登陆时间：2014年11月9日）

四、战后美国对伊拉克的政策

从2003年3月美国发动伊拉克战争推翻萨达姆政权到现在，经历了小布什和奥巴马两届政府。在此期间，美国的有关战略也发生了变化与调整。

小布什政府对伊拉克政策可以概括为重建主体上的垄断性、重建理念上的意识形态化和重建手段上的单一性。[①] 小布什政府绕开联合国安理会，组建“志愿者联盟”，单方面发动伊拉克战争，使美国在伊拉克战后重建问题上处于垄断的地位。美国在伊拉克战后重建主体中的垄断地位虽然便于他更好地贯彻其战略意志，维护有关的利益，但同时也导致了他在此问题上陷入了孤立的处境。美国在伊拉克战后重建主体上居于垄断地位的深层次原因在于小布什政府深受新保守主义思想影响的外交理念。在“9·11”事件以后，利用“反恐”确立新的道义平台，变相推进美国的民主与价值观是新保守主义固有的外交政策主张之一，其最终目的是维护美国的全球霸主地位。[②]

美国安全委员会于2005年出台《伊拉克制胜战略》，明确指出伊拉克是全球“反恐”战争的中心前线，在伊的失败

① 韩凝：《美国的伊拉克战后国家重建战略与政策研究》，中央党校国际政治专业博士学位论文，2013年，第26页。

② 傅梦孜：《保守主义思潮涌动下的美国霸权外交》，载沈丁立、任晓主编《保守主义理念与美国的外交政策》，上海三联书店，2003年版，第211页。

将导致中东地区的改革者们再也无法信任美国对民主与人权的承诺与保障，将错失一次历史性的机遇。[①] 小布什政府将伊拉克战后建立民主化的政治体制摆在了优先位置，试图以此为中东其他国家树立一个民主样板工程。小布什政府的伊拉克政策在手段上单一，缺乏综合性的规划与考虑，过于依赖军事力量。美国在战前进行战略谋划时，仅认为以军事打击和有限的改革就能够推翻萨达姆政权和完成伊拉克战后的国家重建。美国政府把伊拉克的战后国家重建事务也交给了国防部来负责和处理。2006 年以来伊拉克国内的安全形势急剧恶化以后，小布什总统采取的伊拉克政策仍是强调军事力量为主的硬权力，决定向伊境内增派 2 万美军。小布什政府期间这种强调军事力量作用的政策在打击伊拉克境内的恐怖主义、平定武装叛乱和维护其国内的和平与稳定方面还是发挥了积极的作用，伊拉克国内的安全形势也日趋好转。[②] 随着伊拉克国内局势的日趋稳定，小布什也开始着手实施在伊拉克的“退出”战略，于 2008 年年底，通过谈判与伊拉克政府签署了《战略框架协议》和《安全协议》，为奥巴马政府的伊拉克战略调整奠定了基础。奥巴马当选美国总统以后，在这两个协议的基础之上开始了美国伊拉克战略的新一轮调整。

奥巴马就任新一届美国总统后，将战略重心调整至亚太。他将“反恐战争”改为“反恐行动”，有意降低其在美国外交战略中的重要性，同时坚定地执行从伊拉克撤出美军的计划。

---

① National Security Council, National Strategy for Victory in Iraq, Washington D. C., November 2005, p. 1.

② 韩凝：《美国的伊拉克战后国家重建战略与政策研究》，第 26 页。

2009 年 2 月，奥巴马发表了《负责任地结束伊拉克战争》的讲话，他将美国伊拉克的政策目标定义为致力于帮助建设一个主权稳定和自立的伊拉克国家。他将此政策的实施分为三个阶段：第一，负责任地从伊拉克撤出战斗部队，在 2010 年 8 月结束美军在伊的作战任务，在 2011 年 12 月底前从伊完全撤军；第二，持续外交努力，帮助建设一个更加和平与繁荣的伊拉克；第三，美国全面地介入该地区事务。[①] 表明美国在中东地区开始了实质性地战略收缩。2010 年 5 月发布的美国《国家安全战略》强调了美国必须从国内建设起步，重新发展经济，才能塑造它的海外影响力和保持全球领导地位。[②] 从而美国加快了从伊拉克撤军的步伐。

奥巴马政府从伊拉克撤军后，美国对伊拉克保持了一种战略干预态势。首先，通过私人安保力量、使馆安全和情报人员、军事训练和顾问以及特种部队，美国在伊境内依然拥有相当的“柔性”军事存在。[③] 其次，美国还在科威特保留了 4000 人规模的地面部队，作为应对伊拉克突发情况的首批快速反应部队。2012 年 1 月美国国防部发表的《维护美国全球领导地位：21 世纪的国防重点》的报告指出美军仍将在中东

① Barack Obama，“Responsibly Ending the War in Iraq，” February 27，2009，http：//www. White house. gov/the_ press_ office/Remarks-of-President-Barack-Obama-Responsibly-Ending-the-War-in-Iraq/（登录时间：2014 年 9 月 5 日）。

② The White House，The National Security Strategy，Washington，May，2010.

③ 孙德刚，《美国在伊拉克军事存在的调整：从刚性基地到柔性存在》，载《现代国际关系》，2012 年第 2 期，第 55—66 页。

保持军事存在和能力。[1] 第三，美国还进一步强化了与海湾国家的军事合作，并且在这些地区仍驻有相当规模的军队，形成了潜在的战略干预能力。美军的逐步撤离使得原本受到抑制的伊拉克国内民族、教派矛盾浮现出来，各派势力加紧了对权力与资源的争夺，都希望能够在美军撤出后的国内政治角力中占据有利地位。

奥巴马的伊拉克政策体现了"巧实力"（Smart Power）的外交理念。既强调运用军事力量的必要性，又重视投资于各个层次的同盟、伙伴关系和有关机制，注重运用独特的方法来促进全球的发展，通过公共外交来使国际社会了解美国，通过经济融合使国际贸易的好处为全世界受益，通过技术发展和创新来应对能源和气候变化等问题，来扩大美国的影响力和为其行动寻求合法性。[2] 奥巴马淡化了对伊拉克政策中的意识形态色彩，转向逐步、可控地退出，将维护伊拉克的统一与稳定置于民主化的目标之前，更加注重与伊拉克周边的国家进行合作来推动伊拉克的战后重建进程与发展。保留美国对伊拉克的选择性介入的态势，随时有选择地介入一些对美国利益攸关的事务。[3]

---

① U. S. Department of Defense，Sustaining US Global Leadership：Priorities for 21st Century Defense，Washington，January 21，2012.

② Richard L. Armitage and Joseph S. Nye，Jr.，*CSIS Commission on Smart Power：A Smarter，More Secure America*（CSIS Center for Strategic & International Studies，Washington D. C.：The CSIS Press，2007）.

③ 牛新春：《选择性介入，美国中东政策调整》，载《外交评论》，2012 年第 2 期，第 45—53 页。

在重建手段上，奥巴马政府更加注重通过政治、外交和经济等非军事力量来帮助伊拉克实现战后的稳定和政治转型。2008 年 11 月美伊签署的《战略框架协议》规定双方在政治和外交、防务与安全、文化、经济和能源、健康和环境、信息技术和通讯 7 个领域展开合作，建立友好合作的伙伴关系，并就此成立一个高级协调委员会。[①] 奥巴马政府进一步加快推动了这一协议的落实。2011 年 11 月，美国副总统拜登访问巴格达并主持美伊高级协调委员会的会议。随后，美国与伊拉克政府在政治外交、安全防务、文化教育和经济能源等一系列领域建立了双边协调委员会。这些委员会为美国保持和施加对伊拉克的影响力提供了途径和渠道，同时通过双边的合作项目，美国能够继续帮助伊拉克进行战后的国家建设。

五、美国在伊拉克的困局

美国在伊拉克推行美式民主，在对伊拉克政策上强调支持伊拉克的民主转型，[②] 但伊拉克缺乏一种民主得以正常运行的

① Strategic Framework Agreement for a Relationship of Friendship and Cooperation between the United States of America and The Republic of Iraq, Baghdad, November 17, 2008.

② James Petras, "Washington Faces the Arab Revolts: Sacrificing Dictations to save the State," *Journal of Contemporary Asia*, Vol. 41, No. 3 (2011), pp. 483 – 490.

合法程序和政治文化，其传统文化是不能够用高压和干涉的方式来置换和消除。[①] 在伊拉克的政治转型中，伊斯兰势力成为主要得益者，美国在伊拉克实际影响力和控制力在下降。[②] 美国的伊拉克政策陷入一种困境，在伊拉克国家重建中屡遭挫折。

第一，由于历史、文化原因，伊拉克内部种族、教派矛盾重重，长期处于分裂的局面，伊拉克民众更倾向于对本民族和教派的信任，同时不信任甚至仇视其他民族与派别。从表面上看，伊拉克具备领土、主权、政府、人口等一个国家应具备的基本条件。然而，在民族和社会整合不成熟的情况下，相对国家认同而言，伊拉克国民更忠诚于自身所属的种族与教派。战后伊拉克大选与其说是民主选举，不如说是一场基于种族、派别人口数量的较量。伊拉克采用按民族和教派人口比例分权的方式组建了政府和议会，这种权力分配模式与建立在社会充分整合基础上的民主有本质区别，它强化了种族、教派意识，也为教派冲突埋下种子。[③]

第二，伊拉克集权专制政治秩序的传统文化也不利于培育民主机制。中东政治是部族政治、极权主义和民族主义三种不同政治传统的结合。它使统治者权威至高无上、绝对顺从成为伊拉克政治结构的常态，美国推行的西方经济模式和

---

① 韩志斌：《伊拉克教派冲突与美国的战略困境》，第35页。

② John R. Bradley, *After the Arab Spring: How Islamists Hijacked the Middle East Revolts* (London: Palgrave Macmillan, 2012), pp. 199 – 218.

③ 丁隆、郭雅娟：《伊拉克战后政治发展的三个纬度》，载《阿拉伯世界研究》，2008年第5期，第24页。

社会理念在传统观念浓厚的伊拉克效果很难预料。[①]

第三，要建立民主国家的关键是要形成市场经济，民主体系需要市场经济中所采用的机制、技巧和价值。自由市场所孕育的独立于政府的机构和群体，如企业、商会、专业协会、俱乐部，这些机构形成了公民社会。通过参与市场经济，民主政府形成两种重要特征：信任和妥协。中东石油生产国通过开采和出口石油积累大量财富，通过少数人就可以实现，并不需要社会机制和技术来实现民主。由于政府拥有油田、掌握石油出口的财政收入，倾向于建立一个庞大而强有力的政府，私营企业小而弱。中东的非民主国家油气资源丰富、人口稀少，凭借其雄厚的财富来抵御来自民主国家的压力。[②]

第四，伊拉克依赖石油收入的经济模式、复杂的社会结构和易于诱发威权的传统政治文化，均不利于制度化民主在伊拉克扎根，也决定了伊民主化进程的长期性和艰巨性。由于美国无视伊拉克的经济、社会发展水平、政治文化特质和民族构建阶段，企图用美式民主包治这些国家的所有顽疾，导致美国主导的战后伊拉克国家构建屡遭挫折。[③]

最后，伊拉克政治结构脆弱，教派矛盾突出，伊拉克反美武装愈挫愈勇。伊拉克经济重建虽有进展，但前景变幻莫测，民众生活水准下滑。在教派矛盾难以遏制的情势下，伊拉克国家的文化整合更加艰难，中东的地区政治生态会悄然

① 韩志斌：《伊拉克教派冲突与美国的战略困境》，第36页。

② Michael Mandelbaum, "Democracy Without America," *Foreign Affairs* (September/October 2007).

③ 丁隆、郭雅娟：《伊拉克战后政治发展的三个纬度》，第25页。

生变。这充分说明美国在伊拉克的战略、战术运作时间和空间的局限性，美国伊拉克政策的深层结构性难题正在逐渐显露。[1]

① 韩志斌：《伊拉克教派冲突与美国的战略困境》，第37页。

伊斯兰朝觐对国际卫生安全的影响*

• 钮　松　徐敏丹

[内容提要]　随着人类社会从分散走向整体以及航空时代的来临，传染性疾病的发生与扩散不断酿成国际卫生安全问题。作为全球最大规模且不可取消的年度性跨国宗教运动，伊斯兰朝觐因来自世界各地的庞大朝觐群体同时聚集热带干旱气候的圣城麦加，其与卫生安全之间的关联从古至今都引起了人类的关注。当前国际社会在伊斯兰朝觐与国际卫生安全方面由相关机构展开多层次治理，如世界卫生组织及其地区组织、“国际红十字与红新月运动”以及沙特

* 本文得到国家社科基金项目（13CZJ017）、教育部人文社科重点基地项目（KA159225）、中国博士后科学基金（2013T60402）和（2012M520795）、上海外国语大学青年教师科研创新团队、上海市一流学科政治学资助。

朝觐部、卫生部和各朝觐有关国家的卫生部门。国际社会在病毒性呼吸疾病SARS和MERS的背景下均确保了朝觐的顺利开展，朝觐成为提升国际卫生安全治理水平的难得契机。

一、伊斯兰朝觐为何能对国际卫生安全产生巨大影响

随着人类大规模跨地区征服活动的展开，传染性疾病成为早期人类除战争与冲突以外的对个体和群体的另一种主要威胁。传染性疾病是指由病原微生物感染人体后，产生的具有传染性、在一定条件下可造成流行的疾病。病毒、细菌、真菌、支原体等均能引起传染性疾病，但传染性疾病的传播需要满足三大条件：传染源、传播途径，以及易感人群。传染源，是指病原体已经在体内生长繁殖并且能排出体外的人或者动物，包括患者、携带病原的人或动物。病原体离开传染源，到达另一个易感对象的途径，称为传播途径，包括呼吸道传播（飞沫传播）、消化道传播、虫媒传播、血液体液传播等。对某一疾病缺乏特异性免疫的人称为易感者。必须同时满足三个条件，才能实现传染性疾病的传播甚至是流行。[①] 除了上述的三大基本条件，还有其他因素会影响到传染性疾病的传播，包括自然因素、社会因素等。自然因素主要指气温、湿度、生态状况、

① 杨邵基、任红等：《传染病学》（第7版），北京：人民卫生出版社，2008年版，第1—7页。

动植物等。不同的病原体，在不同的环境下才能生长繁殖，对气温、湿度、酸碱度的耐受能力也有很大差别。社会因素则包括人口密度、生活习性、经济状况和交流程度等。2002 年首先在中国广东发现的“严重急性呼吸系统综合征”病毒(SARS - CoV) 目前认为是从果子狸身上跨种系传播至人类，但不能否认与当地人的饮食习惯有一定关联。历史上世界性大流行的疾病，在不同国家出现的时间有可能存在数月的间隔，但在航空业发达的今天，一夜之间，病毒就能从亚洲传播到美洲，并很快引起世界范围的流行。

历史上曾经在世界大流行过的传染病包括鼠疫、霍乱、天花等。鼠疫由鼠疫耶尔森菌引起，该病能通过鼠蚤传播，还能通过皮肤接触传播、飞沫传播，传染性很强。鼠疫耶尔森菌对干燥、光、热耐受力差，但在潮湿、低温以及有机体内能存活数月，在尸体中能存活数月。① 霍乱为消化道传染病，其病原体为霍乱弧菌，进食被患者或者带菌者污染的水、食物、带菌的鱼虾等可传播该病。霍乱弧菌在自然环境下能生存数周，在藻类或者壳类生物体内还能存活更久。早期疾病的传播既可以与大规模征服战争结合将其作为辅助手段，如蒙古大军征服欧洲时对瘟疫的利用，“鼠疫的起源可追溯到蒙古的戈壁沙漠，它从这里通过与啮齿动物和跳蚤的结合传入欧洲，这两者都是鼠疫的携带者”，“1346 年被认为是关键性的年份，鼠疫侵入

① 杨邵基、任红等：《传染病学》（第 7 版），北京：人民卫生出版社，2008 年版，第 183 页。

黑海并最终于次年抵达西西里和北意大利”。[1] 黑死病造成中世纪欧洲30%的人口死亡。疾病的传播还可以与大规模人口迁徙相结合，如新航路开辟以后欧洲殖民者大规模向美洲等“新世界”的移民行为极大影响了当地的疾病生态环境，欧洲的疾病向“新世界”原住民扩散，造成大量没有抗体的原住民死亡，“欧亚细菌在消灭世界其他地区原住民方面扮演了关键角色，包括太平洋岛民、土著澳大利亚人，以及南部非洲的科伊桑人（布须曼人和霍屯督人）.”，“这些之前从未暴露于欧亚病毒的人群的累积死亡率为50%—100%。”[2]

现代传染病的流行病学发生了一定的变化，总的来说就是细菌性传染病在减少，病毒性传染病不断增多；疾病传播快；不断有新型传染病出现。既往曾经造成巨大危害的流行病如天花，已经被消灭，鼠疫、霍乱的发病也明显减少。这归功于抗生素的使用及预防免疫计划的实施。也有一些古老的传染病发病率再次上升，如结核，其发病率有所抬头，而耐药率则明显升高，这也离不开临床上、畜牧业生产中大量使用抗生素的原因。新的大规模的流行病则以病毒性传染病为多见，这可能跟病毒的以下特点有关：（1）病毒结构简单，一般由包膜＋遗传物质组成，感染宿主后能很快自我复制、传代，数量增长快，能大量感染宿主细胞引起生物学改变；（2）很多病毒对环境耐受能力增强，如冠状病毒虽然对热较敏感，超过35℃

---

① Bibhash Choudhury, *English Social and Cultural History: An Introductory Guide and Glossary* (New Delhi: Prentice-Hall of India Pvt. Ltd, 2005), pp. 20－21.

② Jared Diamond, *Guns, Germs, and Steel: The Fates of Human Societies* (New York: W. W. Norton & Company, Inc., 1999), p. 213.

开始失活，56℃加热30分钟可灭活，但在常温下存活时间长，故多在秋冬及春季节流行；SRAS-CoV为新型冠状病毒，比一般冠状病毒更能耐受高温，56℃需90分钟才能灭活病毒，在腹泻患者的粪便中能存活4天以上。[①] 中东呼吸综合征病毒（MERS-CoV）对环境的耐受能力与SARS-CoV类似，在20℃、40%相对湿度时能非常稳定，存活超过48小时，在30℃、30%相对湿度亦能存活至少24小时[②]；3）病毒基因易突变，不易使用预防接种法使人群具有免疫力，如感染人的甲型流感病毒，变异性极强，每10—15年就可以发生一次表面抗原的完全转变，产生一个新的亚型，人群对新亚型无免疫力，从而引起大流行。2013年3月开始，在上海、浙江、江苏等地暴发流行的禽流感，为首次报道的H7N9亚型流感病毒。之前国内专家认为，H7N9尚不具备人传人的能力，但其某些位点基因若发生改变，则很可能会具备人传人的能力[③]；4）对于病毒感染目前缺乏特异性抗病毒药物。病毒寄生在细胞内，目前已有的一些抗病毒药物主要通过阻止病毒进入细胞、抑制病毒的复制、增殖等方面起到抑制病毒的作用，并不能完全杀死

---

① WHO，"First Data on Stability and Resistance of SARS Coronavirus Compiled by Members of WHO Laboratory Network，" May 4，2003，http：//www. who. int/csr/sars/survival_ 2003_ 05_ 04/en/index. html.

② Neeltje van Doremalen，"Stability of Middle East Respiratory Syndrome Coronavirus（MERS-CoV）under Different Environmental Conditions，" *Eurosurveillance*，No. 38（September 19，2013）.

③ Rongbao Gao，"Human Infection with a Novel Avian-Origin Influenza A（H7N9）Virus，" *The New England Journal of Medicine*，No. 368（2013），pp. 1888 –1897.

病毒。

伊斯兰朝觐作为全球穆斯林在规定的时间（都尔黑哲月8—12 日）与规定的地点（麦加）的年度性盛会，除了对传统国际关系产生巨大影响之外，还对国际卫生安全构成了重大挑战。数以百万计的世界各大洲穆斯林同时聚集热带干旱气候的圣城麦加完成朝觐功课本身就容易造成细菌与病毒的传播，尤其是全球在面临“非典”以及“中东呼吸综合征”等全球疾病挑战之时，作为世界最大规模的跨国人口集会的伊斯兰朝觐更是对沙特以及朝觐穆斯林的母国的卫生安全构成巨大威胁。由于伊斯兰朝觐不同于一般的国际性政治、经济乃至文化活动，它是《古兰经》明确规定的宗教义务，因此世界各国不可能因国际卫生安全问题而取消朝觐，唯一的选择只能是加强国际卫生治理合作，最大限度减少朝觐对国际卫生安全的影响，在此基础上积累经验并造福人类。

二、早期与近代人类社会对伊斯兰朝觐与卫生安全的对策

安全问题是人类社会最为关注的问题之一，而安全问题最为核心的利益是个体或群体的生存，即个体生命的健康以及拥有维护或恢复健康的基本条件，在此基础上，个体或群体才能够去追求其他利益。个体之间会因利益纠纷而产生暴力冲突，国家之间也会因利益冲突而产生战争，这虽会造成一些个体最为核心的利益——生命的丧失，但个体或国家间的单向或双边的主动妥协行为，能够在一段时间内停止冲突和战争。换言

之，人在消除或助长人与人之间的暴力冲突和战争行为中扮演着关键性角色。

麦加朝觐在前伊斯兰教时代的阿拉伯半岛便有着悠久的历史，7 世纪伊斯兰教诞生之后，穆罕默德不过是继承了麦加多神偶像崇拜的朝觐制度并按照伊斯兰教义对其加以改造，尤其是仅保留天房陨石而扫除一切偶像以符合一神崇拜的根本原则。伊斯兰朝觐是连接各地穆斯林的年度性纽带，随着阿拉伯帝国向西亚、北非、西班牙、西西里的大规模征服活动，伊斯兰教逐渐向非洲与欧洲传播，此后通过各种途径传播到东亚地区。因此，伊斯兰教早期主要活动范围在亚洲、非洲和欧洲部分地区。这一时期，人类还未成为一个整体，对于世界的认识水平也极为有限，遑论就共同面临的问题达成国际合作。工业时代之前，穆斯林主要通过陆路与海路的方式抵达阿拉伯半岛，而深入麦加的交通过程以骑骆驼或步行为主。即便进入 20 世纪，阿拉伯半岛仍离工业化进程极为遥远，“直至 20 世纪，伊斯兰世界反科学与技术的宗派主义行径仍屡见不鲜，阿拉伯半岛保守的瓦哈比教法学派 20 世纪初仇视现代工业产品，汽车不啻于魔鬼，焚烧便是应对，但沙特王国国君伊本·沙特 20 年代力排众议，以朝觐管理为契机，采用卡车运送朝觐者，运用电话与广播传播经文，开启了阿拉伯国家运用科学技术实现现代化的新路。”① 不难看出，20 世纪 20 年代之前，伊斯兰朝觐主要以陆路交通为主，尤其在沙特境内，原始的交通方式和硬件设施加大延长了穆斯林从母国到麦加的时间。“从阿拉

① 钮松：《伊斯兰技术简史的宗教阅读》，《自然辨证法研究》，2012 年第 7 期，第 113 页。

伯阿拔斯王朝的‘翻译运动’一直延续到15世纪欧洲海外活动的扩张这段时期内，伊斯兰世界在技术上一直保持着领先的地位”[①]，正是在此大背景下，来自埃及赫利奥波利斯（Heliopolis）的基督徒医生古斯塔·伊本·卢加（Qusṭā Ibn Lūqā）等与伊斯兰世界有着密切交往的科学家较早关注到长时间的朝觐旅途可能遇到的健康问题，并对朝觐者提出相对科学的对策建议。

古斯塔撰写的《给哈桑·本·马赫拉德有关朝觐旅行安排的一封信》“是一个独一无二的文本，不仅因为它是唯一已知的献给赴麦加朝觐者的健康指南，还因为它是作者深厚的理论知识与实践技能方面雄辩的证据”，该书“是为那些缺乏医师之医学知识的赴麦加朝觐者而创作一本简明的、结构清晰的健康指南的成功尝试。”[②] 古斯塔的特点是既介绍一般性的总的健康知识，又介绍专门针对伊斯兰朝觐特点的健康指导。他对旅行者总的健康指导体现在四个方面：（1）休息、食物、饮品、睡眠；（2）疲劳及其治疗；（3）因风引起的各种疾病及其治疗；（4）寄生虫预防及由其引发疾病之治疗。他对朝觐者的健康指导也体现在四个方面：（1）饮水及其改善；（2）止渴的方法；（3）麦地那龙线虫病[③]预防；（4）蛇类预

---

① 钮松：《伊斯兰技术简史的宗教阅读》，《自然辨证法研究》，2012年第7期，第110页。

② Gerrit Bos, ed., *Qusṭā Ibn-Lūqā's Medical Regime for the Pilgrims to Mecca: The Risāla fi tadbīr safar al-ḥajj* (Leiden: E. J. Brill, 1992), p. 1.

③ 该病主要发生在缺少安全饮水的热带及亚热带地区，饮用被污染的水源是感染该病的唯一已知途径，雌性成虫寄生于人体皮下组织，因几个世纪在伊斯兰圣城麦地那的广泛传播而得此名。

防以及对蛇伤的治疗。

古斯塔将这 8 个主题分成 14 章进行深入的介绍与病理剖析，其主要论述方法为医学理论知识与具体实践案例相结合，即理论联系实际的写作方法：第 1 章：探索旅行的最佳时间以及有关食物、饮品、休息、睡眠与同居生活方面的准则，具体体现在：旅途中何时进食、可吃的不同种类的食物（如 1 岁的山羊肉和羔羊肉，或鸡肉与鹧鸪）、何时进行性行为、使用不同的泥土涂抹身体；第 2 章：旅途可能遇到的疲劳及其缓解措施，如按摩与游泳；第 3 章：不同种类按摩方法的运用，尤其是手法与力度；第 4 章：极寒或极热之风所引发的疾病，如感冒、咳嗽、耳痛、眼痛等；第 5 章：由冷、热和耳朵灌风所引发的耳痛及其治疗；第 6 章：气候变化所引发的疾病及其治疗；第 7 章：认为灰尘是导致麦加朝觐者眼疾的主要原因，这在当代对吉达的朝觐者所进行的医学研究中得到证实；第 8 章：提出评判饮水品质的标准；第 9 章：提升污水质量的方法；第 10 章：最早总结出口渴的多种原因并提出在缺水状态下消除口渴的方法；第 11 章：讨论了对寄生虫的预防，这对于朝觐者而言是严重问题；第 12 章：对害虫叮咬的处理；第 13 章：麦地那龙线虫病的“自然发生说”① 解读以及避免染病的方法，该病是古代乃至近代阿拉伯半岛的常见病；第 14 章：麦地那龙线虫病的治疗。②

古斯塔的医学观点广泛吸收了亚里斯多德和伊斯兰医学家

---

① 关于生命起源的一种学说，19 世纪末开始没落。

② Gerrit Bos, ed. , *Qusṭā Ibn-Lūqā's Medical Regime for the Pilgrims to Mecca: The Risāla fī tadbīr safar al-ḥajj*, pp. 7 – 12.

伊本·西那（Ibn Sīnā）[①] 等人的观点，反映了当时欧洲与伊斯兰世界之间在哲学、医学等人文科学和自然科学领域的密切互动。

古斯塔对于伊斯兰朝觐的健康问题的关注属于医学家个人的专业贡献，他最早梳理出伊斯兰朝觐的医学视角和实践。随着欧洲吸收伊斯兰文明基础之上的文艺复兴和宗教改革之后技术的发展与科学的进步，互动频繁的人类社会越来越关注到国际公共卫生问题对于全人类的挑战。如果说古斯塔时代的朝觐与卫生问题还处于个人关注与防范的层面，那么 19 世纪下半叶开始，主权国家间的合作开始成为国际卫生治理的重要方式，其中就包括对日益壮大的穆斯林队伍的朝觐问题的重视。1851—1938 年，一共召开过 14 次国际卫生会议，尤其是 1894 年巴黎举行的第九次国际卫生会议开始关注到麦加朝觐所引发的国际卫生问题。该次大会回顾了 1874 年维也纳举行的第四次会议所提出的逐步将霍乱从埃及和地中海消除的计划，以及 1893 年德累斯顿举行的第八次会议所提出的防止霍乱在欧洲爆发的措施，提出将麦加朝觐的卫生控制作为第三个控制霍乱的步骤，这主要基于几点考虑：首先，从国际公共卫生的角度认定朝觐活动是向西方传播霍乱的主要因素：1871—1893 年，麦加至少发生过 8 次霍乱疫情，1893 年疫情尤为严重，夺走了数以千计朝觐者的性命；1889—1891 年发生在美索不达米亚和叙利亚的疫情更是证明了从红海到波斯湾朝觐路径的危险

① 其所著《医典》在 18 世纪前的欧洲是主要的医学教科书，在欧洲被称为“阿维森纳”（Avicenna），素有“中东医圣”之美誉，是中世纪欧洲医学和阿拉伯医药学的最高成就的代表。

性。其次，许多欧洲殖民主义国家对麦加朝觐具有直接利益，如英属印度有6000万穆斯林，荷属东印度、法属阿尔及利亚、沙俄的亚洲部分以及奥匈帝国的波黑地区也有着大量穆斯林。据奥匈帝国代表团向本次会议提交的报告，1893年波黑120名朝觐穆斯林中有59人感染霍乱，从吉达到麦加的路上不时可以见到被野兽和鸟类蚕食的人类残尸；据法国驻吉达领事馆向本次会议提交的报告，5天之内有3.5万人死亡；麦加医疗官员伊泽丁（C. Izzedine）指出当年朝觐期间有30，336人死亡，瘟疫在麦加5公里之外的穆纳（Mouna）爆发并迅速扩散，从穆纳到麦加的路上以及麦加街道上散落着许多尸体，1893年总共200，05万名朝觐者中，每100人中就有至少15人感染霍乱。该会议要求离境口岸采取防范措施，对穿越红海的朝觐者实施卫生监控，制定波斯湾航行的卫生准则，与会16国中除瑞典—挪威联合、土耳其和美国以外的13国签署了公约，英国虽签约但对公约某些条款有所保留，如朝觐者在出发前必须有充足的回程途径、船上的每个朝觐者必须拥有至少2平方米的空间等。①

《国际卫生公约》随着国际卫生会议而不断调整，1911—1912年在巴黎举行的第十二次会议通过的新的《国际卫生公约》涉及有关朝觐卫生的条款，如第62条规定，如果麦加朝觐期间希贾兹地区瘟疫和霍乱流行的话，那么从希贾兹或阿拉伯半岛红海海岸出发的船只应采取一定的预防措施。如果这些船只驶向埃及的话，那么必须自离岸后5日内接受埃及卫生、

① Norman Howard-Jones, *The Scientific Background of the International Sanitary Conference* 1851-1938（Geneva：World Health Organization，1975），pp. 71 – 73.

海事与检疫局的观察，检验合格以后才能获得无疫通行证，检疫地点在红海的摩西泉①。② 此外，《公约》还包括涉及朝觐的特别适合条款，包括第一章：总条款（第84—93条）、第二章：朝觐者船只——卫生安排（第一节：对船只总的安排，第94—103条；第二节：出发前采取的措施，第104—107条；第三节：航程之中应采取的措施，第108—121条；第四节：朝觐者抵达红海以后应采取的措施，第122—128条；第五节：朝觐者返回时应采取的措施，第129—142条）、第三章：处罚（第143—152条）。《公约》还包括监控与执行条款，其中涉及对埃及卫生、海事与检疫局的涉及朝觐的功能定位（第153—155条）。③

一战结束后于1926年在巴黎举行的第十三次会议继承了这些条款，并增加了朝觐相关的补充条款：（1）英荷共管大卡马兰岛（Kameran）检疫站，用以截留红海上的朝觐者；（2）英埃达成由英国对萨瓦金（Suakin）检疫站进行行政控制，以保卫苏丹的棉花种植区。④ 不仅如此，此次会议还决定在巴黎设立办公室并与埃及卫生、海事与检疫局一道对麦加实施卫生监控，尽管此后沙特不断抱怨该条款侵犯其主权，但直

① 位于今约旦与以色列交界的佩拉特古城以东。

② Stephen Allen, *International Relations* (Princeton: Princeton University Press, 1920), p. 398.

③ Ibid., pp. 402 – 414.

④ Hugh Cumming, "The International Sanitary Conference," *American Journal of Public Health*, No. 10 (1926), p. 979.

到1957年才得以改变。[①] 1969年第二十二届世界卫生大会采纳、修订并整合原有的《国际卫生公约》，并将其重新命名为《国际卫生条例（1969）》，2007年6月开始，国际社会开始执行《国际卫生条例（2005）》。

不难看出，19世纪下半叶到20世纪上半叶国际社会对朝觐的卫生关注主要源于大国利益保护，广大伊斯兰世界基本沦为大国殖民地和保护国，没有独立的主权，因而无法在国际会议中保护其自身利益。这一时期国际社会的卫生合作主要在于维护西方的卫生安全，对于朝觐的关注也仅仅在于朝觐活动对西方及其在中东的势力范围可能产生了卫生安全威胁。尤为重要的是，西方并不关注于麦加具体的卫生安全问题，而是防御为主，沙特的卫生安全利益并未得到尊重。1912年巴黎国际卫生会议的时候，统治纳季德的伊本·沙特并未得到大国的承认，直到一战以后的1915年英国与其签署《英国—纳季德条约》。1924年底伊本·沙特夺取麦加在内的希贾兹地区以后并未马上得到大国承认，直到1926年英国、苏联、法国与荷兰才予以承认，沙特也无缘当年的巴黎国际卫生会议，甚至该次会议上英国联合埃及在朝觐检疫问题上压制沙特。1927年5月，英国才承认沙特的完全独立地位。埃及对红海的朝觐卫生管理权直到1956年驻埃英军撤离以及英法以与埃及之间的苏伊士运河战争之后才得以最终取消。

① Michael Christopher Low, Empire of the Hajj: Pilgrims, Plagues, and Pan-Islam under British Surveillance, 1865-1926, MA Thesis of Georgia State University, 2007, pp. 171－712.

三、当代国际社会在伊斯兰朝觐与卫生安全上的治理合作

随着病毒性传染病的不断增多、穆斯林广泛分布于世界各大洲140多个国家和地区，以及飞机成为朝觐交通的主要工具，传染性疾病的传播源更广、传播速度更快，传统的建立在海陆交通为基础上的朝觐检疫制度很难发挥效用，因为“航空旅行的速度意味着在出发之时便感染疾病的朝觐者直至其抵达另一国家时也不会显示出症状，从而有利于疾病甚至是全面爆发的流行病的传播。”① 当前国际社会在伊斯兰朝觐与国际卫生安全方面的治理由相关国际组织与具体国家和地区政府宗教或卫生机构进行多层次合作。首先，国际组织方面，主要是政府间的世界卫生组织（WHO）及其地区组织、半官方的国际非政府组织“国际红十字与红新月运动”；其次，具体国别相关机构方面，包括沙特朝觐部、卫生部以及各朝觐有关国家的卫生部门。这些部门之间直接或间接的合作为在朝觐活动上维护国际卫生安全方面发挥了积极作用。

（一）世界卫生组织发挥了全球官方性防治疾病政策制定与指导作用

随着二战以后联合国的成立及其对民族解放运动的推进，

① Shuja Shafi, Robert Booy, etc.,“Hajj: Health Lessons for Mass Gatherings,” *Journal of Infection and Public Health*, No. 1 (2008), p. 28.

越来越多的亚非拉殖民地获得了独立并建立主权国家。联合国作为新的政府间国际组织具有最广泛的代表性，在维护国际和平以及具体领域安全方面发挥了积极作用，其中包括成立于1948年、作为联合国下属组织的世界卫生组织，在国际卫生安全领域发挥了积极的作用。这与1851—1938年以西方主权国家为主体召开的14次世界卫生会议所发挥的功能截然不同。尽管世界卫生组织仍然存在着各种缺陷，如制度性困境、民主赤字困境、财政困境①，但其参与国具有很强的代表性，其议题并非只关注西方国家的利益。许多新兴工业国家在世界卫生组织的框架下进行适合自身的合作尝试，以最大限度打破西方大国在国际卫生领域的主导地位，如金砖国家便积极展开国际卫生治理合作，但“金砖国家所处的发展阶段以及对国际卫生问题的看法与应对经验，决定了这些国家之间进一步加深协调乃至成为全球卫生治理的新‘领导集团’依然充满挑战。”②金砖国家中的中国、俄罗斯、印度便有着大量穆斯林，与朝觐有着密切的关联。世界卫生组织现行之《国际卫生条例(2005)第二版》条款总体上适合包括朝觐卫生管理在内的国际卫生治理，其中某些条文具有相当的针对性，如“第三章：对旅行者的特别条款”中包括“第三十条 接受卫生观察的旅行者”，“第三十一条 与旅行者入境有关的卫生措施”，“第三十二条 旅行者的待遇”，第三十二条尤为提到“考虑旅行者的性别、社会文化、种族或宗教等方面的关注”；附件二中“有

① 晋继勇：《世界卫生组织改革评析》，《外交评论》，2013年第1期。

② 汤蓓：《金砖国家致力成为全球卫生治理新力量》，《中国社会科学报》，2013年4月12日。

可能引发国际传播的情况实例：在有当地传播证据的地方，存在指示病例（或其他有联系的病例）并且在上个月内有下述历史”其中一条就是“参加国际集会（朝圣、体育竞赛、会议等）”。①

世界卫生组织继承了1926年《国际卫生公约》确立的全球分区管理原则，即在“一个全球协定的支持下将世界分为一系列正式的区域网络”②，主要分为六个区域性办事处：非洲区域、欧洲区域、东南亚区域、东地中海区域、西太平洋区域、美洲区域。由于伊斯兰教已实现全球扩张，因此六大区域都涉及本地区朝觐穆斯林的卫生安全，尤其是东地中海区域办事处（EMRO）涵盖了西亚、南亚、北非和东非的伊斯兰国家而成为朝觐卫生安全治理方面的主力。不仅如此，东地中海区域分支机构还配合世界卫生组织总部实施堪称当代“翻译运动”的“世界卫生组织全球阿拉伯语计划”，该计划“凭借印刷和电子媒体提供准确、优质、及时的与健康相关之阿拉伯语信息，以积极地为维护和提升该地区人民之健康作出贡献。该计划提供翻译、出版和教育等方面的服务，并且促进健康相关的信息以其他民族语言传播。”③ 不仅如此，世界卫生组织还在成员国沙特利雅得建立了代表处。世界卫生组织主要主要通

① 世界卫生组织：《国际卫生条例（2005）第二版》，日内瓦：世界卫生组织2008年版，第25—26、48页。

② Anne Sealey, “Globalizing the 1926 International Sanitary Convention,” *Journal of Global History*, No. 3 (2011), p. 431.

③ EMRO, “WHO Global Arabic Programme,” http://www.emro.who.int/entity/global-arabic-programme/index.html（本文网站登录或复核时间除特别注明外均为2014年3月3日）。

过总部、东地中海区域办事处和沙特代表处来重点关注与处理伊斯兰朝觐中的卫生安全问题，其他五个区域办事处和驻各国代表处予以协调处理。

（二）“国际红十字与红新月运动”发挥着全球半官方性的灾难救助作用

人类历史上最早与宗教朝圣有关的组织是“耶路撒冷、罗得岛及马耳他圣约翰主权军事医院骑士团”。该组织初名“医院骑士团”，并于1050年在耶路撒冷成立医院以帮助基督教朝圣者。1099年第一次十字军东征占领耶路撒冷之后成为“天主教军事修士会”，在丧失圣地之后不断迁徙直至1798年丧失所有据点，它迄今仍以宗教慈善医疗组织活跃在世界各地并拥有主权地位，他迄今与104个国家建立正式外交关系，1994年成为联合国观察员。当代的“国际红十字与红新月运动”与“马耳他骑士团”则有所不同。1863年，针对欧洲战争中的伤兵救助问题，亨利·杜兰发起了“伤兵救助国际委员会”，1876年更名为“红十字国际委员会”。随着20世纪初许多美洲、亚洲、非洲国家红十字会的建立，尤其是美国红十字会开始将救援目标扩大至非武装冲突所导致的人道主义灾难，这引发了许多国家红十字会与“红十字会国际委员会”之间的冲突，并催生了“红十字会联盟”于1919年成立。随着20世纪下半叶亚非拉主权国家尤其是伊斯兰国家的纷纷独立，“红十字会联盟”于1983年更名为“红十字会与红新月会联盟”，1991年最终定名“红十字会与红新月会国际联合会”（IFRC）。“红十字国际委员会”此后也与“红十字会与红新月会国际联合会”达成和解，两者与各主权国家的红十字会或红新月会共同组成了“国际红十字与红新月运动”。虽然在名称和标志上伊斯兰国家出于宗教偏好不愿意使用“红十字”，但“国际红十字与红新月运动”本身并没有宗教的偏好，这也成为参与该运动的绝大多数非基督教国家采用“红十字”名号的重要原因。“红十字会与红新月会国际联合会”设有五个地区办公室，其中中东与北非办公室设在约旦首都安曼。沙特红新月会积极配合各国红十字会和红新月会的工作并在朝觐卫生安全问题上发挥积极作用。除了对朝觐者的疾病救治以外，沙特红新月会还积极配合相关国家红十字会对因踩踏事故而受伤的朝觐者进行救助，如朝觐过程出现的踩踏事故中，语言问题就是一个重大挑战，尽管沙特红新月会会向朝觐者发放一些提供具体建议的小册子，但“许多到麦加的人无法阅读阿拉伯语，因此我们也有必要关注不同的语言”，印度红十字会与印尼红新月会尤其受到沙特红新月会的呼吁。①

（三）穆斯林世界联盟下属之“国际伊斯兰救援组织”发挥宗教性国际救援职能

为了对抗埃及为首的世俗主义阿拉伯民族主义，以沙特为首的基于政教联盟的阿拉伯君主国高举伊斯兰主义的大旗与之对抗。沙特利用1962年朝觐之机，联合其他20多个伊斯兰国家成立了总部设立在麦加的“穆斯林世界联盟”

① IFRC, “Saudi Red Crescent Cares for Pilgrims at Mecca,” http://www.ifrc.org/ar/news-and-media/news-stories/middle-east-and-north-africa/saudi-arabia/saudi-red-crescent-cares-for-pilgrims-at-mecca/.

（MWL），该组织对自己的定位是“非政府伊斯兰国际组织”，其主要活动包括“传播伊斯兰教，阐明其原理与原则，驳斥对伊斯兰教的怀疑性和不实指控”，“劝说人们遵守真主的命令，远离被禁止的行为”，其实施原则是遵循伊斯兰教法，采取非暴力的途径，尤其是具体方式包括“利用朝觐时节将穆斯林精英集合在一起，并鼓励他们之间进行意见的交流。”① 就与伊斯兰朝觐卫生安全相关的职能而言，穆斯林世界联盟创建委员会第 20 次于 1978 年通过并于 1979 年获得王室许可之后，“国际伊斯兰救援组织”（IIROSA）作为穆斯林世界联盟的机构之一而成立。该组织救援目标包括伊斯兰国家在内的世界各国，其重点活动区域在伊斯兰国家。该组织是联合国经社理事会（ECOSOC）观察员，并积极支持联合国难民署（UNHCR）、联合国近东巴勒斯坦难民救济和工程处（UNRWA）和世界卫生组织的诸多救助计划。由于“国际伊斯兰救援组织”的主要目标不在卫生防疫，因此其主要是辅助性地开展一些有关朝觐的工作，以 2011—2012 年年度报告为例，其“社区发展与季节性计划项目”就包括：“朝觐者的免费餐：4 万份脱水餐已在伊历 1432 年（2011 年）朝觐时节分发给 4 万名朝觐者”；“代理朝觐：88 名朝觐者代表他人在伊历 1432 年（2011 年）朝觐时节完成了朝觐功课”；“支持慈善计划”，由麦加地区囚犯与释囚福利委员会具体实施资助获释的囚犯开展副朝（Umrah）活

① MWL, “Introduction Page,” http://www.themwl.org/Profile/default.aspx?l=EN.

动；向一些组织和机构提供朝觐戒衣（Ihraam）等物品。[①]该组织提供给朝觐者健康、卫生的衣食有助于减少朝觐疫情的发生，资助麦加地区释囚副朝，有助于缓解沙特在朝觐人数方面的压力，代理他人朝觐也有助于为那些身体不适却充满朝觐意愿的穆斯林提供某种借鉴。

(四) 沙特主要对口部门具体实施朝觐相关的卫生安全治理工作

与朝觐相关的卫生治理是一个庞大的系统工程，沙特相关部门在朝觐卫生治理上与对口国际组织之间形成了“国际—国内”的紧密互动。沙特管理的特点是朝觐部统筹兼顾，卫生部与沙特红新月会在政策与实践上各司其责，国际伊斯兰救援组织起到实践上辅助性作用，呈“一体两翼一辅”的格局。

沙特朝觐部作为统筹包括卫生安全事务在内朝觐事务的主要负责部门成立于1960年，当时名为“朝觐与宗教基金部”，1993年该部宗教基金部门独立成立“伊斯兰事务、宗教基金、宣教及指导部”，两圣寺管理事务以及天房幕帘（Kiswa）工厂也从该部独立成立“两圣寺与先知寺事务管理总处”，随后该部更名为“朝觐部”。卫生部负责联系世界卫生组织，同时处理朝觐卫生管理与服务人员配备、开发朝觐卫生服务电子系统等事务；沙特红新月会负责联系“国际红十字与红新月运

① IIROSA, “Report on the Overall Performance of the International Islamic Relief (IIROSA's) Programs and Projects 2011 - 2012,” http://www.egatha.org/pdf/annualreport/iirosa_ annualreport_ 3233_ en. pdf.

动”的地区和国家组织，同时负责朝觐期间圣地的卫生防疫与医疗急救工作，尤其是设立医院和配备形式多样的医疗硬件设施；卫生部与沙特红新月会之间相互配合，由于沙特红新月会会长是沙特王储，因此其实际效能非常显著。

沙特作为世界卫生组织的成员国，其卫生部是代表沙特参与世界卫生组织活动的主导部门，《国际卫生条例》的规范通过沙特卫生部而在沙特境内实施。早在 1925 年，沙特在刚刚攻占希贾兹后于麦加建立了公共卫生署（PHD），其下属的公共卫生与急救部门（PHA）大力建设医院与卫生中心，“王国境内那一阶段必需之医疗的服务范围的不断扩大，包括对朝觐与副朝的服务，导致了成立公共卫生委员会（PHC）的需要”。[①] 随着沙特国家政治现代化的不断提升，国家政体迈向统一，“希贾兹位于沙特王国的西部，采取的是奥斯曼帝国留下的行政体系。纳季德地处内陆，多是游牧部落，政治上处于一种传统的模式”，“两地政府多年维持原状”，直到二战结束后，沙特才开始建立全王国的机构[②]，在此背景下，沙特卫生部（MoH）于 1951 年正式成立。沙特卫生部特别设立了朝觐与副朝卫生服务总司，其目标是与卫生部其他部门合作，实现朝觐无疫情的目标，其具体工作包括：就朝觐活动开展与卫生部相关委员会和部门的组织和协调工作；就准备即将到来的朝觐召开定期会议；与朝觐筹备委员会主席通力合作，在议程框

① Saudi Ministry of Health, “About the Ministry,” http://www.moh.gov.sa/en/Ministry/About/Pages/default.aspx.

② 钮松：《沙特阿拉伯王国的政治现代化》，《武汉大学学报（人文科学版）》，2007 年第 6 期，第 908 页。

架内组织、安排与记录会议并将其分发给各委员会，满足各委员会和部门的要求，克服所有困难；与麦加和麦地那的卫生事务官员合作，在人力、设备与项目方面得到满足；准备英文和阿文的朝觐卫生计划并递呈内政部；与组织和方法总司合作，参与更新与发展卫生中心、医院和所有朝觐相关委员会的工作；与信息技术总司合作推出一项计划，突出杰出雇员的名字并授予其奖章；通过提供雇员各种福利以提升朝觐公共服务委员会的效能，包括在朝觐期间提供合适住房、现代交通方式和其他所有需求；与朝觐有关的其他公共部门合作。[1] 沙特卫生部还开发了 e 电子技术，该系统以互联网技术为核心，其中朝觐卫生服务包括：（1）“易贾德”（Ejad）[2] 系统，以连接朝觐者及其指导机构、圣地医院，提供英阿双语，通过手机和电子邮件等发布信息，用于寻觅受伤与失散人员，确保在医院注册的朝觐人员其与指导机构之间的联系而无须排查医院，提供医院地址等的详细信息等；（2）“临时访问之朝觐人力资源”系统，在拉嘉伯月、舍尔邦月和拉马丹月接受沙特国内外的医生网上申请，详细了解其经验、学历和相关材料之后由卫生部与候选人进一步沟通；（3）为卫生部雇员提供“朝觐时节候选人咨询服务”和“朝觐参与要求”系统。[3]

1932 年沙特—也门战争结束之后，在当时公共卫生署署

① Saudi Ministry of Health, “Health Services for Hajj and Umrah General Department: Tasks and Responsibilities,” http://www.moh.gov.sa/endepts/Hajj/Pages/task.aspx.

② 阿拉伯语原意为发现、寻找。

③ Saudi Ministry of Health, “Hajj Health Services List,” http://www.moh.gov.sa/en/eServices/Hajj/Pages/default.aspx.

长的建议下，1934 年沙特王国颁布敕令成立类似其他国家红十字会、红新月会等组织的“国家医疗救助协会”，1935 年国王任荣誉主席，协会旨在救助病人以及伤员，毫无疑问此后该机构有必要继续在战地以外地区开展更广泛的工作。1940 年该协会与在麦加的慈善救助协会联合，扩展为沙特红新月协会（SRCS）。1963 年，沙特红新月会（SRCA）根据国王法令成立，其总部位于利雅得，效力覆盖全国，该体系建立在《日内瓦公约》以及由国际红十字会委员会所制定的基本原则之上，其目标是无任何歧视及区别对待地致力于减少人类的伤痛和灾害所带来的痛苦。沙特红新月会被视为沙特王国范围内唯一代表红十字会/红新月会的机构，其条令为国际公约所制定，战时为沙特军队提供医疗服务。[1] 沙特红新月会在圣地麦加与麦地那共设有 118 个中心，陆地内湾设有 28 个中心，此外还有 176 个永久的中心；1820 名成员参与急救服务，配备有 331 台可同时容纳 2 名患者的大型救护车。[2] 沙特红新月会是沙特境内唯一具备实施医疗急救（EMS）功能的机构，其配备多架救援直升飞机之举更是走在世界前列。

① Saudi Red Crescent Authority, “History,” http://www.srca.org.sa/call997/WebContents.aspx? id=12.

② Ministry of Hajj, “Saudi Red Crescent,” http://www.hajinformation.com/main/u9.htm.

四、21世纪以来伊斯兰朝觐与卫生安全治理案例

随着病毒性传染病成为国际传染病的主要形式且随着全球人口流动的数量与频率的剧增，伊斯兰朝觐不可避免地受到这些传染病的影响而难以置身事外。对于圣地麦加而言，国际传染病的来源分为两种：一种是沙特和中东地区以外的地区流传的病毒性疾病，如严重急性呼吸系统综合征（SARS）；一种是起源于沙特本地的病毒性疾病，如中东呼吸综合征（MERS）；SARS 病毒和 MERS 病毒均属于冠状病毒。庞大的朝觐人群是沙特和其他国家之间病毒性传染病的潜在传播中介。如何防止国际性传染疾病因朝觐而入侵沙特，如何防止沙特本土性传染疾病因朝觐而全球扩散，是国际社会共同面临的重大考验。

（一）严重急性呼吸系统综合征与伊斯兰朝觐

事实上，被广泛称为“非典型肺炎”的“严重急性呼吸系统综合征”（SARS）只是非典型肺炎的一种，但它在国际社会最广为人知且酿成全球恐慌。目前研究认为，SARS 病毒来源于中华菊头蝠①，而果子狸为其中间宿主，病毒传播途径由“蝙蝠—果子狸—人”。感染人体时，病毒能特异性地与肺内的 ACE2 受体结合，从而进入人体细胞内，由于此受体几乎

① Xingyi Ge, “Isolation and Characterization of A Bat SARS-like Coronavirus that Uses the ACE2 Receptor,” *Nature*, No. 503 (2013), pp. 535 – 538.

不存在于呼吸道表层，因此需要吸入大量的病毒才能有足够的病毒达到易感区从而引起感染，这一特点决定了 SARS 病毒主要感染拥挤环境下密切接触的人群，如医护人员、家人等。世界卫生组织确认 SARS 发端于中国广东，最早发现时间是 2002 年 11 月初，其后在 2003 年 2—3 月随着人口流动而开始大幅向外传播，尤其是香港地区、台湾地区、越南、新加坡和加拿大成为 SARS 主要疫区。就伊斯兰朝觐而言，国际社会力图将 SARS 阻挡于沙特之外。由于作为纯粹阴历的伊斯兰历与公历有着较大误差，因此每年的朝觐月“都尔黑哲月”与公历月份误差较大，2003 年朝觐于当年 1 月开始，此时 SARS 还未在全球严重扩散，主要疫区并非伊斯兰国家，中国西北穆斯林聚居区亦非主要流行省份，因此未对朝觐造成卫生安全方面的威胁。随着疫情的加剧以及世界卫生组织的全力介入，国际社会开始意识到 2003 年的朝觐以及 2004 年初的朝觐可能引发的 SARS 全球扩散问题。

2003 年初的朝觐有全世界 200 多万名穆斯林参加，朝觐过程的拥挤不言而喻，正因如此时常会有踩踏事故发生，这也预示着 SARS 等传染性疾病所需的人对人传播概率在朝觐过程中会被放大。2003 年 4 月 10 日，沙特卫生部禁止近期去过疫区的人士入境。沙特驻中国、新加坡、中国香港和菲律宾的外交机构被要求停止签发赴朝签证。沙特在全国各地区主要医院设置隔离站，各入境口岸按照世界卫生组织的要求加强卫生检疫，如入境人士体温超过 38℃ 就会被询问世界卫生组织所确定的问题：（1）他们是否具有 SRAS 的其他症状，如咳嗽、呼吸困难、气短；（2）他们或其家人是否与 SARS 确诊者有过亲密接触；（3）他们是否在过去的 10 天到过任何 SARS 感染地区。2003 年 4 月 28 日，沙特卫生部成立了以利雅得为总部的特别委员会来处理 SARS 相关事务。随着国际社会的密切配合，SARS 疫情逐步得到控制，在世界卫生组织连续 20 日无新案例报告之后，沙特于 2003 年 7 月 8 日对来自 SARS 疫区人士的入境禁令解禁，与此同时仍加强入境卫生监控。2003 年 9 月 27 日—11 月 10 日，300 万名穆斯林参加了副朝，其中沙特本国穆斯林 180 万人，外国穆斯林 120 万人。沙特对来自疫区的朝觐者在其离开自己国家 10 日内禁止入境。[①] 正因沙特政府、卫生部密切配合世界卫生组织的部署，并采取严格措施成功将 SARS 阻挡于国门之外，沙特无感染 SARS 病例的报道，事实上整个中东地区也未有感染 SARS 的案例。正是在 2003 年下半年副朝的成功经验上，2004 年初的朝觐也顺利进行，当年共有 201.2074 万穆斯林参加，其中非沙特籍穆斯林 141.9706 万人，分别低于 2003 年初的朝觐穆斯林总数 204.1129 万人和非沙特籍穆斯林 143.1012 万人。[②]

（二）中东呼吸综合征与伊斯兰朝觐

如果说 2003 年初的朝觐刚好在 SARS 全球肆虐之前，且中东并非其发源地亦非疫区，沙特对 SARS 是防御战，那么中东呼吸综合征则兴起于沙特且仍在兴风作浪，沙特力图确保该

① Ziad A. Memish, Annelies Wilder-Smith, "Global Impact of Severe Acute Respiratory Syndrome: Measures to Prevent Importation into Saudi Arabia," *Journal of Travel Medicine*, No. 2 (March 2006), pp. 127 - 129.

② Ministry of Hajj, "Hajj and Umrah Statistics," http://www.hajinformation.com/main/l.htm.

传染病不因朝觐人群而向更广阔的地方扩散。2012 年初，一名感染 MERS 病毒的沙特人去世。MERS 病毒首次被一名身处沙特吉达的埃及病毒学家阿里·穆罕默德·扎基从一名 60 岁感染男子身上分离，被称作是新型的冠状病毒，2012 年 9 月 20 日，国际传染病协会（ISID）的 ProMED-mail 中予以公开。[①] 直到 2013 年 5 月，MERS 病毒被称为“类 SARS 病毒”，甚至被西方国家媒体称为“沙特 SARS”。目前 MERS 病毒的中间宿主不明确，有报道中东呼吸综合征患者发病前曾接触骆驼、羊。目前已发现 MERS 病毒能在灵长类、蝙蝠、猪等动物细胞内复制繁殖，这说明该病毒可能具有更广泛的感染宿主。[②] 在潜伏期上，两种病毒有所不同，SARS 感染后患者潜伏期约 2—14 天，而 MERS 病毒感染后潜伏期约 10 天。在目前航空业高度发达的情况下，患者感染病毒后至出现明显症状前，更有足够的时间将 MERS 病毒携带至其他国家和地区。

在一名沙特人和一名到访沙特的卡塔尔人染病死亡之后的一个月，2012 年朝觐将于当年 10 月开始，世界卫生组织与沙特高度关注 MERS 与朝觐的相互影响。由于朝觐的年度性和大规模性，无论是世界卫生组织还是沙特政府从未对其掉以轻心，正如美国国家传染病基金会会长威廉·斯卡夫纳（William Schaffner）指出：“我认为政府对其医疗设施感到自信，

---

① ISID, “Novel Coronavirus-Saudi Arabia: Human Isolate,” September 20, 2012, http: //www. promedmail. org/direct. php? id = 20120920. 1302733.

② Marcel A. Müller, “Human Coronavirus EMC Does not Require the SARS-coronavirus Receptor and Maintains Broad Replicative Capability in Mammalian Cell Lines,” *mBio*, No. 6 (November/December 2012).

对其能力感到自信，而且从第一天起，我就告诉他们，我们只能提出指导方针与建议，我们将不能阻挡人们前来朝觐。”① 世界卫生组织按照《国际卫生条例》的要求及时向其成员国通报了 MERS 的具体情况，“世界卫生组织正与沙特紧密合作——正如之前的那些年一样——以支持该国针对参加下个月前往麦加朝觐的访客的卫生措施。”② 2012 年朝觐期间，沙特红新月会派遣了 1750 名急救员和 600 名志愿者到关键事件地区 26 个站和 47 个点；移动指挥中心巴士分布于该地区以协调行动，在朝觐者密集区还派遣摩托车救援人员以方便第一时间进行诊断，甚至还出动 8 架医疗直升机以方便转运；整个团队处理了 6660 袋生理盐水、3710 袋 5% 葡萄糖溶液（D5W）和 1.015 万袋乳酸林格氏液；朝觐期间消耗了 418 个 M 型和 682 个 D 型氧气瓶③的氧气供应和存储，以及 1.82 万个成年的、7950 儿童的及 7000 个高效空气微粒过滤（HEPA）面罩；所有在朝觐期间的急救费用都由沙特国王予以支付。④ 2012 年有 316.1573 万名穆斯林完成朝觐功课，首次突破 300 万人大关，

---

① Katie Moisse, “Saudi Health Officials Brace for Hajj Pilgrimage to Mecca,” *ABC News*, September 27, 2012.

② WHO, “Novel Coronavirus Infection-Update,” September 25, 2012, http://www.who.int/csr/don/2012_09_25/en/index.html.

③ D 型氧气瓶容量为 350 升，M 型氧气瓶容量为 3000 升。

④ Kenneth D’Alessandro, William Leggio, Hisham Al Mubaireek, Muslim Mass Pilgrimage Poses Logistical & Planning Challenges: EMS Needs during the Hajj Are Coordinated by Several Saudi Government Agencies,” *Journal of Emergency Medical Services*, No. 9 (September 2013).

其中沙特本国朝觐者140.8641万人，外国朝觐者175.2932万人。[1] 而据麦加地区埃米尔兼中央朝觐委员会主席哈立德亲王所透露的数据，2012年朝觐总数在316万—365万之间。[2] 超出官方数据的朝觐者都是未注册的沙特本国居民。由于措施得当，2012年朝觐并无朝觐者感染MERS。

随着MERS在2013年的继续肆虐，沙特等国又出现多个感染和死亡案例，当年的朝觐卫生安全形势不容乐观。2013年7月14日，沙特卫生部针对朝觐与副朝发表声明，建议老年人、患有心、肾、呼吸系统疾病和糖尿病等慢性病的病人、患先天性或后天性免疫缺陷的病人、肿瘤患者、孕妇和儿童当年不要朝觐，前往该国朝觐时需要出示前往沙特前至少10天的预防脑膜炎的疫苗接种证书。[3] 7月25日，世界卫生组织发布针对当年伊斯兰朝觐的旅行建议，"本文件对那些在未来数月有朝圣者前往进行穆斯林朝觐小朝和大朝的国家当局带来指导，预防、发现并且管理中东呼吸综合征冠状病毒输入病例。在现阶段，朝圣者个人感染中东呼吸综合征冠状病毒的危险被视为很低"，其主要内容包括：对危险信息进行有效沟通（即穆斯林朝觐大朝或小朝前、期间及之后所采取的行动）、在边

---

① Royal Embassy of Saudi Arabia in US, "3, 161, 573 Pilgrims Perform Hajj This Year," October 27, 2012, http: //www. saudiembassy. net/latest _ news/news10271201. aspx.

② "Saudi Arabia Declares Hajj 2012 One of the Most Successful," *Al Arabiya News*, October 29, 2012.

③ Saudi Ministry of Health, "MOH Issues Health Regulations for Those Flocking to Saudi Arabia to Perform Umrah and Hajj-1434H," July 14, 2013, http: //www. moh. gov. sa/en/CoronaNew/News/Pages/news-2013-7-14-001. aspx.

境及针对运输工具采取的措施。① 不仅如此，沙特政府 2013 年减少了外国朝觐名额的 20%、本国名额的 50%。当年外国朝觐者人数为 137.9531 万人，来自 188 个国家，其中 129.2098 万人乘飞机抵达，7.2535 万人陆路抵达，1.4898 万人海陆抵达，沙特给本国的朝觐数额分配是 11.7 万人。② 但事实上，2013 年沙特本国朝觐者人数为 60.0718 万人，超出配额部分为未经注册的朝觐者。③ 2013 年总朝觐人数 198.0249 万人比 2012 年减少了 118.1324 万人，其中外国朝觐者比 2012 年减少了 37.3401 万人。正是得益于朝觐总人数的剧减以及沙特红新月会良好的运作，2013 年 10 月朝觐期间，其急救需求下降了 28%，提供急救服务时畅通无阻，其中空中急救涉及到近 32 个病例。④ 2013 年朝觐也没有朝觐者感染 MERS 的案例。

尽管 2012 和 2013 年度的朝觐由于国际社会的积极应对和沙特各相关部门的协同治理而没有朝觐者感染 MERS，但 MERS 疫情并未在沙特得到遏制。据沙特卫生部 2014 年 2 月

① 世界卫生组织："世界卫生组织对前往沙特阿拉伯王国进行穆斯林朝觐时有关中东呼吸综合征冠状病毒暂行旅行建议"，2013 年 7 月 25 日，http://www.who.int/ith/updates/20130725/zh/index.html.

② Royal Embassy of Saudi Arabia in US, "1, 379, 531 Pilgrims from 188 Countries Arrived for Hajj," October 13, 2013, http://www.saudiembassy.net/latest_news/news10131302.aspx.

③ Fouzia Khan, "Locals Seek Cap on Haj Cost," *Arab News*, October 21, 2013.

④ Dhu Mina, "SRCA President: Requests for Emergency Service Decreased by 28 percent during Hajj Season," *Saudi Press Agency*, October 16, 2013.

16日的通报，一名罹患癌症的22岁男子因感染MERS而去世，这是该国第60位因该病丧生者，而全世界因该病丧生者为79人，全世界182个患病案例中有145例在沙特。[①] 在这种形势下，沙特国内未经注册的朝觐者是潜在的MERS传播源，2012年有近50万人，2013年有48.3718万人。沙特本国人的“朝觐难”也是一个不容忽视的问题，其引发的私自朝觐对MERS阴影下的沙特的卫生治理成效构成巨大挑战，对于世界各国朝觐者的健康与生命也是重大的威胁，而如何解决沙特的“朝觐难”也是一个复杂的系统工程。

① “MERS Toll in Kingdom Hits 60,” *Arab News*, February 17, 2014.

缅甸的宗教间张力和应对局限*

● 章　远

[内容提要]　缅甸 1948 年脱离殖民统治获得政治独立后，一部分缅甸上座部佛教僧侣和信众仍然与国内其他宗教信仰群体少数族裔保持张力状态。缅甸历史上曾经施行的严苛政治制度对宗教族际对抗有压制作用，然而近年来政治氛围日渐宽松，宗教张力反而释放出来。有的缅甸政治精英群体刻意引导基层民众将当前社会现实矛盾的主要焦点转移为宗教仇视，从而默许民众将情绪宣泄为宗教暴力。缅甸的上座部佛教在一定程度上赋予境内宗教间张力以解释路径。缅甸基督徒、穆斯林等信仰少数族裔是这场宗教对峙中的相对弱者。来

* 本文是上海市教委科研创新项目“后反恐时代的宗教敬拜场所与国内社会安全研究”（课题编号 13YS083）的研究成果之一。

自于缅甸执政府和信仰少数族裔自身的既有的应对措施多为消极反应且于缓解缅甸目前的宗教间张力收效甚微。2013 年随着缅甸国内政治环境的松动，缅甸上座部佛教在宗教张力中的推动角色成为外部世界关注的新焦点。有效解决缅甸宗教张力问题的策略的缺失既将会影响包括中国在内的周边政治环境，也会破坏缅甸上座部佛教的形象甚至有损佛教的世界传播。

2013 年 6 月初，美国《时代周刊》的封面报道介绍了近年来引发世界关注的缅甸宗教极端主义领袖、高调反穆斯林的“缅甸本·拉登”（Burmese Bin Laden）维拉图上师（Ashin-Wirathu）。文章指责了维拉图利用宗教身份在缅甸国内散布含有对穆斯林憎恶和仇恨情绪言论的行为，认为这位宗教领袖应为缅甸近几年频现的宗教事件负责。此篇报道前后是一轮西方媒体和学界对佛教和族群张力问题的集中探讨。此次以缅甸宗教间张力为主的分析话语论调不同于以往西方媒体对伊斯兰教极端主义的单一向度关注，许多文章尝试着藉此改变对极端主义宗教源头的研究的刻板偏见。佛教长期以来一直是被外界称颂的和平主义者，是自由、平和、宽容的象征。从宗教传统上来看，佛教与族群张力的关联性并不显著。[①] 然而仅从缅甸穆

① 历史上的佛教与暴力相关联的表现形式可以是来自宗教内部的自残、自虐、自杀等个体行为，但本文所指涉的更接近佛教与其他宗教之间的紧张关系。这种宗教间的张力形式，比如一种宗教对其他宗教施加的歧视、压制、迫害等，有引发族际冲突的危险性。前者所指涉的佛教个体破坏性行为的政治学视角研究具体可参见 Michael Jerryson, “Introduction,” in Michael Jerryson and Mark Juergensmeyer, eds., *Buddhist Warfare*（New York: Oxford University Press, 2010）, p. 179.

斯林群体的现实来看，作为缅甸人口中的少数宗教族裔，在社会公共生活和政治生活的诸多方面被动地处于边缘和消极地位，再加上全球反恐以来，缅甸上座部佛教群体亦受到伊斯兰恐惧症（Islamophobia）的影响；缅甸今天的穆斯林族群甚至面临着基本生存安全的威胁。事实上，缅甸上座部佛教群体和国内少数信仰族裔群体之间的宗教张力自英国殖民统治时期开始一直没有消亡，期间不断爆发严重的流血冲突，也常常发生小范围的宗教性攻击和治安事件。在全球宗教交往日盛的当代世界，一个宗教多元化的国家应塑造宗教平等的社会氛围，否则将既影响区域和平，也不利于宗教发展的未来。

本文将主要通过分析缅甸这一以传统南传上座部为宗教主流的国家内发生的宗教信仰族群间张力释放事件，阐释缅甸始于殖民时代延续至今，尤其是民选政府（Civilian Government）转型执政三年以来，信仰所给予僧侣和信众使用偏离宗教仪式的手段以合法性的路径；同时整理和评价信仰少数族裔群体在政治弱势的社会地位上所做的应对措施。缅甸的上座部佛教主导的宗教间张力已经成为外部世界所关注的宗教对立新焦点，而有效缓解缅甸宗教张力的策略的缺失将既会影响包括中国在内的周边政治环境，也会破坏缅甸上座部佛教的形象甚至有损佛教在世界的传播。

一、缅甸上座部佛教主导下的宗教间张力

与其他传统佛教国家相比，缅甸的上座部佛教有一定数量的超越佛教平和形象的极端行为历史记录。为数可观的缅甸佛

教徒，在世界范围内来看，也是罕有的坦率而公开地厌恶穆斯林的宗教群体。2012 年以来，缅甸接连发生两次大规模宗教对抗事件，造成数百人丧生，更多的居民流离失所。[①] 2012 年 6 月因为一起涉及伊斯兰信徒对一位女佛教徒强暴案件的传言，若开邦（Rakhine State）爆发了若开邦人（Arakanese）攻击罗兴伽人（Rohinya Muslim）的宗教暴乱。持续到6 月 8 日，参加周五礼拜之后，涌出清真寺的穆斯林们对佛教信仰者若开邦人实施报复性回击，出现人员伤亡。之后，这两个信仰族群为寻求自认为的正义，陷入更严重的冲突循环往复之中。2013 年 3 月的密铁拉（Meiktila）宗教事件比 2012 年宗教骚乱蔓延的速度更快更广，很快包括腊戌（Lashio）的清真寺、经学院、穆斯林商店等多处穆斯林社区重要公共生活设施被焚烧。令人遗憾的是，根据国际人权组织和大众媒体的报告，被焚毁的清真寺和经学院在骚乱事件逐渐平静之后也并没有能够及时恢复原本的功能。这些在骚乱中被破坏的伊斯兰教场所没有获得应有的修缮，一方面是因为该地区穆斯林群体没有实际修复能力，但更重要的是地方政府顾虑清真寺的重建行为会引发同一地区佛教群体新的恐慌，因而地方政府既不允许穆斯林自行重修，也不愿意投入重建资金。

这两次大规模骚乱发生之前，佛教社区和穆斯林社区还曾经相对平静地比肩而居，佛教徒还会光顾穆斯林商店，但此次风波过后，在有相对集中穆斯林聚居区的许多城市，比如在实兑（Sittwe）市，佛教徒和穆斯林已经是彻底隔离的状态。在若开邦，越来越多的当地佛教徒干脆希望在本地肃清穆斯林

① 国际人权机构和组织公布的统计数据和缅甸政府官方公布的有一定差异。

居民。

佛教在黑暗时代予缅甸以光明，而当上座部佛教在印度衰微的时候，缅甸也渐渐发展为其新的安全家园。[①] 缅甸的佛教徒总人口占全世界佛教徒的7.9%，是全世界七个佛教信徒占人口大多数的国家之一。[②] 缅甸全体国民中90%左右为佛教信仰者，其中绝大多数归属于上座部佛教。缅甸佛教徒中僧侣数量有10余万，信士女有2万左右，僧团9个宗派，最主要的是占僧人88%以上的善法派（ThudhammaNikaya），[③] 佛寺遍布全国。在国际层面，缅甸在国际佛教群体中具有重要的宗教地位，比如仰光（Yangon）自1958年至1967年曾是世界佛教徒联谊会（World Fellowship of Buddhists）总部所在地。尽管信众基数庞大，然而佛教在现代缅甸并不具备国教地位。根据缅甸宪法，缅甸是个政教分离、各宗教平等的多元宗教国家。缅甸的执政府和佛教徒曾有数次将佛教订立为国教的努力，并且历届政府都表现出亲近上座部佛教及其信众的倾向，[④] 例如出台《国教推进条例》，或由政府财政资助宗教事业。

缅甸多变的政治环境对上座部佛教主导的宗教间张力具有明显的阶段性效应。英国殖民时期，殖民政府实行分而治之的

---

① Indra Narain Singh, *Buddhism in South-East Asian Countries Vol.* 2 (Delhi: Prashant Publishing House, 2009), pp. 59 – 60.

② 其他六个分别是：柬埔寨、泰国、斯里兰卡、不丹、老挝和蒙古，数据来源：Pew Forum, "The Global Religious Landscape: Buddhist," *Pew Forum*, December 18, 2012, http://www.pewforum.org/2012/12/18/global-religious-landscape-buddhist/.

③ 杨曾文：《当代佛教》，东方出版社，1993年版，第113页。

④ 净海：《南传佛教史》，宗教文化出版社，2002年版，第185页。

族群统治政策，以歧视性法律的形式固定下缅甸原住民族裔的低下社会地位。1885 年随着英国实现对缅甸彻底殖民，基督教得以正式传入缅甸境内。[①] 由于英国殖民者更倾向于扶植基督教信徒，因此缅甸民众反殖民运动所关注的主要压迫者是基督教群体。在殖民时期早期，佛教徒的不满并不主要针对穆斯林群体，而是针对基督教信仰群体。反基督教群体的情绪在今天钦族（Chin）问题上还有映射。而后，随着印度裔穆斯林移民逐渐增多，殖民政府向印度裔穆斯林的政策倾斜也开始引发缅甸佛教徒日益严重的深层不满。伊斯兰教、基督教等非佛教的宗教成了殖民的代表符号。在 20 世纪 30 年代的反抗殖民主义的政治活动中，缅甸的僧人源于爱国卫教的热忱，理由充分地积极参与了反抗运动。缅甸普通民众受佛教影响深厚，非常认可佛教僧伽团体的权威性，因而僧侣介入的政治号召力很强。

1948 年缅甸摆脱殖民统治，实现独立，但仇恨宗教少数族裔穆斯林的殖民记忆却保存了下来。此外，缅甸自独立以后的政治制度选择和设计往往具有明显的佛教哲学特质。[②] 后殖民时代的缅甸由此没有免于宗教间张力的状态，比如 1961 年 10 月就出现了青年僧侣反穆斯林运动。1988 年军政府上台前后，奈温（Ne Win）政府和苏貌（Saw Maung）军政府都维持

---

① Maitrii Aung-Thwin, "Remembering Kings: Archives, Resistance and Memory in Colonial and Post-colonial Burma," in Roxana Waterson and Kwok Kian-Woon, eds., *Contestations of Memory in Southeast Asia* (Singapore: NUS Press, 2012), p. 59.

② 李晨阳："改革开放以来中国学者的缅甸研究述评"，载《东南亚研究》，2006 年第 4 期，第 35 页。

了严格的言论管制政策，宗教敌对言论均属于限制之列。然而佛教的各种反抗并没有被高压政体完全抑制，期间出现僧人拒绝为军人诵经的消极抵抗行为。虽然抵制活动以政府重刑强压之下，僧侣恢复为军政府举行佛教仪式为终结，然而这个结果既证明了缅甸官方无法不借助来自上座部佛教的政治支援，也再次证实佛教群体在缅甸是不排斥反抗行为的活跃的政治力量。上座部佛教僧众为复兴和强化佛教传统而排斥穆斯林的事件也并没有在军政府时期彻底停止，比如 1997 年曼德勒市（Mandalay）超过 1000 名僧侣和支持者攻击清真寺、焚烧穆斯林商铺，百余名僧侣事后被捕入狱。

按照皮尤研究中心（Pew Research Center）的数据，缅甸与宗教有关的社会敌意值始终维持高于平和的高敌意级别，2010 年前没有很大的改变。[①] 2011 民选文人政府上台后正如上文所述，攻击穆斯林的事件数量愈加频繁，破坏性也愈渐严重。维拉图本人 2003 年因为反穆斯林言论而入狱，随着缅甸政府 2010 年政治犯特赦，而于 2012 年 1 月出狱获得自由。他反穆斯林立场没有改变，甚至更为激进。宽松的政治氛围反而给予他更多的传教空间，也将他反穆斯林观念的政治影响力扩展到之前无法企及的程度。

缅甸主流宗教很大程度上默许和纵容了国内宗教歧视的社会土壤。缅甸有 153 个族裔，其中最大的是缅族（Bamar people）几乎全员信仰上座部佛教，此外还生活着伊斯兰教、印度教、锡克教等多种宗教人群。缅甸宗教族裔有过杂居历史，

---

① Pew Research Center, "Social Hostilities Index," *Pew Forum*, August 9, 2011, http: //www. pewforum. org/2011/08/09/rising-restrictions-on-religion-shi/.

因此许多清真寺与佛教寺庙毗邻。这本可以是宗教平等共存的极好例证，但是宗教群体关系紧张之后，这类建筑布局反而给双方造成了极大的心理压力，也成为极易成为被对方实施报复的目标。宗教歧视是细化到生活中的众多细节的社会公平，比如房地产业。美国社会研究学者在探讨20世纪70年代后洛杉矶白人对少数族裔的隐性歧视时，房地产业是支持这一理论的重要论据：选择什么样社会层次的社区，社区对试图新加入的居民的不成文限制，等等事实都会加剧社区的单质化，长期的结果是族群隔阂加剧。一些左派的知识分子将这种现象称为“新的种族隔离”。[①] 缅甸现在的房地产领域也出现不愿以穆斯林为售卖客户，理由是穆斯林居民入住后会影响整个楼盘的售价。佛教徒企业家也不太愿意聘请穆斯林做员工，怕影响商业往来。[②]

上座部佛教中僧侣享有极高的社会地位，也相应地拥有较强的社会动员能力。缅甸社会中，佛教僧人是社会的“道德仲裁人、政治合法性的论证人”[③]。缅甸独立后，僧伽可以指导选民投票。政治竞选者要运用各种策略显示自已和僧伽的亲近关系。至今类似维拉图这类上座部精神领袖仍然在扮演着社会精英的角色：他们不仅在佛堂内，甚至在社交网络上也追随者众多。维拉图将主动攻击解释为“为了防御缅甸佛教徒的

---

① Karen Brodkin, *Making Democracy Matter*: *Identity and Activism in Los Angeles* (New Brunswick, N. J.: Rutgers University Press, 2007), pp. 18 – 23.

② Thomas Fuller, “Myanmar's Muslim Minority Confronts Fear and Mistrust,” *The New York Times*, July 2, 2013.

③ 宋立道：《传统与现代：变化中的南传佛教世界》，中国社会科学出版社，2002年版，第412页。

生存空间”，他被追随者塑造成英雄的形象，而不是攻击穆斯林的暴徒。但是严格地说，上座部佛教僧侣不足以形成独立的政治力量，这是政教分离的现代政治环境对包括佛教在内的宗教力量的一种制约。不想放弃参与政治机遇的宗教势力于是转而将宗教族际对立用作政治介入的突破口。

宗教问题极易溢出国界，当把上座部佛教主导下的宗教间张力议题置于缅甸周边更广阔的南亚和东南亚地区，缅甸并非孤例。泰国南部佛教徒与穆斯林冲突，双方都有死亡。因为南方数省人口中穆斯林占多数，官方军队在评判宗教动乱的时候不得不仰仗当地包括僧侣在内的佛教力量，或者将军营临时驻扎在寺庙内，或者直接武装僧兵作为防卫力量。[①] 斯里兰卡也存在大量以佛教之名发起的张力乃至对抗的记录，暴乱中常常不乏褐红袍身影。这些僧侣将本国穆斯林和基督教群体视为敌人。[②] 佛教民族主义组织“佛教力量”（BoduBalaSena/BBS）宣称以保护斯里兰卡民族性为己任，其由斯里兰卡多数人口僧伽罗人（Sinhalese）组建。他们以反境内10%左右人口的穆斯林为组织目标，鼓吹穆斯林人口增长过快挤占了佛教徒的言论，要求恢复斯里兰卡僧伽罗佛教传统，去除国内伊斯兰教的影响力。“佛教力量”还跨越国界支持对缅甸罗兴伽穆斯林的压迫，认为这是佛教徒必要的自我保护。缅甸的邻国政府都不

---

① Marte Nilsen, “Military Temples and Saffron-Robed Soldiers: Legitimacy and the Securing of Buddhism in Southern Thailand,” in Vladimir Tikhonov and Torkel Brekke, eds., *Buddhism and Violence: Militarism and Buddhism in Modern Asia* (New York: Routledge, 2013), pp. 40 – 42.

② Mark Juergensmeyer, *Terror in the Mind of God* (Berkeley: University of California Press, 2000), pp. 113 – 114.

希望看到缅甸的宗教问题外溢到本国本地区而影响自己治下的社会安定和宗教和睦。

佛教的传统面孔是讲求宽恕的和平主义。在国际政治领域，尤其是处于后“9·11”时代，当谈及宗教暴力、宗教冲突这些对抗性概念，佛教并不是第一个引起注意的宗教派别，然而这并不意味着佛教就免疫于族群张力。缅甸激进的佛教僧侣和信徒就接受了对其他宗教少数族裔群体，尤其是特定穆斯林群体施行压力的意识观念。

二、缅甸族群间对立的宗教解释路径

缅甸是现代南传上座部复兴佛教的三大主力国家之一。[①]南传佛教经由斯里兰卡传入泰国、柬埔寨、老挝、缅甸等东南亚国家。南传佛教在内容上传承斯里兰卡大寺派（Mahāvihāra），是推崇自己的教派为正统的上座部佛教。佛教信仰被普遍认可的宏观理解是：各教派大多追求涅槃，颂扬彼岸，寻找解脱现世苦之道，期待能够弘传佛法、正法久住。早期的南传佛教尚有部分大乘佛教、密宗等其他佛教部派的色彩，如今在东南亚地区流行的南传佛教已经完整而鲜明地形成了上座部佛法和僧团特征。

有观点认为佛教的经典文本来源相对多源，因而不太能够产生类似基督教的基要主义和伊斯兰教的原教旨主义这样极端

① 黄夏年：“现代缅甸佛教复兴与佛教民族主义”，载《东南亚研究》，1992年第6期，第60页。

化的教义解释，也因此不容易演变为宗教极端主义。[1] 但是，相应的观点则认为多来源的宗教文本却有可能提供彼此之间相互矛盾的观点，结果为后世在阐释经典上提供了主观性的选择空间。比如牛津大学出版的《宗教与暴力手册》中就明确地列举出的一系列支持暴力的上座部佛教经典。[2]

综合地来看，上座部佛教视暴力为三不善根（*akusala*），大乘佛教和藏传佛教也都基本认同这一佛教教义，区别在于对暴力谴责存在程度差异。在上座部约束出家人的佛教戒律毗奈耶（*Vinaya*）中，谋杀是四波罗夷（*parajika*）中的第三大罪，一旦触犯则将被永远逐出僧宝（*Sangha*）。另一方面，上座部戒律中又区分了有意为之杀人还是无意过错杀人之间，惩罚应具视情况而定：后者可以少受一些处罚，有的时候杀人行为如果是因为失去理智的癫狂那还可以被宽恕。出家之人如果杀害非人类，比如夜叉、妖魔，那么并不会被施以重罚，而只需要忏悔。[3] 生命被划分为人与非人的模糊区别，以致逐渐出现人在某种程度上也会有贵贱和轻重之分的观念。巴利文的编年历史文献《大史》（*Mahavamsa*）中八位阿罗汉帮助佛教君王杜

---

① Martin T. Adam and Wayne Codling, "Buddhist Perspectives on terrorism," in Bryan Rennie and Philip L. Tite, eds., *Religion, Terror and Violence: Religious Studies Perspectives* (New York: Routledge, 2008), pp. 177 - 178.

② Michael Jerryson, "Buddhist Tradiotions and Violence," in Mark Juergensmeyer, Margo Kitts and Michael Jerryson, eds., *The Oxford Handbook of Religion and Violence* (Oxford: Oxford University Press, 2013), pp. 44 - 45.

③ Michael Jerryson, "Buddhist Tradiotions and Violence," in Mark Juergensmeyer, Margo Kitts and Michael Jerryson, eds., *The Oxford Handbook of Religion and Violence*, pp. 44 - 45.

多伽摩尼（Dutthagamani）宽解他所进行的反抗泰米尔国王入侵的战争尽管有杀戮，但是却是“正义的”，是荣耀佛陀光辉的另一种方式。当然这种正义的先决条件是发起者本人是佛教徒，而被攻击方则是非佛教徒。其潜台词是非佛教徒的生命价值逊于佛教徒。将攻击非佛教徒行为正义化为光耀佛陀的解释模式在斯里兰卡佛教信众抗击泰米尔伊拉姆猛虎解放组织（Liberation Tigers of Tamil Eelam）等一系列东南亚的反抗运动中都被广泛接受。[①]

换言之，上座部的宗教经典和重要历史文献对某些情况下主动出击的确抱有谴责的立场；但是又认可在另一些情境下，为了公平决断和惩罚恶，统治者基于谨慎和冷静的判断，可以做出的反抗和战争决策，从而为暴力提供了伦理道义上的正义解释路径。后者接近国家行使合法性暴力的范畴。比如《弥兰王问经》（*MilindaPanha*）和《长部》（*DighaNikaya*）中《起世因本经》（*Aggabbasuttam*）和《轮转圣王狮子吼经》（*Cakkavattisuttam*）对国王享有生杀予夺大权的部分章节。[②]

需要强调的是，上座部佛教经典同时也提供了大量的支持非暴力和反对战争的观点，比如《法句经》（*Dhamapada*）第183偈“诸恶莫作，众善奉行，自净其义，是真佛教”。1993年芝加哥召开的“世界宗教议会”会后发表尝试建立全球性伦理标准的《全球伦理宣言》，宣言中与佛教思想相

① Paul Demiéville, “Buddhism and War,” in Michael Jerryson and Mark Juergensmeyer, eds., *Buddhist Warfare*, p. 17.

② Michael Jerryson, “Buddhist Tradiotions and Violence,” in *The Oxford Handbook of Religion and Violence*, pp. 44–45.

关联的条文“在我为不见不喜不悦这，在人亦如是。我何以能以己之不喜不悦加诸他人”，此句即取材于南传上座部经典。[①]

维持宗教间张力能获得上座部佛教宗教层面的认可还与宗教政治化之后出现的具有现代性的宗教政治规范有关。具体而言，宗教民族主义、宗教沙文主义和宗教民粹主义都能够利用上座部佛教的平台得到系统的权威的正当性。宗教感情、宗教自信过度膨胀，引起宗教民族主义和宗教沙文主义，侵蚀着宗教平和交往的基础。佛教民族主义将佛教与民族特质和传统相联系，成为集合民族认同、反抗压迫的重要意识形态。按照黄夏年的总结，佛教在缅甸所表现出来的宗教民族主义曾经在殖民时期因为争取与基督徒平等待遇而导致了与基督教之间的冲突。[②] 上座部佛教与民族结合的一个表现是宗教仪式和民俗节日习俗密切相关。宗教性与民族性一旦出现较为模糊的现象，期待维持张力状态的群体偏好利用了宗教这一普适性更广的意识形态来支撑其原本属于民族斗争的行为。[③] 近年来，缅甸上座部佛教的政治化还出现了从宗教民族主义走向宗教民粹主义的倾向，也就是反殖民的民族斗争不再具有足够的合理性的时

① 黄夏年：《佛教伦理的现代意义——全球伦理视域下的考察》，载《北京行政学院学报》，2003 年第 6 期，第 65 页。

② 黄夏年：《现代缅甸佛教复兴与佛教民族主义》，载《东南亚研究》，1992 年第 6 期，第 62 页。

③ BénédicteBrac de la Perriére, “Being a Spirit Medium in Contemporary Burma,” in Kirsten W. Endres and Andrea Lauser, eds., *Engaging the Spirit World: Popular Beliefs and Practices in Modern Southeast Asia* (Oxford: Berghahn Books, 2011), p. 5.

候，基层民众将不公平的社会现实归咎于其他宗教群体的竞争，将对当前政府政治统治不作为的不满诉诸实际的反抗行为。

近些年广受西方媒体关注的缅甸强硬派佛教僧侣的表现则更接近宗教沙文主义。现年46岁的维拉图是曼德勒市新马苏因僧院（New Maesoeyin Monastery）的住持，也是激进的缅甸969佛教民族主义运动（969 movement）的精神领袖。969三个数字的佛教典故来自于9个佛祖特质、6个教法特质和9个僧侣特质，应和佛教的佛陀、教法、僧伽三宝。[①] 这位争议性人士自认为遍访全国为佛教徒和穷苦人讲经布道。但他的讲经内容推动佛教至上观念，却又以宽容为名宣扬暴力，在信众中煽动顽固而偏执的宗教敌对和宗教歧视思想，鼓吹暴力合法性。维拉图的公开演讲中，缅甸少数族裔穆斯林被妖魔化：他们被形容为寄生虫，是对国家安全（national security）和族群纯净（racial purity）的威胁，是佛教徒的敌人。尽管维拉图本人没有直接参与缅甸境内的多次宗教冲突，但是仍然有严厉的评论将他判定是极端主义者，其依据基于：无差别抵制其他宗教群体，不禁止攻击平民；有别于宗教冲突常见的攻击庙宇教堂清真寺这些宗教敬拜处所，而鼓励攻击其他宗教群体的包括常规商业活动场所在内的基本公共性设施，目的在于限制对方的正常生活和发展；鼓吹一定时期内，种族的宗教纯洁的重要性高于自由民主。

宗教激进派是为佛教地位而争还是为缅族而争的政治目标，在很多情况下是含混的。比如为了抗议《时代》将维拉

① Hannah Beech, "The Face of Buddhist Terror," *Time*, July 1, 2013, p. 1.

图定位为佛教极端主义者的报道，2013 年 6 月 30 日上师和 969 运动的支持者在缅甸仰光街头发起一场抗议活动，他们游行的宣传条幅上强调上师“不是极端主义者，而是种族、语言和宗教的保护者”，其所称谓的和平未必是当前与其他宗教族群和平相处的状态，事实上以保护之名实施暴力，是宗教沙文主义思想下，希冀在一个地区取得独大的控制权力，制约任何其他宗教发展和壮大。

僧侣作为上座部佛教最直观的代表，他们往往是道德权威，民众的宗教认同心理内涵也往往是由僧侣阶层塑造的。缅甸僧侣受普通信众的尊重和供养，其活动范围从私人生活领域的婚丧嫁娶，到公共生活领域的国家大典，深入到社会生活的多重层面。庞大的上座部佛教社会和文化根基也为实现佛教精英的政治理想提供了保障。曾经在反抗殖民侵略的过程中，受民众爱戴的僧伽领袖比如吴欧德马就事实上扮演着民族解放运动的事实领导者。外界看来的解释矛盾在于：宗教张力的主导方佛教群体一方面承认佛教不可以具攻击性，另一方面却又认可佛教人士有所谓保护和防御自身社群的权力乃至义务。这一暧昧的态度也使得缅甸僧伽中产生分歧。有的僧侣在这期间做了向其他宗教团体施暴的代理人，但其本人对暴力的立场也常常分裂，比如维拉图就反对警察在制止宗教冲突过程中对僧侣和信众使用国家公权力的暴力。类似的反国家暴力的立场还曾出现在僧侣反政府示威的 2007 年 9 月“袈裟革命”（Saffron Revolution），他们手持钵盂，但又勇敢地走在游行队伍前列，这些情绪化的形象博得了西方世界的同情感动甚至认可。还有许多僧侣至今仍致力于要求释放仍被关押的当年示威僧侣。[①] 支持缅甸政治改革的僧侣同样不反对高强度张力，他们的宗教解释在于佛教本身赋予了僧侣们道德责任，他们有义务保卫信众脱离苦难的殖民统治和军政府统治，但是这些僧侣又不支持维拉图式的激进宗教歧视性的暴力。同样面临国内佛教与伊斯兰教冲突的缅甸和斯里兰卡都认为时代周刊以佛教极端主义为题目的报道损害了佛教形象，伤害宗教感情，可能引起紧张事态，而对这一期杂志发布禁售令。

缅甸佛教与政治结合能够加强政治合法性，并在历史上数度获得成功，源于上座部佛教从意识形态和传统两方面都可以巩固政治系统。[②] 缅甸上座部佛教的宗教性格是伴随着国家的政治动荡、族裔纷争、军人强势执政这些外部因素共同塑造。[③] 缅甸大多数上座部佛教信徒仍然保留一生至少出家一次的传统也保证了强大的人口支持。历届缅甸政府没有刻意疏远国内宗教少数派，[④] 只是客观地说上座部佛教群体能给予的更

① The Economist, "Buddhism v Islam in Asia: Fears of a new religious strife," *The Economist*, July 27th, 2013, pp. 35 – 36.

② John P. Ferguson, "The Quest for Legitimation by Burmese Monks and Kings: The Case of the Shwegyin Sect (19th-20th Centuries)," in Bardwell L. Smith, ed., *Religion and Legitimation of Power in Thailand, Laos, and Burma* (Chambersburg, PA: Anima Books, 1978), p. 66.

③ Alex M. Mutebi, " 'Muddling Through' Past Legacies Myanmar's Civil Bureaucracy and the Need for Reform," in Kyaw Yin Hlaing, Robert H. Taylor and Tin MaungMaung Than, eds., *Myanmar: Beyond Politics to Societal Imperatives* (Singapore: ISEAS, 2005), pp. 150 – 153.

④ Donald Eugene Smith, *Religion and Politics in Burma* (Princeton, New Jersey: Princeton University Press, 1965), p. 312.

多：能赋予宗教光环的政治支持，能提供民族凝聚来源，还能够协助摒弃独裁和军政。

当前在缅甸发生的宗教间张力的核心追求是国家宗教单质化，在上座部佛教给予张力以合法性之后，攻击行为的客体逐渐集中于穆斯林群体。极端的观点是，穆斯林生育意愿和生育数量上都高于佛教信徒，因此会在人口比例上消弱国家的佛教特色。支持者相信，佛教女孩如果与穆斯林男孩结婚，那么会被要求改宗，这有利于伊斯兰教发展却损害了佛教信徒人口，所以需要严格地反对以致限制跨宗教、跨族裔通婚，除非穆斯林丈夫愿意转宗信仰佛教。[①] 目前看来缅甸官方主流佛教组织并不支持这类明显具有反穆斯林针对性动议法律化。尽管部分拥护者的应对形式是加强张力，但是却反映了当前缅甸上座部佛教群体的生存忧患：这些人把伊斯兰教视为外来宗教和他者，认为穆斯林们在推进亚洲伊斯兰化，正向余下的佛教圈呈包围之势。向宗教少数族裔穆斯林施暴，既是施动者在自然和经济发展焦虑下的危机意识，又反映了继续发展传播自身宗教信仰的欲望，也是全世界反恐浪潮之后伊斯兰恐惧症的表现。

三、缅甸信仰少数派族裔的应对和局限

缅甸穆斯林群体长时间是世界反恐怖主义环境下被忽视

① Thomas Fuller, "Myanmar's Muslim Minority Confronts Fear and Mistrust," *The New York Times*, July 2, 2013.

的受害群体。当集体具有伊斯兰恐惧症的时候，穆斯林群体遭遇的反对甚至迫害变得似乎并不背离自由主义的政治理想和原则，善恶界限变得模糊。伊斯兰恐惧症语态下，穆斯林等同于暴力的宗教偏见深入人心，反而忘却自己也可能是施暴者。彼得·伯格（Peter Berger）分析全球市民社会组成时注意到伊斯兰教复兴主要发生在包括东南亚在内的传统穆斯林世界，但彼得·伯格沿袭西方新教思维，认为伊斯兰教天然具备暴力属性。[①] 缅甸是宣扬宗教表达自由的国家，宗教实践也是多元化的，但宗教少数族裔穆斯林却又是事实上宗教歧视环境中遭受社会敌视、制度化歧视、抢劫、纵火、直接人身的受害者。

穆斯林人口在6000万缅甸总人口中大约占5%左右（官方数据4%），[②] 主要的族裔构成为：印度裔穆斯林、罗兴伽人、华裔穆斯林、马来裔穆斯林、穆斯林女性与外国男性穆斯林通婚后的穆斯林后代等（图1）[③]。

---

① Peter Berger, "Religion and Global Civil Society, II," in Mark Juergensmeyer, ed., *Religion in Global Civil Society* (Oxford: Oxford University Press, 2005), p. 18.

② Greg Fealy and Virginia Hooker, *Voices of Islam in Southeast Asia: A Contemporary Sourcebook* (Singapore: ISEAS Publications, 2006), p. 25.

③ Michale Berry Hooker, *Islam in South-East Asia* (Leiden: E. J. Brill, 1983), pp. 168 – 169.

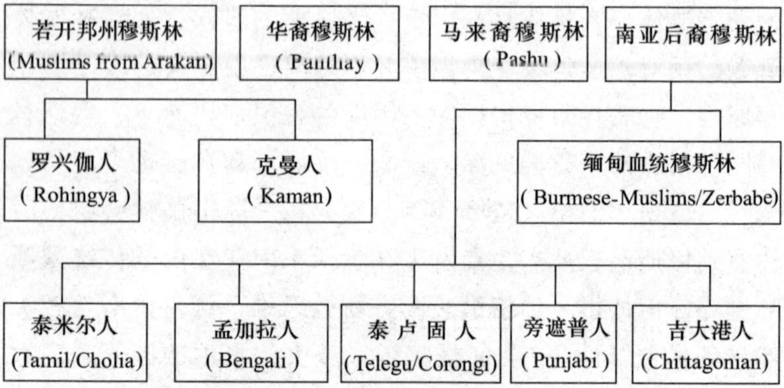

图1　缅甸的主要穆斯林族群

缅甸地理位置靠近印度，国内的穆斯林最主要的是印度移民和移民后裔，主要属于逊尼派不是激进伊斯兰。缅甸穆斯林聚居地区集中于缅甸沿海的若开邦，而周围几乎都是佛教徒。伊斯兰教1430年传入缅甸，缅甸穆斯林人口数字在英国殖民缅甸期间迅速增长，一方面是源于该时期大量印度裔移民迁入缅甸，另一方面也是因为英国对缅甸佛教徒的歧视性管理政策所致。[①] 因此伊斯兰教伴随着缅甸本土居民对入侵者痛恨、排外的殖民记忆。1938年缅甸人反穆斯林暴乱就正是这一仇恨情绪引发的。将伊斯兰教视为缅甸外来宗教是有失公允的。包括缅甸在内广大的东南亚地区上座部佛教也恰恰是公元初由印度移民在与该地区经商交流活动中，将包括婆罗门教和上座部佛教的宗教信仰慢慢传入，并由当地民众接受继承下来。直到

① 经济学人杂志评论缅甸近期的宗教冲突应归咎于英国殖民政策安排设计之初就希望维持如今这样的族群对立冲突状态。The Economist, "Buddhism v Islam in Asia: Fears of a new religious strife," *The Economist*, July 27th, 2013, pp. 35 – 36.

公元1世纪之后，东南亚地区的婆罗门教等才受到源自伊斯兰教商人和孟加拉国影响的阿拉伯伊斯兰教文化冲击，而逐渐式微。

许多缅甸穆斯林几代人都出生于缅甸，他们自认为是缅甸人，不认可客居的身份标签，更强调自己也是反对军政府专政、争取缅甸民主化的参与者，是融入缅甸式生活的积极实践者。然而2012年和2013年的宗教事件之后，曾经同村而居的佛教徒顾客们引用宗教极端言论去否认穆斯林们的国民身份，抵制穆斯林商业，这让穆斯林们感到被缅甸佛教国民背叛了。冲突过后，不仅是若开邦的穆斯林，更大范围的穆斯林都在担心自己会成为下一轮对抗的受害者。而若开邦的将近14万穆斯林被迫寄居在远离城市的难民营，期望自己能免于新的攻击，也希望有条件的话可以逃离到周边对穆斯林相对友好的国家。因为使用的古兰经等宗教经典文本的版本不同，一些接受来自阿拉伯世界的古兰经和原教旨主义文献宗教教育的伊斯兰教原教旨主义团体不认为缅甸现今的穆斯林是真正的穆斯林，因而不值得予以支持。

缅甸穆斯林以经商为主要传统职业。一些激进者认为穆斯林的商业行为损害了佛教徒的经济利益。缅甸穆斯林用数字“786”标记穆斯林社区的商铺，数字是用来代表和颂扬“以悲悯和仁慈的安拉之名，”（*bismillah-ir-rahman-ir-rahim*），这也是南亚穆斯林的传统数字表达形式。[①] 而佛教极端主义者把

① Alex Bookbinder，“969：The Strange Numerological Basis for Burmaś Religious Violence，” *The Atlantic*，April 9，2013，http：//www.theatlantic.com/international/archive/2013/04/969-the-strange-numerological-basis-for-burmas-religious-violence/274816/.

这些标注在穆斯林经营商铺门前的数字标识视作伊斯兰教将征服缅甸的信号。969 佛教民族主义运动就是迎合这种社会情绪，用数字 969 指代 786 的宇宙相反面，以安抚那些对“伊斯兰教扩张”的恐慌，进而凝聚起反伊斯兰的佛教力量。

在争议性的重要宗教敬拜场所、宗教圣地归属这些宗教冲突常见的矛盾问题方面，缅甸穆斯林和佛教徒之间也不乏龃龉。正如印度寺院之争一样，这类宗教寺院归属的争议总是会伤害到宗教情感，触及到宗教利益。比如罗兴伽穆斯林也曾经宣称妙乌（Mrauk U）的上座部佛教寺院历史上原本是罗兴伽清真寺。穆斯林在进入缅甸的早期一度建起的被称为 Buddermokan 的特殊清真寺，虽然是清真寺，但是对穆斯林、佛教徒、印度教和中国人都呈欢迎态度，对这些其他宗教群体都可以是神圣处所。[①] 简言之，在争议宗教处所的所有权问题上，缅甸穆斯林的立场是相对温和和退守的，当然这相当程度上也是穆斯林不可否认的弱势地位造成的。

缅甸基层警察中的穆斯林比重微乎其微。宗教事件之后，地方政府也完全无意提高警察中的穆斯林数量。具体到卷入两个宗教群体的治安事件，即便有针对佛教暴徒的逮捕行为，然而被捕佛教徒们最终大都被宽容对待了。缅甸穆斯林认为政府提供的治安条件恶劣，于是开始以伊斯兰教社区为单位，组织起武装的居民联防队进行自卫和自救。自卫是否会演变为主动防御，这既给新政府带来治安难题，也加重了宗教族群双方的不安全感。

缅甸穆斯林和宗教亲缘群体中，存在使用圣战的观念作为

① Godfrey Eric Harvey, *History of Burma*（London：Cass，1967），p. 137.

摆脱受害者身份的主动应对措施。圣战概念也被维拉图等激进佛教徒在传法的过程中引证：告诫追随者们要警惕缅甸穆斯林发起针对缅族人和缅甸的圣战。在不少东南亚穆斯林眼中，无论在全球层面还是在所生活的国家内部，非穆斯林群常常不公正地对待他们。缅甸境内发生宗教事件之后，紧接着，生活在邻国马来西亚的几名缅甸裔佛教徒就死于同样寄居在马来西亚的缅甸裔穆斯林挑起的报复。[①] 激进穆斯林艾布·巴卡尔·巴希尔（Abu Bakar Bashir）在马来西亚号召发起针对缅甸佛教徒的圣战。[②] 罗兴伽人 1982 年成立的“罗兴伽团结组织”（Rohingya Solidarity Organization/RSO）、1987 年成立的“若开邦罗兴伽伊斯兰阵线”（ArakanRohingya Islamic Front/ARIF）、1995 年成立的“罗兴伽民族联盟”（Rohinya National Alliance/RNA）、1998 年成立的“若开邦罗兴伽民族组织”（ArakanRohingya National Organization/ARNO）都是试图反抗宗教压迫的军事化倾向努力，然而上述组织近十年来都被政府严格控制限制发展了。“9·11”事件之后曾有报道称大约 100 名罗兴伽人在阿富汗受训成为恐怖主义者，但是大多数人并没有能够再回到缅甸而滞留在了巴基斯坦。[③]

① International Crisis Group，“The Dark Side of Transition：Violence Against Muslims in Myanmar（Asia Report N° 251），” *International Crisis Group*，Oct 1，2013，http：//www. crisisgroup. org/en/regions/asia/south-east-asia/myanmar/251-the-dark-side-of-transition-violence-against-muslims-in-myanmar. aspx.

② Michael Bachelard，“Bali Terror Leader Calls for Jihad against Myanmar，” *The Sydney Morning Herald*，May 3，2013.

③ B. Lintner，“Bangladesh：Breeding Ground for Muslim Terror，” *Asia Times*，Sep. 21，2002.

缅甸全境有400多个穆斯林组织，大多数没有得到政府的合法登记。[①] 根据人权观察的统计，其中众多的组织保留强烈的族裔特质，而伊斯兰传统作为其文化内核的一部分一直保留下来，并且在清真寺建筑风格、伊斯兰学校教育模式等多方面得以表达。[②] 相比较而言，获得官方认可的“伊斯兰宗教事务委员会”（Islamic Religious Affairs Council）、“缅甸穆斯林组织”（Myanmar Muslim Organization）等缅甸伊斯兰组织则有了更为现代和宏观的发展观：他们并不希望缅甸伊斯兰教掺杂过多的南亚因素，反而希望重视缅甸本土文化内涵的一些信仰行为，比如仅用缅甸语讲经布道或者发行缅甸语的伊斯兰教出版物。这些更为广泛的全国性组织所做的是更加融入缅甸社会的努力，避免因为信仰差异而成为仇视的目标。总的来说，缅甸的穆斯林相对而言是游离于整个缅甸社会之外的，并且无论是国际观察人士还是国内的穆斯林群体都对族群融合的未来并不乐观。

宗教事件集中爆发后，数量众多的缅甸穆斯林逃离缅甸，在马来西亚和新加坡等周边国家寻求庇护，成为难民。难民会为东道国带来外交困境。这些人的去向带来双边政治交往难题问题，需要谈判和签订双边协议。20世纪70年代末，缅甸的穆斯林难民大量逃往孟加拉国，造成孟加拉国政府不堪难民援

---

① 许利平等著：《当代东南亚伊斯兰发展与挑战》，时事出版社，2008年版，第85—86页，第120页。

② Human Right Watch, “All You Can Do Is Pray: Crimes Against Humanity and Ethnic Cleansing of Rohingya Muslims in Burma’s Arakan State,” *Human Right Watch*, April 22, 2013, p. 11, http://www.hrw.org/reports/2013/04/22/all-you-can-do-pray-0.

助救济开支，引发两国政治矛盾。受困的缅甸穆斯林受哪些外国援助也是现实的国际政治问题。70 年代石油输出国组织曾经表达过对缅甸穆斯林兄弟的关心。当前的缅甸佛教徒也非常担忧中东的经济援助会流入缅甸用于建立新的清真寺。朝觐问题同样属于跨国关系议题。在缅甸，政府对资助本国穆斯林赴麦加朝觐并不热衷。[①] 当然这也同缅甸特殊的政治局面有关，例如缅甸国内并没有沙特阿拉伯大使馆等等。宗教的跨国属性会带来境外宗教事件激发国内宗教冲突的被动局面。2001 年巴米扬大佛被塔利班摧毁事件激发了缅甸实兑、卑谬（Pyay）、东吁（Taungoo）、勃固（Bago）等多个城市佛教徒与穆斯林之间暴乱。[②]

缅甸穆斯林的处境激发了其他非上座部佛教宗教少数族裔，包括无信仰者的生存忧虑。比如缅甸基督教钦族人认为穆斯林与佛教徒之间的宗教裂痕只会加剧他们这个更为少数的族裔在整个缅甸政治生态下的困难处境。外国传教士将基督教传入缅甸，尤其是福音派和浸信会在缅甸钦族中接受者众。钦族将福音传道在缅甸受到严格限制等境遇对外解释为宗教的受害内容，借由此换得众多亲缘宗教派别的西方宗教组织的经济支援甚至争取独立自治的政治支援，钦族个体也可以藉此移民欧

① Eric Tagliacozzo, *The Longest Journey*: *Southeast Asians and The Pilgrimage to Mecca* (Oxford: Oxford University Press, 2013), pp. 234 – 235.

② Human Right Watch, "Crackdown on Burmese Muslims," *Human Right Watch*, July 2002, pp. 4 – 7, http: //www. hrw. org/legacy/backgrounder/asia/burmabck. htm.

美国家。[①] 缅甸宗教文化的少数种族的应对从另一方面证明，除非缅甸真正实现政治与宗教的彻底分离，否则联邦很可能走向分裂。[②] 贸然自治只会造成无法自理的严重冲突累积，南泰国的经验就证明了自治从来不是解决宗教冲突的方法，[③] 否则只会将社会矛盾激化为分裂主义，加大了政治治理难度。

缅甸整体政治结构都为佛教优先，佛教偏好造成了系统化的宗教偏见，助长了极端的佛教群体公开反对与穆斯林共存的局面。同样是上座部佛教影响深远的泰国，其南部的佛教与伊斯兰教宗教冲突没有进一步蔓延到泰国全境很大程度上得益于相对成熟良性运转的泰国政治制度。国王和政府共同约束着佛教群体，使之不至于脱离有效的政治约束。[④] 缅甸则不然。吴努（U Nu）政府时期 1947 年的《缅甸联邦宪法》，1950 年的《佛教组织法》、《巴利语大学与达摩师法》、《巴利语教育局法》，以法律的形式给予缅甸佛教以巨大的发展空间，独立的缅甸联邦宪法多强调国家层面对佛教特殊地位的保证。历届政府多次举办有助复兴佛教的大型活

---

① Lian H. Sakhong, *In Search of Chin Identity*: *A Study in Religion*, *Politics and Ethnic Identity in Burma* (Copenhagen: NIAS Press, 2003), p. 106.

② 宋立道：《神圣与世俗——南传佛教国家的宗教与政治》，宗教文化出版社，2000 年版，第 198 页。

③ Chaiwat Satha-Anand, "When Autonomy is not an option? Governing Violence in Southern Thailand," in Rajat Ganguly, ed., *Autonomy and Ethnic Conflict in South and South-East Asia* (London: Routledge, 2012), p. 153.

④ Michael Jerryson, "Militarizing Buddhism: Violence in Southern Thailand," in Michael Jerryson and Mark Juergensmeyer, eds., *Buddhist Warfare*, p. 179.

动，展示“弘扬佛法”的愿望。① 缅甸的政局近一个世纪来经历数次重大震荡，一方面民众对各方面不公有积怨，另一方面政府并没有试图摆脱推动民众对单一宗教的热忱的倾向；于是把仇恨指向宗教少数族裔在一些政治活动家看来是转移矛盾的有效措施。为避免冲突后激化宗教矛盾，缅甸地方政府几乎不提供新建清真寺的土地，仰光墓地迁移至郊外的时候并不顾及穆斯林宗教丧葬习俗，不给予在缅甸生活的一些穷困穆斯林以缅甸国民身份。

2011 年 3 月 30 日吴登盛（TheinSein）宣誓就职以来，新政府施行了一系列政治改革，其中包括放松新闻控制，取消新闻审查，向国内外开放媒体等一系列举措。② 一旦政治发展尚不够成熟但刻意地施行自由，反而把严苛政治体制下压制住的宗教对抗激化到外在层面上来，社会主要矛盾被转移为宗教对立。反对党领袖昂山素季（Aung San SuuKyi）同样在有效阻止本国宗教间张力问题上没有真正建树。在释放政治自由空气的同时，也给之前曾经受限制的宗教间张力等不安全信息提供了传播渠道。维拉图的 youtube 用户正是从 2011 开始活跃，并且追随者增长迅速。日渐西方式民主化的缅甸政府，在塑造和平温和政府形象的同时，不应该忽视保卫国民基本安全的努力。否则只会是解决了旧的民间武装问题，却产生了新的宗教群体张力问题。宗教张力问题和之前的武装势力相比更为错综

① 黄夏年：“现代缅甸佛教复兴与佛教民族主义”，载《东南亚研究》，1992 年第 6 期，第 60 页。

② 李晨阳：“2010 年以来的缅甸政治转型评析”，载李晨阳主编：《缅甸国情报告（2011—2012）》，社会科学文献出版社，2013 年版，第 69 页。

复杂：其一，宗教的群体其组织性没有其他反政府武装那么强，因而政府无法仅仅通过和单一组织和谈就可以得以普遍解决。其二，宗教仇视一旦根植于民众心理，会伴随信仰本身的发展而持续寄生存在，政府层面除非用强制政治手段人为压制张力的外在表现，但要根本解决心灵层面的恐慌，仍然不是短期内可以实现的政治目标。

简短结语

20 世纪 60 年代出版的《缅甸的宗教与政治》一书中解释缅甸反英国殖民运动能够和佛教、僧伽结合的原因在于六点：其一，僧人在英国统治下其社会政治地位受到了损害；其二，僧人是缅甸这个农业国家中乡村政治的实际权威指导者；其三，僧人具有自由的流动性、不易受到控制；第四，出家人无可失去，也就导致统治者很难施加惩罚和管制；其五，僧人受信众尊重；其六，佛寺遍布缅甸国内各个村落，庙宇很容易形成民众成规模社会活动的召集处，并且庙宇也具有天然的组织网络化优势。[①] 史密斯的评论没有涉及上座部佛教文化体系中寺庙学校的作用，也没有具体谈到僧侣在讲经布道中所传播具体内容的影响力。不过这些原因仍然有生命力。新时期的缅甸僧侣其潜在逻辑与反抗英国殖民的时候有一定的类似，比如面临了外来威胁。至于威胁的程度则有不同的解读罢了。

① Donald Eugene Smith, *Religion and Politics in Burma*, pp. 31 – 34.

然而无关乎参与者的宗教背景，不信任带来谣言，伤害和平信心，不利于动荡国家的和平与发展。毕竟激起对抗的言论和暴力本身都不是解决问题的合理手段，它们只会招致反抗和下一轮报复。维拉图上师在 2013 年 7 月就在曼德勒讲经时受到过炸弹袭击，周围五人轻微受伤，在维拉图看来爆炸是穆斯林极端主义者的报复行为。[①] 宗教不应是国际关系中的不安因素，宗教更吸引人的应是社会关怀，[②] 是理论和实践层面都应为善的一面。无论是宗教精英还是宗教普通信徒都不得不尊重和接受宽容多元的宗教未来，而不是将他者贴上“外来宗教”标签固执地加以排斥。

而随着缅甸政治气氛的松动，西方对缅甸长期制裁已经多被取消。而缅甸近年出现的宗教间张力还没有引起西方，尤其是美国官方的直接干预。一定程度上，这种选择性忽视和佛教在美国成熟的平和形象有关，另一方面也是源于基督宗教为主的西方国家，对于缅甸上座部佛教主导下的宗教间张力的了解程度和批判普及度还比不上对其他宗教的极端主义。然而这又是个渐进的认识过程。西方已经开始反思是否对宗教冲突存在双重标准——对穆斯林极端主义者抱有高度警惕和敌视，但是对佛教极端主义者却极为宽容直至有默许的倾向。缅甸上座部

---

① Martin Petty，“Radical Myanmar Buddhist Monk Unhurt in Bomb Blast，” *Reuters*，Jul 22，2013，http：//www. reuters. com/article/2013/07/22/us-myanmar-explosion-idUSBRE96L05D20130722.

② Timothy D. Sisk，“Introduction：Religious Leaders，Conflict，and Peacemaking，” in Timothy D. Sisk，ed.，*Between Terror and Tolerance：Religious Leaders，Conflicts，and Peacemaking*（Washington，D. C.：Georgetown University Press，2011），p. 1.

佛教主导的宗教间张力状态如果一直不得到缓解，长期看来会对佛教的身份和世界传播造成负面影响。

缅甸总统吴登盛为维拉图做出了辩护，认为《时代》的报道破坏了缅甸政府在缅甸信仰族群间重建信任的努力，也忽视了缅甸僧伽对和平做出的正面贡献。[①] 维持宗教间张力的支持者也在外部环境的压力下调整公开应对策略，即便维拉图本人于《时代周刊》的文章发表之后，再接受新的采访时也不承认自己是激进佛教徒，而强调其传道的主旨是推广和平。某种程度上，缅甸执政当局希望能够继续聚合包括维拉图在内的缅甸宗教领袖，聚合国内反对党，与媒体建起共识，一起避免继续出现宗教冲突事件，而不愿意直接谴责宗教刺激宗教群体。

缅甸宗教张力问题的解决同时具有关系到中国外交和国家安全的长远意义。公元七世纪上座部佛教由缅甸统治的清迈传入中国云南西双版纳的傣族中。缅甸与中国，尤其是云南傣族关系密切。[②] 若开邦和密铁拉骚乱后我国也接收了一定数量的缅甸穆斯林难民。佛教承载了民间仁义教化的国际交往愿景，抗日战争期间，中国曾经为东南亚国家抗战而组织僧人救护队直接参战。[③] 宗教是中国对外文化交流的载体和

① BBC News Asia, “Burmese Leader Defends ‘Anti-Muslim’ Monk Ashin Wirathu,” *BBC*, June 24, 2013, http://www.bbc.co.uk/news/world-asia-23027492.

② 净海：《南传佛教史》，宗教文化出版社，2002年版，第187页。

③ 黄夏年：“发挥佛教的民间外交功能”，载《法音》，2012年第7期，第30页。

纽带。[1] 一个和平稳定的周边佛教环境显然更有利于我国佛教界与周边国家佛教界的公共外交。2014 年缅甸是东盟的轮值主席国，其国内的宗教群体张力既有可能演变为更加严重的国际性问题，但也可能藉此获得了更透明有效的国际调解平台和机遇。

---

① 卓新平、徐以骅、刘金光、郑筱筠："对话宗教与中国对外战略及公共外交"，载《世界宗教文化》，2012 年第 4 期，第 35 页。

试论当前主权国家体系的“现代性困境”*

• 王首贞

［内容提要］　本文立基于后冷战时期多元文明相遇的时代背景，以全球化趋势下国际政治领域的宗教回归为前提，汲取国际关系理论英国学派和新近建构主义范式的方法论元素，尝试通过探究现代性与主权国家体系之间的“共生”特征以及宗教之于这一双重的社会和政治发展进程的影响，论述当前主权国家体系的“现代性困境”。文章在探究宗教或传统与现代性之间的历史关联、现代政治范式的多元实践，以及宗教对于国际道德或国际政治伦理形成的重要作用基础上指出，尊重不同的宗教与文化传统、接纳多元文明背景下多元的主权诉求，是全球化时代维系威斯特伐利亚式的现代主权国家体系之稳定、确保

* 本文得到国家社科基金项目（14CZJ018）资助。

现代国际体系实现自我调适的行之有效途径。

随着20世纪80年代末冷战的结束和经济全球化进程势如破竹地推进，自17世纪以来延续数百年之久的威斯特伐利亚式的主权国家体系当前正在经受着前所未有的考验[①]。不仅市场的全球扩张推动非国家行为体如通常所见的跨国公司与各种国际组织等作为制度层面的要素在国际舞台上发挥日益重要作用[②]，而且更重要的是在后冷战时期的国际政治舞台上，不同宗教或文化传统碰撞而导致的文明间冲突似乎有愈演愈烈之态势。特别是20世纪70年代末伊朗革命的成功实践、政治伊斯兰运动的蓬勃发展看似正在根本性地挑战着威斯特伐利亚式的主权国家体系[③]，并因此使得“全球政治的文化重构”成为摆

① 冷战结束后有关国家主权及与之密切相关的国际体系转型问题已成为学术界关注的一个热点。相关研究可参阅王逸舟：《当代国际政治背景下的国家主权问题》，载《欧洲》，1993年第6期；曹泳鑫：《主权国家体系的制度生成及其思想基础》，载《欧洲》，2001年第6期；秦亚青：《国际体系的延续与变革》，载《外交评论》，2010年第1期；俞可平：《论全球化与国家主权》，载《马克思主义与现实》，2004年第1期；张建新：《后现代视野中的国际体系——全球化和新中世纪主义体系观之比较》，载《世界经济与政治》，2003年第6期；段元秀：《论国家主权的变动及新型国家主权观的建构》，陕西师范大学硕士学位论文，2002年4月，等文。

② 有关非国家行为体与当代国际政治的研究，可参阅苏长河：《非国家行为体与当代国际政治》，载《欧洲》，1998年第1期。

③ 关于政治伊斯兰及其对当代国际政治影响之研究，可参阅［美］格雷厄姆·E. 富勒、曾强：《“政治伊斯兰”现象解析》，载《西亚非洲》，2006年第4期；钱雪梅：《政治伊斯兰意识形态与伊斯兰教的政治化》，载《西亚非洲》，2009年第2期；林海虹、田文林：《中东转型中的政治伊斯兰运动评析》，载《现代国际关系》，2013年第8期；方金英：《中东政治伊斯兰的发展趋势》，载《现代国际关系》，2013年第3期。

在国际政治学者面前的迫切任务，中国国际关系学界建构国际关系理论“中国学派”的努力正是这样的开拓之举。历史地考察，主权国家体系的这一当代挑战恰恰与处在西方启蒙传统中的现代文明当前所陷入的困境并行不悖——这一发端于西欧的现代文明是在打破中世纪欧洲天主教会信仰权威的基础上生长起来，并逐渐在制度和社会意识层面被赋予更加丰富的内涵。换言之，当西方式现代文明的全球扩张进程实际地遭遇亨廷顿意义上多元文明冲突的挑战时，同样起源于欧洲并在两次世界大战后逐渐覆盖到全球各个地区的、以主权国家（或民族国家）为主导行为体的威斯特伐利亚国际体系亦同步遭遇“现代性困境”——伊斯兰世界的政治现实正在令这一现象更加明显。

那么，西方的现代性与主权国家体系间有着怎样的内在关联或表现出怎样的“共生”特征？这种现代性的相对式微（更确切地讲是遭遇瓶颈）如何导致当前国际政治舞台上主权国家体系的“现代性困境”？宗教对于这一双重的社会和政治发展进程有着怎样的影响？这正是文中提出并尝试予以解答的问题。赫德利·布尔（Hedley Bull）教授曾指出“历史不但是研究国际关系的起点，也是国际关系学理论必不可少的指南和矫正，因为它会不断地提醒我们，对世界政治的经验归纳是有局限的”①。有鉴于此，文章立足于国际关系建构主义范式理论预设中对观念和文化要素的重视②以及英国学派对于国际

① ［加］罗伯特·杰克逊、［丹］乔格·索伦森著，吴勇、宋德星译：《国际关系学理论与方法》，北京：中国人民大学出版社，2012 年版，第 247 页。

② 有关建构主义理论的系统研究，可参阅秦亚青：《建构主义：思想渊源、理论流派与学术理念》，载《国际政治研究》，2006 年第 3 期。

关系中规范和价值的强调①，应用源于“哲学、历史与法学”的方法，以当前国际政治舞台上宗教复兴的现状为背景，试图通过梳理宗教、现代性与主权国家体系之间的历史关联、揭示现代性与主权国家体系间的“共生”特征以及现代主权国家体系的动态发展特征，探讨后冷战时期主权国家体系可能的未来走向（见图1）。

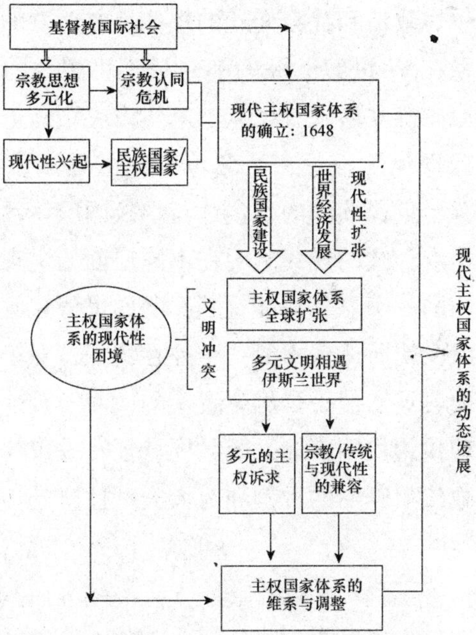

图1　宗教影响现代主权国家体系的路径

① ［加］罗伯特·杰克逊、［丹］乔格·索伦森著：《国际关系学理论与方法》，第121—122页；郭树勇：《建构主义与国际政治》，北京：长征出版社，2001年版，第3—13页；约瑟夫·拉彼德、费里德里希·克拉托赫维尔主编：《文化和认同：国际关系回归理论》，杭州：浙江人民出版社，2003年版，第144—145页。

一、现代性与主权国家体系的“共生”特征

现代主权国家体系的演变、确立和扩张进程表明，它与同样发端于欧洲的现代性表现出一定的“共生”关系①。如果没有承载着思想、政治和社会变迁的现代性在西欧的兴起，现代主权国家体系在17世纪欧洲的确立是不可想象的。同样，如果不是主权原则确立后现代民族国家建设突飞猛进的发展，似乎也难以确保现代性力量在全球范围内的迅速蔓延。就此而论，共同起源于近代欧洲的现代性与主权国家体系是相互依存的，两者只是欧洲式的现代文明在不同层面的呈现。据惯常理解，现代文明的一个显著特征是其鲜明的世俗化倾向——它至少是西方现代文明所体现出的一个外在特征，对于处在启蒙传统中的学者而言这点似乎是毋庸置疑的。对于理性力量的强调是现代性和现代主权国家体系的共同特征——现代性在其初现之时以对宗教旗帜鲜明的批判和对人类理性坚定不移的捍卫而

---

① “共生”（Symbiosis）理论是近年来引入的一种社会科学研究方法，这一概念用以指称存在于两客体间的相互依存关系。有学者将该理论应用到国际政治研究并提出了“国际共生论”的观点。在本文中，尽管现代性与主权国家体系间的关系不能算作严格意义上的共生关系，但就两者之间的相互依存而论，它明显呈现出一种共生特征。相关研究可参阅杨玲丽：《共生理论在社会科学领域的应用》，载《社会科学论坛》，2010年第16期；胡守钧：《社会共生论》，载《社会科学论坛》，2001年第1期；胡守钧：《国际共生论》，载《国际观察》，2012年第4期。

在西欧粉墨登场，而17世纪时已具雏形的现代主权国家同样强调以通过理性得以辩护的国家理由（raison d’état）[①]为依凭而加以维护的国家利益。从历史上看两者都与资本主义经济的成长和扩张密切相关。西欧现代国家形成和巩固时期的重要特征之一就是资产阶级与国家力量的联合以对抗试图凌驾于世俗国家之上的宗教权威，而新兴的市民阶层正是最早对天主教会的专制权威发起挑战的一个群体。但对中世纪天主教会和专制教权的反抗并非意味着对宗教本身的拒斥，这与西欧文明作为基督教文明的本质是一致的。

在基督教世界以外的国家，现代性的关键词本身就是一个舶来品，它与现代化进程密切相关。自1500年现代文明发端以来，欧洲因最早出现工业革命而决定性地引领着现代化的潮流，尽管欧洲各国的现代化进程亦非同步完成。处于欧洲以外的地区恰恰是被动地卷入到世界市场中并在两次世界大战之间或其后逐渐步入现代国家（这里特别是指现代民族国家）的行列。由此看来，现代性同时具有时间、空间和内在结构性的特性。就其时间特性而言，它出现于16世纪前后并特别地与欧洲中世纪文明相对照；就其空间特性而言，它最早出现于基督教的西欧地区，并在历经其成长阶段后开始了全球扩张步伐。但是就本文关注的视角而论，现代性的时间和空间特性都不具有根本意义。由于现代科学（基于实验的方法）和知识体系（对理性的发现）的兴起而引发的欧洲社会内在结构性

① 关于国家理由（raison d’état）与西方理性主义传统之间关联的研究，可参阅周保巍：《“国家理由”还是“国家理性”——思想史脉络中的“reason of state”》，载《学海》，2010年第5期。

变化——在政治权力方面体现为从前现代的专制权力转向现代社会的权力分化、市场社会或商业社会导致的社会流动性的增加以及与这些变化相伴随的社会意识的转变（从单一的宗教认同向多元的宗教、文化和政治认同的转变）——无疑更加具有决定性意义。就欧洲现代化的初始趋势而论，现代性本身作为一种反传统的社会力量，它在物质层面包含由商业复兴、经济增长和技术进步等推动的工业化过程，在社会意识层面包含对试图支配人的精神生活的、具有专制色彩的中世纪天主教会意识形态的反叛。与社会生活领域的现代性相伴随，16 世纪以来欧洲的“国际政治”领域逐渐取代中世纪的神权政治和基督教国际社会，开始出现对主权国家原则和民族国家利益的辩护。简言之，如果把现代性与国际政治社会结合起来考察，那么它特别是与中世纪西欧的基督教国际社会相对照的概念，现代主权国家体系在很大程度上是对中世纪欧洲基督教国际社会的摒弃。众所周知，在基督教欧洲，王权或世俗政治权力在很长时段内并不具有独立性，至少在理论上它需要从教会那里寻求合法性，中世纪欧洲国王加冕礼是很好的佐证。随着中世纪后期世俗王权力量的增长、政教纷争的加剧以及天主教会本身的衰落，世俗政治的合法性逐渐突破教会神权思想的樊篱而走向大众化。罗马天主教会主导欧洲国际社会的局面通过 16 世纪的宗教改革和随之而来的三十年战争得以彻底打破。法国政治思想家让·博丹在 1572 年出版其论述世俗主权的《共和国六书》恰恰是这一政治进程的反映。博丹个人主义的宗教精神及其本人在南部法国受到的文化熏陶，都为他较早系统地阐述世俗主权观这一现代政治理念奠定了基础①。博丹论主权的著作问世不久，由西欧范围的宗教认同危机开其端并继而触发的全面社会危机从根本上动摇了中世纪欧洲关于国际社会的理念，取而代之的是 17 世纪中叶确立的主权国家原则——威斯特伐利亚和平中对于既成事实的新兴民族国家如荷兰联合省的承认标志着该原则的正式生效。至此，帝国体系走向解体，现代民族国家体系初步形成。正如研究者指出的：“处于萌芽状态的民族主义对于世界格局确立的意义在于通过王权对教权的否定，促进了民族国家的孕育”②。而“威斯特伐利亚体系最大的意义是确立国家的主权身份和在国际关系中独立进行对外交往的平等权利，从而开启了主权国家作为基本行为主体的近现代国际关系体系的大门”③。

综上所述，如美籍奥地利学者沃格林主张的，“我们所称为现代的东西，不是突然之间均匀地在整个西方扩散的一种确定的心理状态；现代性（如果我们的确可以赋予这个词汇以

① 沃格林认为博丹的宗教精神完全是一种个人主义的宗教精神，是“一颗得到净化的心灵对真神的皈依”；此外，博丹青年时期曾在图卢兹学习法律，位于地中海沿岸的南部法国城镇图卢兹曾是引领西欧中世纪城市发展和政治进步的市镇之一，从中可看到博丹早年经历对于其主权思想形成的影响。请参阅沃格林著、霍伟岸译：《宗教与现代性的兴起》，上海：华东师范大学出版社，2009 年版，第 220—225 页；王首贞：《12 世纪图卢兹城市自治探析》，载《法国研究》，2012 年第 3 期。

② 刘中民等著：《民族主义与当代国际政治》，北京：世界知识出版社，2006 年版，第 107 页。

③ 夏立平：“近代欧洲国际体系与古代东亚国际体系比较研究”，载《国际观察》，2006 年第 3 期，第 18 页。

意义的话）是一个绵延若干世纪的历史过程”①。

就国家体系层面而论，威斯特伐利亚国际关系秩序确立的前提是现代民族国家的形成，而它本身又是欧洲现代性成长与发展的必然结果，其中宗教力量在其中发挥了不可小觑的作用。作为近代欧洲宗教和政治双重演变的产物，威斯特伐利亚主权国家体系恰好出现于宗教改革后的欧洲并非纯粹偶然。17世纪中叶结束30年宗教纷争和世俗军事冲突的威斯特伐利亚和平，最终确立了主权国家至上的现代国际关系准则。随着30年战争后帝国体系的坍塌，以罗马天主教会为代表的宗教势力不再大张旗鼓地介入欧洲的国际政治。但是，只要简单考察近代以前的欧洲历史就会发现，威斯特伐利亚和平中确立的主权国家至上原则实际上只是对中世纪欧洲神权政治理念的一种反叛，它并非意味着宗教完全从欧洲的政治生活中撤退。在中世纪西欧，一方面是政治权力分散的事实，神圣罗马帝国在苟延残喘，帝国皇帝亦徒有虚名。另一方面，与世俗政治权威的支离破碎形成鲜明对照，中世纪欧洲天主教会却试图在精神领域一统西欧，并通过向世俗政治的广泛渗透而巩固其神权政治理念（英诺森三世教皇在第四次拉特兰大公会议上淋漓地阐述了这一政治理念）。由此可见，前现代的欧洲恰恰是一种基督教的国际社会。但是，由于天主教会内部积弊如山，12世纪起教会本身的权威开始受到质疑。宗教内部的纷争常常与转型时期西欧的世俗政治纷争交汇融合——无论13世纪的阿尔比十字军抑或法国宗教战争或德国宗教改革概莫能外——加之欧洲经济复兴后新兴工商业阶层与王权力量的联合（如荷

① 沃格林著：《教与现代性的兴起》，第216页。

兰的状况)，这些因素共同促成了30年战争中保守阵营的溃败。1555年奥格斯堡宗教和约“教随国定”原则的提出，根本性地改变了自罗马帝国晚期以来天主教会在欧洲政治中的地位。这项原则在威斯特伐利亚和平中得以正式确认，标志着天主教会退居欧洲国际政治舞台的幕后。正是在这种意义上，国际关系学者把宗教力量在欧洲政治生活中的隐退称作“宗教的威斯特伐利亚放逐”①。自此，欧洲的国际政治真正从中世纪神权政治主导下的基督教国际社会转变为主权原则主导下的现代民族国家体系。正如研究者指出的，“威斯特伐利亚安排为现代国际关系确立了一种政治神学。它是这样的一种学说——规定了宗教和政治权威在国内和国际政治中的角色”②。虽然维也纳会议在正统原则下对欧洲国际秩序作出的保守安排使得该体系的扩张一度遭遇曲折，但是两次世界大战、特别是二次大战后民族解放运动在全球范围的蓬勃发展，最终使得威斯特伐利亚式的现代主权国家体系真正实现了全球扩张。需强调的是，这一过程同时伴随着民主能于欧洲的工业化和现代化向全球范围的扩张亦即现代性力量的全球配置。然而，后冷战时期主权国家体系的扩张步伐在与传统社会（包括不同文化传统与宗教传统的社会）相遇时却遭遇了瓶颈，它既凸显了现代性的结构性特征在当代国家建设中具有的根本意义，亦使

① 徐以骅系统介绍了宗教在国际关系理论中的“放逐与回归”，请参阅徐以骅等著：《宗教与当代国际关系》，上海：上海人民出版社，2012年版，导论，第12—18页。

② Scott M. Thomas, *The Global Resurgence of Religion and the Transformation of International Relations* (New York: Palgrave Macmillan, 2005), p. 55.

得威斯特伐利亚式的主权国家体系在一定程度上陷入困境。特别是伊斯兰世界瞬息万变的政治局势更使得欧洲式的现代化和发端于17世纪的现代国际秩序安排在中东国家的前景变得扑朔迷离。那么，随着世界经济的纵深发展和全球化进程的不断推进，当现代性扩张遭遇多元宗教或文化传统的时代背景时，威斯特伐利亚式的主权国家体系同步面临的困境是否是一种历史的必然？宗教或传统与现代性是否是一对非此即彼的两元对立概念？这将是第二部分探讨的问题。

二、现代性的扩张与“文明冲突”再现

作为引领现代化潮流的欧洲大国，英、法、荷分别在不同时期和不同方面主导着现代文明的进程——尽管由于历史原因，法国迈向现代国家的道路略显曲折。14世纪法国王权的强化虽然对于反叛中世纪的专制教权起到过决定性作用。然而中世纪后期法国王权的迅速增长却是一把双刃剑，它在一定程度上阻碍了法国现代政治的发展①。英国、荷兰在17世纪晚期已经发展出较为完备的现代政治形态，而法国却依然保留着王权专制主义的传统，现代政治建构最终通过大革命血雨腥风的涤荡才得以完成。帝国的黄粱美梦终究被滑铁卢的残酷现实粉碎。通过1815年的维也纳国际会议，欧洲的秩序与和平暂时得以保障，但欧洲工业化步伐的加快、资本主义经济的持续

① 中世纪晚期以来英法两国政治发展的分野及其对现代国家建设的启发是一个颇值得探究的问题，笔者将另撰文论述。

发展与欧陆主要大国如普鲁士政治发展的相对滞后等多重因素的交织，使得相继崛起的民族国家间的矛盾发展到不可调和的地步。在经历19世纪中叶的革命浪潮后，欧洲保守的政治秩序安排最终还是淹没在第一次世界大战的弥漫硝烟中。发端于欧洲的民族主义在经历早期英国革命、美国革命和法国大革命后，亦在20世纪上半叶汇成一股汹涌潮流向全球扩张。这种以民族国家为载体的现代主权国家体系在二战后得到了最大程度的扩容，与此伴随的则是现代性要素全球配置过程的开端。但是，二次大战后民族国家大踏步式的前进势头却在全球化时代遭遇阻碍。首先，市场全球扩张的步伐难以被人为遏制。市场的全球化既在早期阶段推动了新兴主权国家的建设（就西欧经验而论，它是推动旧的王朝或帝国体系解体的重要力量），又在其深化发展后一定程度上肢解着主权国家的排他性权力（全球治理范畴的出现正是这一趋势的反映）。这正是学者所论证的民族主义对国际秩序同时具有“建设与破坏”两方面的作用①。其次，根据通常理解，17世纪中叶初步形成的主权国家体系标志着新兴民族国家从根本上驱逐了以天主教会为代表的宗教势力，因此现代主权国家体系意味着对宗教的放逐。但这却是极具误导性的解释，在一定程度上只是具有民族主义情结的学者对现代主权国家体系作出的具有浪漫主义色彩的阐释。在全球化的时代，对这种传统认识的固守将不可避免地引发不同宗教传统国家间的矛盾与冲突，对现代国际体系的稳定构成威胁。事实上，发端于欧洲的现代性并不意味着对宗

① 有关民族主义与国际秩序关联性的详细讨论，请参阅刘中民等著：《民族主义与当代国际政治》，第121—128页。

教的放逐。作为一种基督教文明，欧洲现代主权国家兴起后虽然力图把天主教会在国际社会的影响限制在最小程度内，但是欧洲的政治文明依然是与宗教紧密勾连的。新教在各个新兴民族国家相继被确立为国教的事实很好证明了这点。就此而论，在主权国家体系确立后的欧洲国际政治舞台（与当今的全球国家社会一样），宗教仍然直接或间接地在国际舞台上发挥作用并继续影响欧洲的国际政治或外交，而非完全遭遇放逐。17世纪晚期至18世纪上半叶包括荷兰、英国、法国、西班牙等欧洲大国之间的纵横捭阖，在很大程度上仍然与欧洲的宗教纷争有着千丝万缕的联系。由此可见，17世纪中叶确立的威斯特伐利亚主权国家体系只是对原有的欧洲国际秩序的修正，是对中世纪欧洲国际社会神权政治理念的反叛，在人类文明的进程中，它并不是一种终极意义上的存在。就此而论，17世纪所确立的主权国家原则不能被神圣化，它只是对当时欧洲范围的国际政治现实的反映；威斯特伐利亚国际体系本身亦是处于不断发展中的，主权概念也在不断地被近代政治思想家进行再建构。因此，当现代主权国家体系遭遇全球化时代的文明冲突时，对其作出适当修正不仅是必要的，也是切实可行的。

前文已论述，西方现代性的兴起是民族国家形成和主权国家体系建构的基本前提，而主权国家体系在全球范围的扩张推动并强化了发端于欧洲的现代性。遗憾的是，当与异质的文明背景下的社会和政治形态发生碰撞时，发端于西欧的现代性和主权国家体系似乎同步遭遇了瓶颈。欧洲的现代性与主权国家体系的“共生”特征再次得以呈现，而这次却具有一定的消极意义。纵观人类历史自17世纪以来的演变历程，资本主义在欧洲范围内的确立及其全球扩张成为世界文明发展的主线。

与资本的全球扩张相伴随的是民族国家跨越了欧洲的边界而延伸到世界各个地区。在现代主权国家的扩张进程中，宗教似乎被一劳永逸地置于政治的边缘地带。但是，世界政治中对宗教的长期忽视令政治家们在新千禧年之初面对宗教极端势力的重创而显得措手不及。其实20世纪70年代末伊朗革命的成功实践和政教合一政治范型的再度确立就已经向国际社会敲响了警钟。就国际体系的稳定而论，尽管现实主义流派的大师汉斯·摩根索认为权力均衡是17—19世纪维持欧洲国家体系的重要原则，但是他显然认识到权力均衡本身的局限性（称之为“权力均衡的功能不足”），并且认识到共同的精神遗产和由此塑造的道德观念对于权力均衡理念形成的重要性。他进一步指出“缺少了这些因素，单是权力均衡并不能带来如此益处”①。摩根索这位现实主义的大师虽然认识到基督教共同体的道德观念对于维持现代主权国家体系的重要意义，但是他在研究中却鲜有提及基督教文明之外的其他文明传统对于威斯特伐利亚式的主权国家体系的影响②。在冷战结束后，20世纪90年代亨廷顿《文明的冲突》应运而生很快弥补了这一缺憾，使得国际政治学者开始关注文明诸要素特别是宗教在当代国际政治中发挥的有时甚至是决定性（在伊斯兰社会表现出的那样）的作用。亨廷顿认为“忽视20世纪末伊斯兰教复兴运动对东半

① ［美］汉斯·摩根索著、徐昕等译：《国家间政治》，北京：北京大学出版社，2006年版，第250页，以及第14、15章。

② 这可能与该书成书的时代背景有关。《国家间政治》成书时摆在政治家面前迫在眉睫的任务应当是对刚刚结束的世界大战的反思，以及对已显露端倪的冷战局面的应对。彼时，无论是伊斯兰世界的中东还是广大的亚非拉地区都尚未崛起为国际政治舞台上足以向现存国际体系发起挑战的力量。

球的政治影响，就等于忽视16世纪末新教改革对欧洲的政治影响”[①]。在亨廷顿看来“伊斯兰文明是唯一使西方的存在受到过威胁的文明”[②]。究其原因，亨廷顿作出了深刻分析，他指出“特别是穆斯林的伊斯兰教观念作为一种生活方式超越并结合了宗教和政治，而西方基督教则持有政教分离的观念”[③]。在笔者看来，这实质上仍是一个关于现代政治范型的多元实践是否得以可能的问题。进一步讲，面对多元文明相遇的时代背景，以发端于欧洲的主权国家为基准建构起来的现代国际体系即威斯特伐利亚体系在全球化的时代背景下是否仍具有持续强大的生命力？西方现代性在遭遇多元文明传统的碰撞时呈现出的危机是否必然导致威斯特伐利亚式主权国家体系的转型呢？现代性与传统——在欧洲表现为宗教的影响，在东亚的中国是儒教的影响，而在伊斯兰的中东地区这种传统的影响则更具直接的政治效应——之间的关联为解答这些问题提供了一个切入点。换言之，宗教（或传统）与现代性的兼容成为构建“现代性的多元文化方案”的前提，而这又是实现威斯特伐利亚主权国家体系自我调适的重要基础。

多元现代性概念的引入和“文明冲突论”的提出都是针对现代性表面上具有的同质化特征及其实际遭遇的困境作出的深刻反思。亨廷顿认为“现代化并不一定意味着西方化。非西方社会在没有放弃它们自己的文化和全盘采用西方价值观、

① ［美］塞缪尔·亨廷顿著，周琪等译：《文明的冲突》，北京：新华出版社，2012年版，第91页。

② 亨廷顿著：《文明的冲突》，第186页。

③ 同上书，第187页。

体制和实践的前提下，能够实现并已经实现了现代化”[①]。在有关宗教与现代性的关系问题上，20 世纪美籍奥地利学者沃格林曾指出，“现代并不是反教会的精神性本身，而毋宁是这种精神性的社会重要性的变化”[②]。15—17 世纪欧洲政治和社会生活的变化均表明，宗教本身并没有在欧洲迈向现代社会的进程中销声匿迹。16 世纪的宗教改革只是意味着中世纪传统的天主教会从世俗政治领域的撤退，作为一种宗教文明的欧洲文化并没有发生根本性改变。大英百科全书有关现代性（modernity）的解释表明，它或者是与市民社会相联系的概念，或者是与基督教（Christianity）相关联的概念。据后一种解释，启蒙思想家抱着对现代科学革命的认同，挑战了中世纪以来传统的有关启示的假定，承认人类理性对于理解神圣意志的关键作用并捍卫理性与启示相和谐的观念。而当与市民社会相关联时，现代性多意指一种社会发展形态的属性——这样的社会形态通常包含三种彼此独立却相互竞争的秩序，亦即经济的、政治的和社会的；这种社会形态又往往与资本主义的自由民主价值观念相结合。值得注意的是，在这两种意义上现代性都不是一种完全世俗化的事物（只要考察宗教对于欧洲民主政治进程的影响，这点是不难理解的）。因此，既然现代性与传统并非是一组二元的非此即彼的概念，既然欧洲的现代性同时意味着对宗教的接纳，那么，由威斯特伐利亚和平开其端的现代国际体系在遭遇多元文明的碰撞而呈现出冲突或困境时，就依然能够通过自我调适以容纳多元文明传统中不同范型的现代国

① 亨廷顿著：《文明的冲突》，第 57 页。

② 沃格林著：《宗教与现代性的兴起》，第 158 页。

家、接纳多元文明传统下多元化的国家主权诉求。换言之，现代主权国家体系应当接纳而非“裹挟”那些有着深厚传统文化根基的后发民族国家——它们在融入经济全球化的潮流中需要逐渐地改造其政治架构以使之适应现代社会的治理需要。从一定意义上讲，这是维持当前国际体系基本稳定、确保国际社会和平的重要前提。

三、现代主权国家体系的维系与调适

前文论述的后冷战时期主权国家体系的“现代性困境”由于近年来全球宗教复兴的现状及其向国际政治领域的渗透而得以加剧[①]。以此为背景，文章在考察现代性的兴起、主权国家体系的确立及其全球扩张这一双重的社会和政治发展进程及其与宗教之关联的基础上，尝试分析“文明冲突”时代以及全球宗教复兴形势下威斯特伐利亚式主权国家体系维系与调整的可能性。换言之，在捍卫主权国家作为国际政治主导行为体的前提下，本文将探寻在当前多元文明相遇的国际政治新态势下对传统的主权国家体系作出调整的必要性与可行性问题。

就国际体系在历史上的变革而言，现代性的结构性特征及

---

① 徐以骅教授对近年来宗教的全球复兴及其与国际政治的相互渗透进行了系统研究，并指出了这一现状对国家利益全球化背景下中国国家战略的启发。请参阅徐以骅等著：《宗教与当代国际关系》，导论、以及第81—91页、第122—153页。另参阅徐以骅：《推进宗教与国际关系研究　助力中国对外关系新发展》，载《中国民族报》，2013年9月24日。

其对传统社会秩序的冲击具有决定性作用，这同样体现在伊斯兰社会现代化的努力中。当现代性的变革步伐与伊斯兰世界的传统社会结构相遇时，这种结构性转变由于政治的、宗教的、国际安全的等多重因素的交织而步履维艰。通常意义上的现代政治范型在伊斯兰社会遭遇的阻碍以及这一发展状况与现代主权国家体系之间张力的日益显现，构成了当前国际政治研究重要的新议题之一。新千年之初的“9·11”事件更加彰显这项研究的紧迫性和必要性。据学者考察“与其他发展中国家相类似，虽然中东国家在二战后纷纷赢得国家独立，并建立了现代民族国家的形式。但是，其内部的经济、文化和社会结构由于西方的渗透和入侵，被严重动摇。旧的结构持续瓦解，新的西方式的结构又建立不起来，这就形成了一种结构的异质”①。这种结构性矛盾在中东伊斯兰社会的持续存在和试图改变这种混乱状况的各种力量间的博弈，既成为国际社会和平新的潜在威胁，又在无形中挑战着传统的主权国家体系②。据称“冷战结束后，随着伊斯兰认同的复兴，伊斯兰认同对世俗的民族国家认同构成越来越大的挑战，两者之间的竞争日趋激烈，其结果是，中东的国际体系日益显现出一种双重认同结构的特征”③。在国际政治领域，立基于文明传统之上的政治认同观

① Bassam Tibi, *The Crisis of Modern Islam: A Preindustrial Culture in the Scientific-Technological Age* (Salt Lake City: University of Utah Press, 1988), introduction. 转引自徐以骅等著：《宗教与当代国际关系》，第452页。

② 除伊斯兰世界外，近年来次民族主义（sub-nationalism）的政治和文化认同也在挑战着传统的主权国家体系。可参阅［美］乔纳森·弗里德曼著、郭建如译：《文化认同与全球性过程》，北京：商务印书馆，2004年版，第128—135页。

③ 徐以骅等著：《宗教与当代国际关系》，第461页。

念对于主权国家认同的挑战以及由此导致的主权国家体系某种程度的式微——基督教欧盟的形成同样是这种挑战的体现①——使得无论是试图理解抑或试图解释国际关系的学者们，都不得不思考影响国际体系变革的多重变量，而不是依然固守冷战的传统思维模式，仅把国家实力或军事力量这样的硬权力看作制约国际体系结构的关键变量。由此可见，面对全球化时代复杂多变的国际形势以及现代多元模式的政治实践，国际政治舞台上势必会对沿袭数世纪之久的威斯特伐利亚式主权国家体系进行调适，以容纳多元的现代国家范式。

从宗教向度切入研究和重构正在日益碎片化的国际体系无疑是探索和解决当前主权国家体系“现代性困境”的一个突破点。这不仅因为宗教作为影响国际关系的一重变量其重要性日益彰显，而且从历史上看宗教亦是形塑现代主权国家体系的重要力量，宗教始终是影响不同文明体系间力量消长、影响和平与冲突的重要因素。亨廷顿早已指出“西方和穆斯林之间的冲突将更多地集中于广泛的文明间问题”②。宗教与现代性的共融同样确保了这种重构实现的可能③，两者的辩证关系体

① 有学者从基督教民主的视角探讨了欧盟机制演变背后的观念认同，详见：*The Global Resurgence of Religion and the Transformation of International Relations*, pp. 166－171。

② 亨廷顿著：《文明的冲突》，第189页。

③ 关于宗教或传统与现代性共融性的讨论以及对两者进行调和的尝试亦不乏其人，例如改革派伊斯兰、中国新儒家；晚近以来有加拿大学者查尔斯·泰勒对基督教与现代性关系的论述。可参阅［德］哈拉尔德·米勒著，郦红、那滨译：《文明的共存》，北京：新华出版社，2002年版，第179—203页；Charles Taylor, *A Catholic Modernity*?（New York: Oxford University Press, 1999）。

现在亨廷顿的如下论断中，他认为“伊斯兰教的复兴既是现代化的产物，也是把握现代化的努力”①。与沿循理性主义路径的国际关系理论流派如现实主义和自由主义——它们由于过分强调理性的国家利益而忽视国际事务中的规范价值如文化和宗教要素的影响——主张国家参与国家间合作或国际机构的根本动机是出于对国家安全威胁作出的理性回应或者是为了追求国家的理性利益不同②，英国学派或新近的建构主义范式都主张在对任何地区或国际社会的结构起支配作用的规则、规范或制度背后，有着更深层次的同意。换言之，“国家之间的对于归属的主体间感知是经由共同的文化而出现的……马丁·怀特、赫伯特·巴特菲尔德和迈克尔·多尼兰（Michael Donelan）都认识到宗教教条在不同的文化和文明中的作用，并考察了这些要素对于国际社会的影响”③。正是认识到宗教或文明传统对于塑造文明秩序的决定性作用，亨廷顿勾勒出未来可能出现的由“核心国家”及其主导下的“同心圆”构成的文明新秩序④。而以色列著名社会学家 S. N. 艾森斯塔特的多元现代性论点同样是尝试从多元文明视角理解当前的世界秩序。他指出“要理解当代世界（包括当代宗教维度的兴盛与重建），更确切地说，要理解现代性的历史，最好的方法是将它

---

① 亨廷顿著:《文明的冲突》，第 96 页。

② 关于理性主义方法对现代国际关系理论的影响，可参阅胡宗山:《西方国际关系理论中的理性主义论析》，载《现代国际关系》，2003 年第 10 期，特别是第 57—58 页。

③ *The Global Resurgence of Religion and the Transformation of International Relations*, p. 152。

④ 亨廷顿著:《文明的冲突》，第 135—157 页。

视为现代性的多元文化方案、特殊的现代制度模式不断产生和形成、构造和重构的一个故事，关于多元现代性的一个故事”[①]。以这样的视角来审视冷战结束后、特别是文明间冲突愈演愈烈（总体来看表现为西方现代的与非西方传统文明间冲突的频发）的21世纪国际体系演变，政治家们和国际政治学者必须正视这一多元化的特征。这意味着除了继续维护基于领土主权的国家行为体在国际事务中的主导作用外，必须给予文明或文化包括宗教的传统（在伊斯兰世界尤为如此）在建构新的规范制度和价值认同、进而形塑新的国际关系秩序中的作用以应有重视。这是多元文明相遇时代维系国际体系基本稳定的重要前提。因为，伴随着西方现代性文明在扩张中遭遇瓶颈，当前特别是“9·11”事件后国际体系的碎片化几乎是一个不争的事实[②]。

宗教对于国际道德或国际政治伦理的形成以及宗教非政府组织作为重要的国际政治参与力量所发挥的作用，同样成为推动修正现代主权国家体系的重要原因[③]。研究者认为“宗教或

---

① S. N. 艾森斯塔特著，旷新年、王爱松译：《反思现代性》，生活·读书·新知三联书店，2006年版，第410页。

② 参阅骆明婷、刘杰：《“阿拉伯之春”的人道干预悖论与国际体系的碎片化》，载《国际观察》，2012年第3期。

③ 有关宗教非政府组织及其对国际政治参与的研究，可参阅涂怡超著：《基督教福音派及其对国际关系的影响：以葛培理为中心的考察》，上海：上海人民出版社，2010年版；李峰著：《国际社会中的国际宗教非政府组织》，上海：上海人民出版社，2013年版；秦倩：《国际法与宗教非政府组织》，复旦大学博士学位论文2007年4月；朱晓黎：《宗教非政府组织与国家安全》，复旦大学博士学位论文2010年4月。

神学提供了规范理论——直至晚近以来，它在国际关系的研究中都是被忽视的——可资利用的伦理传统之一”①。此外，“宗教在国际关系中的作用同样是国际关系的英国学派某些早期思想家……的关键部分。这些学者中体现出英国学派最与众不同的特征之一即不同国家体系的历史社会学——表明宗教和世界历史对于国际关系研究的重要性”②。作为文明核心要素的宗教始终是塑造国际政治伦理的重要力量，对于这一要素在国际政治关系中作用的探讨，在后冷战时期、特别是“9·11”之后显得迫在眉睫。有学者指出“冷战终结和经济全球化推动了西方政治和文明的全球性扩张，使得文明和价值观因素在当代国际关系中日渐突出”③。现实主义思想大师爱德华·卡尔亦曾坦言，“正如在一个国家内部，每一个政府——尽管它需要权力作为其权威的基础——也需要被统治者的同意之道德基础。因此，一种国际秩序不能单单立基于权力之上。原因很简单：从长期来看，人类总是会反叛赤裸裸的权力……政治致命的双重性（fatal dualism of politics）总会坚持与权力考量纠缠着的道德考量”④。新经典现实主义的开创者汉斯·摩根索对

① *The Global Resurgence of Religion and the Transformation of International Relations*, p. 69.

② Ibid. , p. 57.

③ 杨洁勉等著：《大体系：多级多体的新组合》，天津：天津人民出版社，2008 年版，第 43 页。

④ E. H. Carr, *The Twenty Years' Crisis*, 1919-1939: *An Introduction to the Study of International Relations* (New York: Harper and Row, 1946), pp. 235 – 6. 转引自：Andrew Philips, *War*, *Religion and Empire*: *The Transformation of International Orders* (New York: Cambridge University Press, 2011), pp. 21 – 22。

于国际政治中道德价值的肯定以及他思想中对于排他性主权国家权力有限性的承认，同样有着宗教的渊源。摩根索并不认同霍布斯把国际政治舞台描绘为"人人相互为敌"的自然状态，而是充分肯定道德、习俗和法律这三种类型的规范对于权力的制约作用。他指出，"从《圣经》一直到现代民主制度的道德标准和宪法安排，这些规范性体系的主要功能一直是使权力欲望保持在社会可以容忍的界限内。在西方文明中占主导地位的所有伦理、习俗和法律制度，都认识到了权力追逐的无所不在并予以谴责"[①]。摩根索曾警惕性地指出"一方面，民族国家成为古往今来个人道德和法律价值的最高准则，以及个人世俗忠诚的最高衡量标准。结果，个人在国际事务中最关切的问题是本国相对于其他国家的权力和维护本国的主权。另一方面，却正是这种权力和主权，在当代文明的条件下与其他国家的权力和主权发生冲突，危及文明的存在，从而也危及民族国家自身的生存"[②]。为了找到解决这一困境的办法，摩根索似乎亦倾向于支持国际组织与国家分享部分主权。实际上，摩根索在区分了早期的民族主义与20世纪后期的民族主义（他把后者称之为民族主义化的普世主义）后发出警告："不要让民族国家仅仅被一个服务于当代具有十字军精神的民族主义的更为有效的载体所取代"。摩根索表示出对于国际政治舞台上的超国家力量的坚定支持，认为要想对各国的外交政策施加有效限制，就必须保持超国家力量（诸如世界性宗教、人道主义、普世主义和所有其他将个人超越国界联结在一起的人际交流、

① 汉斯·摩根索著：《国家间政治》，第261—262页。

② 同上书，第358页。

制度和组织）的强大[①]。除了基于跨国、跨政府间合作与联盟而成立的国际组织外[②]，国际政治中的许多超国家干预往往需要解决其行动的伦理前提，不同的宗教或文化传统成为塑造国际政治伦理取之不竭的源泉，这同样体现在国际关系“中国学派”建构的努力中。

从宗教向度理解和建构全球化时代的国际政治关系，在一定意义上亦是向国际关系理论理想主义或国际社会学派的回归，这是全球化进程发展的必然结果。强调文化或宗教背后的伦理价值和规范是这些理论流派的共有特征，同样这也是基于对人类文明更深层次考量的结果。它们并不否认国际政治中诸如军事力量、国家行为体的根本价值，这些要素在冷战时期曾被某些现实主义学者推崇备至。然而当一批国际政治理论家仍然沉浸在从外部因素着眼对国际政治作出解释时，享有超级大国地位的美国遭遇宗教极端势力的沉痛打击，迫使学者们不得不思考国际政治中“权力政治”之外的其他因素的影响[③]；就伊斯兰世界的政治发展来讲，这点尤为重要。对于伊斯兰教和伊斯兰政治实践的深入研究，是达成国际社会和平、减少宗教相关国际冲突的有效途径。有研究者指出“正如中世纪的宗教裁判所并非天主教的固有属性……集权统治的原教旨主义也

① 汉斯·摩根索著：《国家间政治》，第364页。

② 相关研究可参阅罗伯特·基欧汉著、门洪华译：《权力与相互依赖》，北京：北京大学出版社，2002年版。

③ 近年来国际政治研究中“软权力”（soft power）概念的提出正是这一趋势的体现。相关研究可参阅张小明：《约瑟夫·奈的“软权力”思想分析》，载《美国研究》，2005年第1期；周琪、李枏：《约瑟夫·奈的软权力理论及其启示》，载《世界经济与政治》，2010年第4期。

不是伊斯兰教的自然属性。与此相反，伊斯兰传统统治方式的宽容性是有口皆碑的……改革派伊斯兰可能是伊斯兰社会和现代化达成和解的最大希望所在”①。最后，在国际关系理论建构中强调宗教因素的重要性，是与国际政治中对认同要素的重视遥相呼应的。无论是历史的经验（中世纪欧洲社会转型中的宗教动员）还是现实的教训（当前宗教对国际社会安全的挑战）均表明，以宗教为载体的认同往往成为影响或塑造国际政治的重要力量。

余　论

文章通过阐释现代性与主权国家体系间的“共生”特征以及宗教之于这一双重社会和政治发展进程的影响，提出了全球化时代与“文明冲突”背景下主权国家体系的“现代性困境”这一命题。在此基础上笔者主张21世纪的国际关系研究已经不能继续固守以“放逐”宗教和神化主权国家为特征的传统威斯特伐利亚范式，而应当直面冷战结束以来、特别是“9·11”事件后宗教在国际政治舞台上复归的现实以及多元文明相遇的时代背景，在建构全球化时代的国际关系理论时给予宗教向度以应有重视——作为文明核心要素的宗教显然是塑造国家“软权力”的重要资源。恰如研究者指出的，在全球化时代的后现代社会中“‘宗教的全球复兴’和‘世界性非世

① ［德］哈拉尔德·米勒著：《文明的共存》，第179—180页。

俗化’趋势正在迅速使宗教‘回归’国际关系的研究之中”[①]。与此同时，通过阐述宗教或传统与现代性的兼容关系、现代政治范型的多元实践、以及宗教在国际政治伦理形成中的重要作用，文章指出全球化时代对威斯特伐利亚主权国家体系作出修正的必要性与可行性。在笔者看来，尊重不同的宗教与文化传统、接纳多元文明传统中多元化的主权诉求，是解决当前主权国家体系“现代性困境”的行之有效途径。因为不仅作为一个现代政治范畴的主权概念其本身是得以不断建构和再建构的[②]，而且标志着现代国际关系开端的威斯特伐利亚主权国家体系同样是具有特定历史规定性并呈现出动态发展特征的政治单元。

① 徐以骅等著：《宗教与当代国际关系》，第122页。

② 国家主权不断演进的特征同样是国际社会学派近来关注的议题。请参阅［加］罗伯特·杰克逊、［丹］乔格·索伦森著：《国际关系学理论与方法》，第136—137页。

跨国政经互动中宗教影响宗教性跨国公司初探
——基于摩门教和伊斯兰教企业的两个案例

● 杜旭赟

[内容提要] 本文分别选取了摩门教跨国公司和伊斯兰教跨国公司，从价值观念、组织和社会建制三个层次逐一观察各自宗教的影响发生机制，并对两个案例进行比较，提出了摩门教和伊斯兰教分别形成了“宗教在企业中”基于信仰的影响模式和“企业在宗教中”信仰驱动的模式，两者差异取决于跨国公司母宗教形态、跨国公司所处的宪政体制和市场环境特征的影响，背后反映了宗教影响这些企业过程中，宗教逻辑与国家逻辑、市场逻辑的博弈。

随后，本文提出了宗教影响宗教性跨国公司对国际关系的作用，即为宗教影响国际关系提供了新的途径，重构了跨国政治经济互动的规则，强化了宗教影响国际关系的直接和间接能力，并最终推动了国际关系的社会化趋势。

宗教性跨国公司是指在企业组织和生产运营行为中受到宗教意识形态的明显塑造且与某一教会组织有着各种形式直接联系，同时服务对象也相对集中于某一宗教信徒的跨国企业。这些在全球市场上服从市场经济理性逻辑进行活动，又有着鲜明宗教属性的跨国公司无疑是当前跨国政治经济互动中一类有待研究的重要现象，对国际关系产生了不可低估的影响，对在“走出去”和“引进来”过程中我国企业和政府面临的问题也有着很大的借鉴参考意义，从而提出了更全面认识宗教对宗教性跨国公司影响这一全新国际关系现象的必要性。

为此，本文的研究问题是，“宗教逻辑怎样塑造了某些本应完全服从于市场逻辑的跨国公司，从而产生了宗教性跨国公司？这种国际关系的新现象对国际关系又产生了何种影响？”

上述问题在具体分析中转化为如下几个层次的操作性问题：

其一，如何分析现实案例中宗教对宗教性跨国公司的具体影响？

其二，如何比较案例之间异同，得出宗教影响宗教性跨国公司的类型特征及塑造这种差异的原因？

其三，广义上宗教影响宗教性跨国公司的国际关系意义何在？

其四，如何从上述案例中演绎出维护和发展中国企业海外利益的经验？对我国未来宗教政策的发展和创新有何启示？

一、宗教影响宗教性跨国公司的路径

宗教对宗教性跨国公司的影响是通过宗教的三个层次表现形式展开的。

首先，宗教对宗教性跨国公司最直接的作用是宗教的精神信仰力量，构成一系列宗教经济伦理，对这些企业所秉持的价值观念和企业文化产生影响。宗教作为对整个社会生活的整体性规范，必然包含某些规制精神生活的伦理守则，宗教不仅仅是通过祷告以祈求灵魂的救赎，而是承认人的精神需求与其物质劳动间有多种结合的方式，这种结合往往就是特定宗教的经济伦理。因此，要认识宗教对宗教性跨国公司的观念影响，关键是分析宗教经济伦理作为“与社会经济生活相关的道德价值观念和道德行为规范”① 的作用。

其次，宗教性跨国公司与其所属教会之间直接的密集相连，体现了宗教在人员组织上对这些企业的影响。判断一个跨国公司是否有宗教性，最合适的标准就是观察教会组织对其嵌入的程度，这一点包涵在本文对宗教性跨国公司的定义之中。在人员组织上宗教的作用具体有三点：其一是跨国公司员工的信仰构成与教会联系，一般来说宗教性跨国公司的员工信仰相对单一；其二是宗教性公司组织与教会之间有着密切的联系，有些甚至形成上下级的隶属关系；其三是这些公司往往成为宗教活动的非正式组织载体，员工之间的宗教联系比较紧密。因

① 黄云明著：《宗教经济伦理研究》，人民出版社，2010 年版，第 23 页。

此，宗教对宗教性跨国公司人员组织的作用是其影响最直接、有效的部分之一。

最后，宗教作为一种社会建制（social institutions）对宗教性跨国公司产生影响。具体内涵有三：一是宗教提供了信仰为基础的人际网络，嵌入宗教性跨国公司自身的社会网络，某些特殊阶段宗教性跨国公司甚至完全依赖宗教网络进行融资、营销；二是宗教在某些社会中作为非正式制度约束了宗教性跨国公司的运作模式；三是宗教在某些政教合一的社会宗教法直接规范了当地宗教性跨国公司行为。宗教社会建制对宗教性跨国公司的影响涉及面最广，影响强度最大，且往往体现出将宗教经济伦理落到实处的意义。

（一）摩门教影响宗教性跨国公司案例分析

1. 案例简介

摩门教会所属跨国公司向来神秘，但其规模却相当惊人，据估计这些企业总资产足以进入福布斯财富五百强之列。其中最具代表性的是 1967 年成立的德撒律管理公司（DMC）。作为摩门教会企业的领头羊，每年估计通过其旗下 6 家子公司有 12 亿美元收入，其子公司经营着一家报纸、11 家广播电台、一家电视台、一家出版发行公司、一家数字媒体公司、一家接待公司和一家资产规模 33 亿美元的保险公司，除在犹他州有关行业中独占鳌头外触角也早已伸向海外。

另一家综合性营利企业是 AgReserves 农业公司，它与教会经营的其他农业附属机构一起，在美国本土拥有大约 40.5 万公顷土地，在这些土地之上，教会设有农场、专属狩猎区、果园和牧场。这其中包括位于佛罗里达州的资产 10 亿美元、面积 11 万公顷的德撒律牧场（Deseret Ranches），该牧场除了饲养 4.4 万头母牛和 1300 头公牛之外，还经营柑橘、草皮和木材业务。除美国之外，AgReserves 还在英国、加拿大、澳大利亚、墨西哥、阿根廷和巴西开展业务，它在澳大利亚的产业 1997 年即价值 6100 万美元，目前估计年销售额达 2.76 亿美元。这家公司可能是美国最大的畜牧业企业之一。①

由于德撒律管理公司的独特地位和更广泛的影响力，本文摩门教的相关案例主要聚焦于这家公司。

2. 摩门教价值观念的影响

对这些摩门教宗教性跨国公司来说，摩门教教义中的经济伦理直接影响了企业的产生和发展，并且构成了这些企业文化中的核心价值诉求。

摩门教教义是以德撒律管理公司为代表的教会企业产生的主要动力来源。摩门教认为，人们在上帝回归前要在现世实现自足自立，因此在经济上要能满足自身的物质需要，必须积极参与经济活动，避免债务，② 摩门教会主教团成员奇斯·麦克慕林（Keith B. McMullin）明确指出，“我们不但关注教会成员心灵的需求，也关注世俗的需求，并且我们认为，一个在世俗中穷困的人，在灵魂上亦无法富足。”③ 是以摩门教积极鼓

---

① 见《彭博商业周刊》（中文版）文章“摩门教的商业帝国”，http://www.esame.cn/NewsView.aspx? id=8503，2013.12.24（本文网站登陆和复核时间除特别注明外均为 2014 年 3 月 3 日）。

② 参见 Robert Gottlieb：*America's Saints：the Rise of Mormon Power*（New York：Putnam's Sons，1984），p.125。

③ 见《彭博商业周刊》（中文版）文章“摩门教的商业帝国”，http://www.esame.cn/NewsView.aspx? id=8503，2013.12.24。

励信徒在全球范围内从事各项经济事业，认为这些事业既能够帮助信徒过良好的生活，也是对非信徒进行宣传的重要标志，教会企业的开办最鲜明体现了这一双重诉求。这些教会企业从事的保险、农业、媒体等行业，最初都是教会为了满足远迁到西部落后地区拓荒信众的基本生活需要而成立的，随后才慢慢开始发展壮大，进入投资、娱乐等其他行业和其他国家，体现出以企业扩张来彰显教会本身价值的特征。

更重要的是，摩门教会能发展出直属教会的庞大教会企业还是由教义将经济生活与信仰高度统一的特殊性决定的。“摩门教会与所有其他教会都迥然不同……传统的基督教和犹太教在宗教与世俗之间有着清晰的界线，而摩门教的教义却明确否认有这样的界线存在，对于教徒们来说，开设购物中心、经营一家规模上10亿美元的媒体与保险综合企业，以及波利尼西亚主题公园，都是在从事‘神的事工’，在摩门教（领袖）的世界观中，挣100万美元与遵照圣经施舍穷人是同样高尚的事情。”[①] 正是基于这种伦理，除了鼓励信徒开办企业，教会“身先士卒”建立直辖的跨国公司亦无不可，并未如其他宗教般受制于教会非盈利身份。

由于摩门教教义直接推动了摩门教跨国公司形成，其企业价值观念和企业文化自然高度受到摩门教的影响。以德撒律管理公司企业价值观为例，第一条认同规范（Align Actions）指的是“在我提供的产品和服务中，我尊重我们的主人所拥护的原则”（I honor principles espoused by our owner in the prod-

① 《彭博商业周刊》（中文版）文章“摩门教的商业帝国”，http：//www.esame.cn/NewsView.aspx？id＝8503，2013.12.24。

ucts and services I provide.)，[①] 明显是说其企业立身之本是对教会原则的服从；第四条改善生活（Improve Lives），指的是“我试图提携、激励和帮助他人找到永恒的幸福”（I seek to lift，inspire，and help others find enduring happiness），[②] “永恒的幸福”指明了其企业目标的宗教性；第六条个人奉献（Invest Personally），指的是“我追求在我的工作中注入光明和真知”（I seek to instill light and knowledge in my work），[③] 则是说其员工的发展要服从宗教的价值标准。毫无疑问，这些信条都有着鲜明的宗教色彩，体现出了对员工信仰或至少是价值观念的宗教性规范。

总之，摩门教对其宗教性跨国公司的影响体现在以宗教经济伦理促成摩门教跨国公司的产生，更进一步将自己的理念直接灌输进这些企业的基本企业价值之中，塑造了这些企业的企业文化。

（二）摩门教人员组织的影响

摩门教对其所属跨国公司的影响还体现在教会人员组织对企业的直接嵌入。在员工中摩门教徒占据压倒性优势，教会组织与这些企业形成了上下级的隶属关系，并且公司内部有比较活跃的宗教非正式组织存在，都反映了摩门教对这些企业的巨大影响力。

---

① 见德撒律管理公司网站主页“Mission Statement”部分：http：//deseret-management. com/mission-statement/，2014. 1. 16。

② 同上。

③ 同上。

首先是在员工的信仰构成上，摩门教会企业员工，特别是高层，绝大多数都是虔诚的摩门教信徒。以德撒律管理公司为例，虽然无法获得关于所有员工信仰的第一手统计，该公司作为越来越国际化的跨国企业也强调员工背景的多元化，但仅仅观察该公司的高层管理人员可以发现他们几乎都是摩门教信徒。德撒律管理公司总裁兼 CEO 奇斯・麦克慕林本人是摩门教教会总主教团（Presiding Bishopric）一员；该公司主管社区关系的副总裁 Roland A. Radack 同时负责着该公司下属的摩门教会慈善基金（The Church of Jesus Christ of Latter-day Saints Foundation），显然是摩门教信徒；德撒律管理公司下属德撒律新闻数字媒体公司负责人 Clark G. Gilbert 毕业于摩门教会所属的杨百翰大学并育有 7 个子女，基本可以判定也是一位摩门教信徒；[①] 德撒律书籍公司负责人 Sheri Dew 曾在摩门教会下属社会救济机构中担任要职。[②] 整个高层中，除了因并购而成为高管的一位负责人外，其他几乎都是摩门教徒。假如说员工个人信仰相对单一逻辑上并不必然意味着摩门教会对其所属跨国公司影响的话，那么摩门教会特殊的人员管理模式则提供了另一重重要保证。摩门教会实施严格的自上而下的科层制，每个信徒都直属于某个分支（Branch），直到最高阶的总主教团，定期要参加活动并且收入要“什一奉献”给教会，企业内信徒与教会联系异常紧密。这就能充分说明，摩门教会从员工个人信仰层面对德撒律管理公司为代表的教会企业有关键影

① 相对高的生育率是摩门教徒的重要标志。

② 参见德撒律管理公司网站主页“Leadership Team”部分，http：//deseret-management. com/about-us/leadership-team，2014. 1. 17。

响力。

其次，在最重要的公司组织与教会隶属关系上，摩门教会与其所属企业之间形成了上下级的垂直管理体系。且不说摩门教最高领导人之一的总主教团成员直接担任德撒律管理公司这些教会企业的总裁兼 CEO，在组织关系上，摩门教会与其各企业事实上是一体的。在整个架构最顶端，摩门教会由所谓的“耶稣基督后期圣徒教会总会会长公司”（Corporation of the President of the Church of Jesus Christ of Latter-day Saints）运作，它是“单一法人”实体，这个单一个人对应的是摩门教最高领导人先知孟荪（Thomas Spencer Monson）。摩门教会总会会长并非选举产生的职位，当一任总会会长卸任或去世时，将由在十二使徒定额组（Quorum of the Twelve Apostles）中服务时间最长的一位长老接任，十二使徒定额组是神职权柄机构，通常被称为“十二使徒”。每一位新上任的总会会长会亲自挑选两位咨理，辅助他履行领导职务，这三人组成的领导集团称为总会会长团（First Presidency）。该教会的下一级管理层是“总会持有权柄人员”（General Authorities），共有 100 多人，包括总会会长团、总主教团、十二使徒定额组和两个七十员定额组（Quorum of the Seventy），他们中总主教团成员构成了“耶稣基督后期圣徒教会总主教公司”（Corporation of the Presiding Bishopric of the Church of Jesus Christ of Latter-day Saints）。

德撒律管理公司董事会共有 10 名董事：总会会长团的 3 人、总主教团的 3 位主教、十二使徒定额组的 3 位资深长老，加上兼任总主教团成员的总裁麦克慕林本人。董事会引导公司的发展方向，在整体战略和主要交易上拥有决定权，但直接的管理由下属企业各自的董事会和管理团队负责。[①] 关于摩门教会及其企业的组织关系见下图：

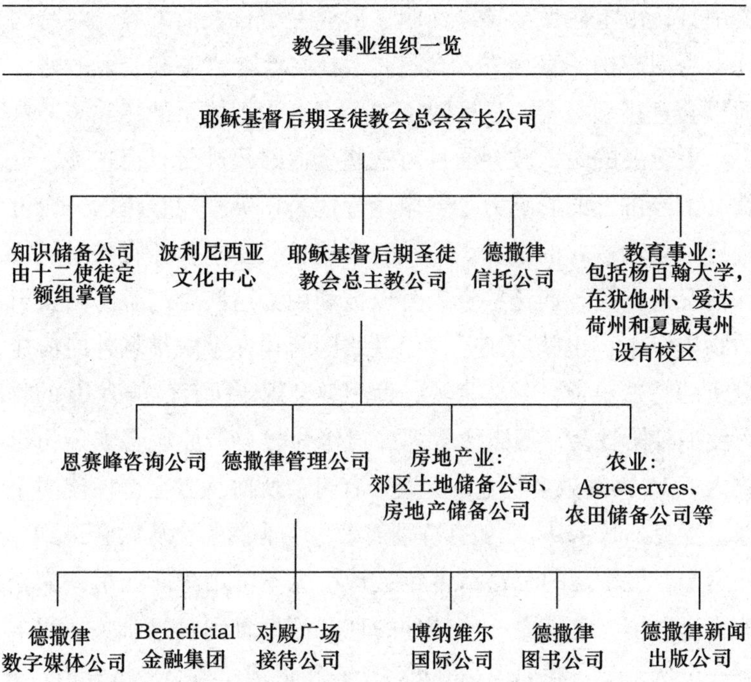

图1　摩门教会与所属企业组织关系图[②]

从上文描述可以清楚地发现，摩门教会本身教会领导机构

---

① 这些信息均来自《彭博商业周刊》（中文版）文章《摩门教的商业帝国》，http：//www. esame. cn/NewsView. aspx？id＝8503，2013. 12. 24。

② 引自《彭博商业周刊》（中文版）文章“摩门教的商业帝国”，http：//www. esame. cn/NewsView. aspx？id＝8503，2013. 12. 24。

直接组成公司法人，如最高领导人先知对应耶稣基督后期圣徒教会总会会长公司，次一级的领导机构总主教团和十二使徒等对应耶稣基督后期圣徒教会总主教公司，最后在下属公司董事会中直接由上述教会领导任职，形成一个自上而下教会对跨国公司组织架构的直接嵌入。同时，在财政、人事和企业战略方面教会直接领导企业，反映了一个垂直管理体系的建立。

更重要的是，教会通过对这些企业财政进行直接扶持，也就有了经济上的影响力。德撒律管理公司等摩门教跨国公司可进行宗教动员式的融资，即教会根据教义要求信徒在平时或特殊情况下捐资，而这些资金可以被利用为这些摩门教跨国公司的物质资本，也就形成了摩门教跨国公司在金融市场外向信徒融资的特殊渠道。具体来说，摩门教会规定所有信徒1/10的收入要捐献给教会，德撒律管理公司作为教会产业也将本公司年收入1/10捐给教会基金，但资金有时会反向从教会金库流向企业。麦克慕林承认，“如有特别需求，企业偶尔会从教会得到一些资金，但幸运的是这么多年这种情况不常出现。如果一家企业遭逢厄境，它需要一些额外的现金流，直到渡过难关。我来举一个例子吧，我们现在就正经历一个厄境：就是经济衰退。”[①] 显然，在这个意义上教会财政与教会跨国公司的财务一定程度上重叠，教会通过资金渠道对有关企业的行为具有了控制力。

最后，作为宗教活动的非正式组织载体，德撒律管理公司为摩门教会活动提供了组织平台，构成了教会的基层分支单位。摩门教会的管理方式要求信徒达到一定的人数后就在他们

---

① 参见《彭博商业周刊》（中文版）文章“摩门教的商业帝国”，http://www.esame.cn/NewsView.aspx?id=8503，2013.12.24。

聚集的地区成立特定的分支机构，而德撒律管理公司等教会企业事实上就是一个聚拢摩门教信徒的平台，信徒通过公司渠道建立联系后根据人数组织基层教会单位，每周固定进行聚会等宗教活动。与公司接受教会自上而下的科层化管理不同，这是教会与跨国公司在基层之上的直接联系，这一层次宗教性功能较强，与企业直接的运营相对较为疏离，但并不排除通过这种宗教和跨国公司基层组织的“映射”来实现宗教对跨国公司的作用。

总之，通过公司人员信仰、教会与公司组织联系以及公司内部非正式宗教组织的活动，从个人到机构渐次反映了摩门教对教会跨国公司组织的极大影响。

（三）摩门教社会建制的影响

除了在信仰观念、人员组织上的影响外，摩门教在社会建制上对宗教性跨国公司也有着一定的影响力。一般来说，宗教社会建制包括宗教社会网络、宗教非正式制度和宗教正式制度三个部分，但摩门教对宗教性跨国公司的影响主要依赖宗教社会网络，在宗教非正式制度和正式制度方面相对较弱。

摩门教的宗教社会网络是指基于共同摩门教信仰而产生的人际互动关系结构。与一般的宗教社会网络一样，“宗教作为一个有具体组织形式的社会实体，对其成员起着直接回报的作用。……宗教组织给一些人提供地位、收入、自我尊严感、社会关系、娱乐，以及其他一切他们所看重的东西作为回报。”①

① ［美］罗德尼·斯塔克著，黄剑波等译：《基督教的兴起——一个社会学家对历史的再思》，上海古籍出版社，2005 年版，第 43 页。

这体现在摩门教会常常主动参与到信徒的社会网络建设，通过提供社会支持、传递信息、联系商业机会等方式，促成信徒之间合作协力获取经济和社会利益，从而在在精神信仰之外提供一种社会网络的吸引力。而且这些成功教徒往往又会进一步增强本宗教社会网络资源，本宗教影响力得以提高。正是通过这一功能性机制，摩门教社会网络的影响往往可以有效嵌入宗教性跨国公司的社会网络中。

具体来说，摩门教会的宗教社会网络为摩门教跨国公司的发展提供了很大的助力。上文已经提及了摩门教鼓励其信徒追求财富，很多摩门教徒通常是具有一定社会经济实力的人士，[①] 摩门教徒在为他们的事业建立社会网络方面可谓功不可没，如酒店业巨头万豪国际集团创始人马里奥特通过摩门教会保持着大量的商业联系，其中最为人所知的是他与知名汽车工业商人和政客乔治·罗姆尼（George W. Romney）[②] 数十年的友情与合作。[③] 而成功之后，马里奥特与其他摩门教商界精英为教会企业发展也做出了贡献，20 世纪 70 年代他们出任非正式顾问为教会财政改革提供知识和经验的支持，推动了摩门教

① ［美］罗德尼·斯塔克著，黄剑波等译：《基督教的兴起——一个社会学家对历史的再思》，上海古籍出版社，2005 年版，第 48 页。

② 其幼子正是 2012 年美国总统大选共和党候选人米特·罗姆尼（Willard Mitt Romney），小罗姆尼名字中的 Willard 即取自马里奥特（John Willard Marriott），马里奥特之子比尔·马里奥特（Bill Marriott）还在 2012 年大选中为小罗姆尼捐款百万美金。

③ 根据其个人传记的介绍，转引自维基百科马里奥特的词条，http://en.wikipedia.org/wiki/J._Willard_Marriott，2014.1.19。

会企业化，为摩门教会直属企业发展献计献策。① 同时马里奥特还捐资摩门教会杨百翰大学的马里奥特商学院（Marriott School of Management）使之成为全美顶级商学院之一，校友关系遍布全球，而大量校友服务于摩门教会企业，德撒律管理公司高层或本科或工商管理硕士几乎都毕业于杨百翰大学。这些事实都体现了摩门教跨国公司发展过程中宗教社会网络无处不在的影响，而且可以合理地推想只要摩门教社会网络与跨国公司社会网络之间的良性互动可以循环下去，宗教社会网络的影响就会不断加强。

在宗教社会制度方面，由于摩门教跨国公司的总部所在地美国在宪政上贯彻保护私有制的原则，教会企业作为私人企业和组织团体被允许存在，其宗教性就有了美国宪法的保护，尽管对教会办企业争议很多，但仍较少被政府或其他外部势力干预。但同样基于美国宪法中政教分离的原则，宗教教义很难被直接转化为法律法规，哪怕在摩门教占据绝大多数的犹他州也是如此，因而宗教很少产生一个社会的正式制度，所以相对影响力就较低。

总之，摩门教社会网络为摩门教跨国公司发展提供了各种人脉、关系上的协助，但由于美国宪政体制的原因，宗教作为正式或非正式制度影响几乎无法体现。

① 参见 Robert Gottlieb：*America's Saints*：*the Rise of Mormon Power*，pp. 109 – 110。

二、伊斯兰教影响宗教性跨国公司的案例分析

（一）案例简介

20 世纪 80 年代末以来，一批中小型规模的伊斯兰企业在土耳其等中东国家开始兴起，其中一些更是逐步发展成为了跨国企业。其中最典型是土耳其孔巴桑公司（the Kombassan Corporation），这是一家总部位于土耳其孔亚（Konya）横跨机械制造、汽车引擎、建材、石油化工产品和餐饮零售诸多领域，在美国、欧洲和中亚有大量投资的跨国公司，这家公司虽然未形成摩门教会和德撒律管理公司那样清楚的上下级隶属关系，但是伊斯兰教对这家公司的影响渗透到了企业文化、市场营销、资本累积各个层面，甚至这些企业没有以清真寺为枢纽的伊斯兰教网络支撑就无法维持，所以在这个意义上是一家比德撒律管理公司更具有宗教性的跨国企业。

与这些实体企业高速发展相适应，20 世纪 70 年代以来伴随着石油资本的快速累积，中东伊斯兰国家出现了一大批伊斯兰跨国银行，例如 1975 年创立的阿联酋迪拜伊斯兰银行，1977 年的科威特金融社，1978 年的约旦伊斯兰银行，1979 年的巴林伊斯兰银行和伊朗伊斯兰银行，这些伊斯兰银行与孔巴桑公司一样，未必与某个单一的教会有直接隶属关系，但企业行为都有着很强的宗教性，服务对象也集中在穆斯林，所以也是典型的宗教性金融跨国公司。

本文在研究伊斯兰教案例时以孔巴桑公司为主要对象，在涉及非正式制度时则介绍孔巴桑公司和伊斯兰金融企业的金融

往来方式以便于理解。

（二）伊斯兰教价值观念的影响

与摩门教跨国公司中宗教教义转化为企业文化略有不同，伊斯兰教信仰的宗教经济伦理更多体现在对企业形式的塑造，特别是鼓励了大量中小型跨国企业的诞生，因而宗教价值观念更体现出潜移默化的长远的影响。

一方面，伊斯兰教经济伦理在财产权方面对包括伊斯兰教跨国公司所有权做出了特殊的规定。伊斯兰教教义认为一切财产真正的拥有者是真主，世人对财产只有暂时的、相对的占有权，因此既要维护财产的私人占有，承认现实社会中贫富差异现象有其合理性，另一方面主张人人都应享有真主所赐予财产的权利，特别鼓励伊斯兰教跨国公司财产所得的利润用来供给智能低下的人，帮助普通人分享安拉所赐予人类的财富，伊斯兰教企业在天课、纳税等再分配方面的企业负担较重。① 因此像孔巴桑公司这样的伊斯兰教跨国公司股权往往均分在 3 万多个小投资者手中，这对摩门教会单独控股的德撒律管理公司来说几乎不能想象，而这也体现出了伊斯兰教信仰对跨国公司形式的直接作用。

另一方面，伊斯兰教经济伦理对伊斯兰教跨国公司的经营也有一定的推动作用。伊斯兰教教义强调要以精明能干的人来管理财产、发展生产以使财产增值，《古兰经》也认定经商是受真主喜爱的职业，鼓励教民远行经商勤劳致富，外出经商时

---

① 参见孙颖慧：《伊斯兰经济思想与中国西北地区穆斯林社会经济实践》，载《宁夏社会科学》，2002 年 11 月第 6 期，第 53—54 页。

哪怕减短拜功也无罪。因此伊斯兰教跨国公司往往根据这一教义发展出了一套独特的非正式制度,[①] 更重要的是伊斯兰教跨国公司从教义中获取了很强的开拓精神，往往在企业未发展到寡头垄断的情况下就更愿意走出国门，利用全球穆斯林网络开展经营，这样才会有大量中小型伊斯兰教跨国公司的产生。

比较之后可以发现，伊斯兰教教义中这些财产权和经营权的规定体现出了鲜明的两重性：积极的一面是鼓励资本累积，鼓励商业开拓和所谓“企业家精神”（entrepreneurship）产生，使穆斯林乐意离开母国在他乡经营跨国事业，伊斯兰教跨国公司在世界市场中非常活跃；不利因素是由于强调现世的公平和再分配，直接的非生产性消费增加，资本再生产利用相对不足，对个人所有权的限制使得产权关系相对模糊，个人激励相对较少，可能会对创新形成掣肘。这种两重性部分能解释为何除能源企业外，伊斯兰教跨国公司往往以非资本和技术密集型行业的中小型企业居多。

（三）伊斯兰教人员组织的影响

在人员组织上，伊斯兰教跨国公司员工中穆斯林信徒占据了压倒性的优势，同样也是重要的宗教非正式组织的载体，但教会与跨国公司的联系却不是像摩门教那样有着明确的上下级隶属关系，而是以另一种更直接方式介入企业管理。这些都反映出了伊斯兰教对宗教性跨国公司的影响力。

伊斯兰教跨国公司主要的员工都是穆斯林，这是由于这些企业通过宗教关系进行组织建设决定的。孔巴桑公司等中小型

① 后文伊斯兰教社会建制对伊斯兰教跨国公司的影响中有较详细分析。

伊斯兰跨国公司进入穆斯林为主体的市场时，通常要求招募穆斯林员工。因为这些企业所从事的零售、餐饮、汽车维修等劳动密集行业有着特殊的人力资本需求，往往不追求高技术、高学历的人才，但对员工诚信、勤劳、亲和等职业操守方面的要求较高，而且短时间内需要的人员绝对数较大。由于这些中小型跨国公司往往企业内制度化获取人力资源的能力相对较低，加之这些地区人力资源的市场化程度较低，在一个宗教氛围浓厚的社会，员工共同信仰背景往往被视作他们更可能符合本公司的价值观和行业标准的保证，而且穆斯林服务穆斯林能有效避免许多文化习惯沟通方面的难题。这就决定了伊斯兰教跨国公司员工在信仰结构上比摩门教跨国公司更加单一化，宗教的门槛更高，体现出了伊斯兰教对这些跨国公司的巨大影响力。

伊斯兰教教会组织对伊斯兰跨国公司的影响力体现在宗教权威从这些企业外部发挥了不可替代的作用。可以在与摩门教会比较中认识到伊斯兰教在组织上与宗教性跨国公司的特殊联系。摩门教会和摩门教跨国公司有着直接的上下级隶属关系，在组织结构上教会是企业的最高领导，并且通过董事会这一现代企业管理制度实现对企业的控制，形成了一种教会企业化的组织联系。孔巴桑等伊斯兰跨国公司却并未在组织上明确隶属于某个单一的伊斯兰教宗教组织，事实上伊斯兰教本身也没有摩门教这样的科层制结构。而这些伊斯兰教跨国公司的董事会成员虽然都是穆斯林，也没有像摩门教那样有教义严格规定服从一个最高的上级。但这并不能说伊斯兰宗教组织不重要，恰恰相反，这些企业各项经营管理活动中高度依赖以某些清真寺为枢纽的伊斯兰宗教组织。孔巴桑公司数量众多的持股者们分散在土耳其和欧洲各国穆斯林社区，但他们之间往往通过在某几个清真寺做礼拜，或者他们亲属有类似宗教组织联系才会共同投资于那些伊斯兰教企业。这决定了相关清真寺阿訇或毛拉往往对企业管理有着基于宗教权威的话语权。当企业经营中持股者发生意见冲突时，往往首先求助于宗教领袖担任仲裁者，在事关企业重大经营决策时会邀请这些领袖任担保人，最后宗教领袖还是企业之间商务联系最重要的中介，不夸张地说，伊斯兰教宗教组织只是没有在企业管理制度上直接“出头”，在其他各个领域都对伊斯兰教跨国公司有着巨大的组织影响力。因此在这个意义上，清真寺为中心的伊斯兰宗教组织构成了伊斯兰教跨国公司组织的外部权威，而不是像摩门教教会通过企业自身管理制度来形成组织联系。

最后在这些伊斯兰教跨国公司内部，宗教非正式组织活跃度相当高。这些跨国公司往往明确规定在早中晚特定的时间允许员工实行拜功，而且在有条件的地方还辟出专门的空间或提供器具组织员工进行礼拜，某些企业明确鼓励员工朝圣，给予津贴作为企业福利，甚至公司为单位进行朝圣活动。从中可以发现伊斯兰教跨国公司的宗教非正式组织功能比起其他宗教性跨国公司是最明显的。

总之，伊斯兰教跨国公司特殊的人才需求使得伊斯兰教关系网络在公司人员招募中有很大影响力，员工几乎都是穆斯林，而教会组织虽然没有直接通过企业组织对伊斯兰教跨国公司进行控制，但以一种企业外部权威的方式全面影响了企业事务，最后伊斯兰教跨国公司中宗教非正式组织的活跃程度也是最高的。

（四）伊斯兰教社会建制的影响

伊斯兰教社会建制包括伊斯兰教社会网络、宗教非正式制度和正式制度三个层次，与摩门教集中在宗教关系网络不同，这三个层次在伊斯兰教对伊斯兰教跨国公司的影响中都有着鲜明的体现。

1. 伊斯兰教社会网络的影响

伊斯兰教社会网络对宗教性跨国公司的影响往往是宗教组织影响的延伸和扩展，表现在宗教组织为宗教社会网络的建立提供了最基本的支撑，而这些宗教社会网络则在企业经营活动中发挥了重要作用。

首先，伊斯兰教社会网络往往附着于企业的组织结构之中。以孔巴桑公司为例，这家企业的众多投资者之间除了具有同一间清真寺礼拜的教友身份外，更重要的是通过宗教组织逐渐形成了一个宗教社会网络，来参与和影响企业的经营管理。他们之间的关系除了某些重要时刻依靠阿訇或毛拉代表宗教组织权威介入之外，大多数时候的企业日常经营主要依靠彼此之间基于共同宗教信仰产生的社会网络来维持，依靠宗教网络建立的人际信任来实施管理，而不像摩门教公司宗教社会网络体现在企业外部的协助作用。

其次，伊斯兰教社会网络更是在企业的日常生产经营各个环节中都有着很大的作用。在营销渠道上，孔巴桑公司等伊斯兰教跨国公司非常注意主要依靠宗教社会网络寻找代理商、合伙人，这种方式对于这些中小型企业来说有着低成本和高收益的双重特性，更重要的是在宗教关系网络中的共同位置保证了在进入陌生市场时相对减少风险，或建立起必要的信任。同样，在供货渠道上，这些伊斯兰教跨国公司高度依赖宗教社会网络寻找可靠的货源，尤其对于餐饮行业，对食材的限制决定了这些跨国公司只相信某些特定的供货商，而这些供货商往往都是通过穆斯林之间的关系介绍认识的。在推广宣传上，伊斯兰教宗教网络往往扮演了重要的信息传递渠道，通过信众之间的口口相传，推广这些企业的产品或服务。这都说明伊斯兰教社会网络在企业的日常经营活动中是不可或缺的。

总之，伊斯兰教社会网络往往超越了摩门教对宗教性跨国公司的影响程度，在于它更加全面、深入渗透进企业组织和日常经营之中，这比摩门教社会网络主要提供一种人际关系的平台更进了很大一步。

2. 伊斯兰教非正式制度影响

伊斯兰教教义对世俗生活的诸多方面有着非常明确的规范，为了适应教义的相关需求，发展出了一套伊斯兰教经济非正式制度。最为典型的是伊斯兰跨国公司和伊斯兰国际银行的借贷融资模式。伊斯兰教教义提倡勤劳致富，认为人们应热爱劳动和保持诚实、勤恳、俭朴的作风，鄙视依靠投机手段获取财物，因此不允许货币自动产生货币财富，只接受通过劳动，将货币投入创造财富活动中累积资本获取利润，但为满足企业金融服务需求，在长期实践中形成了一套习惯性运行规则，其中运用最广泛的是 Murabaha（成本加融资）和 Musharaka（股本参与）。

Murabaha 大概占到了所有伊斯兰教企业金融交易份额的 75%，具体流程是客户出于购买原材料、机器设备或者耐用消费品特定目的向伊斯兰银行提出代买请求，并提供购买物品的规范说明、价格、属性和市场信息，在银行核查信息后，如双方一致接受条款和条件，银行和客户签订加价合同，然后按照合同由金融机构购买客户需要的特定货物，直接以现金形式全部或部分支付款项，最后客户根据合同规定付款，一般为一次性付款或分期付款。商品的最终价格包括金融机构支付给原销售方的价格以及银行的利润。这一过程中双方并没有涉及贷款，合同买方无论即期付款还是分期付款都付同样的价格，银行只是真正的购买并出售，其利润来自服务费用及交易风险，通过代买服务而非贷款利息获取利润。① 作为跨国企业的伊斯兰银行与其客户借助这一习惯规则在遵守教义前提下各取所需。

Musharaka 也是伊斯兰教教义允许的融资模式，它类似传统合资经营，企业家和投资者都不同程度交纳经营所需的资本（资产、技术与管理经验以及营运资金等），将其委托给一个或一群企业家，并同意按事先确定的比例分享收益（以及分担风险）。传统上，这种交易形式被用于为固定资产和中长期营运融资。② 这一模式广泛运用在非金融行业的土耳其跨国公司，孔巴桑公司多达三万个投资者将其资本委托给 40 多个代表（representatives）管理，这些代表在公司决策方面每人拥有

① 参见中国宗教学术网文章《伊斯兰金融体系形成的市场基础与金融特性研究》，http：//iwr. cass. cn/preview/sjzjxsw/zjyjj/201006/t20100623 _ 0. htm？ randid = 0. 1256635684505567，2014. 1. 20。

② 参见金融与发展网站，http：//www. cfeph. cn/cfeph/finance. nsf/6a8d70d347f50e6f4825672e001b0184/3655e17b3ff2ca734825682600leadcc?OpenDocument，2014. 1. 20。

2.5%权限。[①] 从中可见伊斯兰教经济伦理中主张将财产由有才能者来运营，又强调权限的公平划分的特点。

总之，伊斯兰教非正式制度对跨国公司的影响体现在由教义演进出的一系列现实生活中的行为习惯、模式规范，一定程度上是对精神信仰的“实体化”，因此其对宗教性跨国公司作用的效力相比纯粹的价值观念更直接和具体。

3. 伊斯兰教正式制度影响

伊斯兰教国家往往在宪政体制上政教并未严格分离，伊斯兰教法的影响力相对其他宗教法律要明显得多，往往是将宗教教义具体化为律法规则，构成了对伊斯兰教跨国公司的有力约束。

传统上，伊斯兰教并不同意“上帝的归上帝，凯撒的归凯撒”这种观点，因而伊斯兰教教义本身往往充当世俗社会的最高准则，具体落实在伊斯兰教法的产生和执行。伊斯兰教法原意为“道路”，是一套以伊斯兰教教义为准则的法律，根据《古兰经》和可靠圣训内容，对人民日常生活和行为做出法律规定，是以又被称为伊斯兰法律。现代社会中，仍有相当多伊斯兰国家实施伊斯兰教法，在某些政教未分离的国家，如伊朗、沙特、也门，在所有司法领域、所有穆斯林和非穆斯林完全实施教法；而政教分离程度高的国家，如摩洛哥、埃及、利比亚由政府在涉及财产、婚姻、监护等特定领域、在穆斯林

① 参见 Emin Baki Adas：“Production of Trust and Distrust：Transnational Networks，Islamic Holding Companies and the State in Turkey，” *Middle Eastern Studies*，Vol. 45，No. 4（July 2009），p. 629。

族群内部间[①]执行伊斯兰教法，马来西亚、印度尼西亚等联邦制国家则根据不同地区信教比例来选择适用。[②]

伊斯兰教法对经济、银行金融业、商业法、合同法律等实际问题有一系列规定。其中包括缴纳天课，从财富、农产品和家畜中缴纳天课被规定为每个穆斯林义不容辞的责任，伊斯兰教跨国企业往往需要缴纳这种宗教色彩的税收；所有权具神圣性，如穆斯林交纳了应纳的天课，则他的其它正当财富所有权不能被任何方式侵占或侵害，除非是因被认可的其它罪责，所以在大多数穆斯林国家除天课之外企业所得税相对宽松；私人所有权不是绝对的，因个人使用财富的方法影响了社会发展和福利，在承认他是该财富的所有者但被证明不能胜任使用该财富时，国家有权剥夺其对该财富的使用权，这样伊斯兰国家往往有合法干预伊斯兰跨国公司经营的理由；不得侵占，通过不公平或不正当的方法侵占或挥霍其他人的财富和财产是被禁止的，非法经营所得和利息是侵占的主要形式，其它经济活动据此原理或被允许或被禁止，这就要求跨国企业必须合法经营，同时在金融活动方面受到了严格限制；[③] 强调证据和文件的重要性，在金融交易、订立遗嘱或申请贷款等，当事人将被要求订立正式协议并需要第三方见证，以避免任何因口头协议或道德约束等形成的争议，而这些文件证据则有伊斯兰教神圣性作

① 少数情况下穆斯林起诉非穆斯林的案件也会在伊斯兰教法庭审判。

② 参见维基百科“伊斯兰教法”（Sharia）词条，http：//en.wikipedia.org/wiki/Sharia，2014.1.20。

③ 因此前述非正式制度的某些安排弥补了正式制度中对金融服务严格要求带来的问题。

为担保，从而规范了跨国公司的交易行为。这些伊斯兰教法对在当地活动的伊斯兰教背景跨国公司来说有非常大作用，体现了宗教作为正式制度的影响力。

总之，伊斯兰教通过伊斯兰教法作为正式制度对宗教性跨国公司产生了直接的影响，以法律的形式将宗教价值观念具体化为对企业行为的规制，因此是一种非常特殊但又强力的宗教影响宗教性跨国公司方式。

三、宗教影响宗教性跨国公司的类型分析

上文分别观察了摩门教和伊斯兰教两类不同案例中宗教对宗教性跨国公司的影响，在这一章节中将对这两类案例进行比较分析，试图得出不同的宗教影响宗教性跨国公司的类型，从个别到整体渐次递进分析产生这种差异的原因，从而加深对宗教影响宗教性跨国公司这一国际现象的理解。

（一）宗教影响的类型归纳

尽管摩门教和伊斯兰教都从价值观念、人员组织和社会建制三个层次对相应的宗教性跨国公司产生了影响，但是具体影响方式仍然有相当大的差异，可以说这两种宗教代表了两类典型。

摩门教对宗教性跨国公司是一种“宗教在企业中”或“基于信仰”（faith-based）的影响方式，宗教力量通过企业自身的制度程序起到作用，影响幅度更深入，但在具体商业行为

和环境中宗教留给企业自主性反而较大。伊斯兰教对宗教性跨国公司是一种“企业在宗教中”或“信仰驱动”（faith-inspired）的影响方式，宗教力量以其本身的权威对企业起作用，影响幅度更具体，塑造而非借助现代企业管理制度来展开作用，企业行为和商业环境都有更明显宗教特征，企业自主性较小。

1. 价值观念

在价值观念上，摩门教和伊斯兰教教义都鼓励了宗教性跨国公司的成长，但在具体对这些企业作用的形式上却有着明显差异。

从上文分析可以发现，摩门教和伊斯兰教经济伦理中都将经营致富视为美德而非罪恶，这就极大鼓励了信众进行商业活动，并且开办各种有宗教性的企业。在这一点上，宗教性跨国公司都受惠于教义中最基本的对经济活动价值的肯定，很难想象一个将财富视为不道德象征的宗教能促进宗教性跨国公司的发展壮大。

但在宗教价值观念产生作用的方式上，两者体现出间接和直接，企业性和人格化两种特点。摩门教对宗教性跨国公司的影响主要体现在对企业基本商业伦理的规范，例如对德撒律管理公司企业文化的塑造，是通过企业自身文化建设的渠道发挥宗教价值观念的影响力，宗教教义并非直接原封不动地体现在企业规章制度中，而给了宗教性跨国公司较大的行事的空间，只要这些行为符合教义最宏观和整体性的要求，例如正直、诚实、追求至善等。而伊斯兰教跨国公司面对宗教价值观念时表现出一定的“人格化”特点，特别是中小型的伊斯兰教跨国公司似乎就是一个个“企业穆斯林”，穆斯林所需要尊奉的教义信条往往直接转化为企业的责任和义务，企业具体组织和行为受到了教义更多的明确约束，伊斯兰教价值观念对宗教性跨国公司的要求比较严格。这就形成了非常鲜明的对比，摩门教是宗教价值观念的间接、企业性的影响，体现出了由信仰出发的特点；伊斯兰教是直接、人格化的影响，体现出了由信仰驱动的特点。

2. 人员组织

在人员组织上，摩门教和伊斯兰教跨国公司的员工都是以本宗教信徒为主，但在教会组织对这些企业控制形式上有鲜明的不同。

上述两个案例中，不论是摩门教跨国公司还是伊斯兰教跨国公司都有着很强的吸纳本宗教信徒作为员工的偏好。对摩门教来说，教会企业有着改善教徒生活、帮助他们独立以及作为本宗教宣传“样板”的多重功能，尽管近些年来越来越提倡员工背景的多元化，但长时间内摩门教员工为主的现实不会发生改变。通过员工信仰与教会的联系，摩门教对这些企业有着很强的影响力。伊斯兰教跨国公司同样主要雇佣穆斯林信徒，这些企业也都有着类似的改善本宗教信徒生活、宣传本宗教的功能，而更重要的是穆斯林身份在企业员工招募和组织建设中起到了非常重要的筛选作用，在员工信仰的单一程度上比摩门教跨国公司有过之而无不及，伊斯兰教通过信众影响企业的力量也就更强。

与员工信仰单一化的宗教影响相反，在教会组织对跨国公司的控制方式上两大宗教采取了截然不同的制度化和非制度化形式。摩门教会采取的是自上而下的科层制管理模式，教会的各级管理层通过对应产生企业的上级管理单位，如摩门教会最高领导先知对应单一法人“耶稣基督后期圣徒教会总会会长公司”，总主教团成员构成了“耶稣基督后期圣徒教会总主教公司”，对教会所属各个企业进行垂直管理，同时委任教会领袖进入下属各个公司的董事会，形成了严密的教会对宗教性跨国公司的制度化组织控制。伊斯兰教教会组织对宗教性跨国公司的影响则几乎全是以在更大的社会范围内非制度的形式出现的。以一个个清真寺为代表的伊斯兰教组织并没有在组织关系上与企业有着直接的联系，表现在伊斯兰教组织领袖并未成立伊斯兰教跨国公司的上级单位进行垂直管理，甚至教会领袖们也没有直接进入各个企业担任董事会成员，但是宗教组织和宗教领袖往往可以通过在企业外活动发挥出影响力，利用他们的宗教权威直接干预某些企业事务。所以摩门教会组织影响摩门教跨国公司是从宗教权威出发转化为企业制度权威来展开，而伊斯兰教组织的影响则是由宗教权威产生再直接干预有关企业来实现。

3. 社会建制

在社会建制上，摩门教和伊斯兰教的宗教社会网络都对各自的宗教性跨国公司有着很大的影响力，但影响程度显然后者更强；而摩门教也没有像伊斯兰教那样有宗教非正式制度和正式制度渠道对宗教性跨国公司产生影响。

摩门教社会网络一直为摩门教跨国公司的发展提供了关键的帮助，主要是通过信徒的人际关系为这些企业发展提供智力支持、信息传递和商业机会的联系，特别在德撒律管理公司发展的早期，宗教社会网络为企业社会资本的累积做出了巨大的贡献。伊斯兰教跨国公司除了像摩门教企业那样借助宗教社会网络寻求智力支持和商业机会外，更依赖伊斯兰教社会网络进行企业日常的经营活动，特别是某些中小型的企业借助宗教网络进行最基本的企业融资、组织建设和营销渠道管理，因此与摩门教社会网络为相关企业提供间接的外部助力不同，伊斯兰教社会网络更像是这些企业内部维持运作所必不可少的元素。

而在宗教非正式制度和正式制度方面，摩门教和伊斯兰教的差异就从“量”上的不同变成一种“质”上的不同。摩门教的宗教习惯、文化等非正式制度较少在这些跨国公司与其他市场上的行为体互动过程中表现出来，摩门教跨国公司之间也主要根据市场的原则处理相互关系，但是伊斯兰教有着一整套更加丰富、完整的非正式制度体系，对相关企业的商业行为做出了更加明确和细致的规定。在正式制度上，摩门教甚至都不能在其占多数的美国部分地区成为正式制度的合法来源，而伊斯兰教的宗教法则把教义中对宗教经济伦理的规定转化成了企业所必须要遵守的法律，特别是在财产权、经营权和继承权方面。这就更突显了摩门教影响“宗教在企业中”模式的特点，相反伊斯兰教影响的强社会性则是典型的“企业在宗教中”。

（二）类型差异的根源分析

上文分析了摩门教和伊斯兰教影响宗教性跨国公司形成了“宗教在企业中”和“企业在宗教中”两种模式，在归纳的基础上必须对产生这种差异背后的根源进行分析，从而更进一步理解宗教影响宗教性跨国公司这一现象。

1. 宗教形态的影响

宗教影响宗教性跨国公司的类型差异最基本的根源是宗教本身在教义上关键设定和组织形式上的差异，宗教形态是最基础却也是被容易忽略的原因。

显然，在教义上摩门教和伊斯兰教虽然都支持经商致富，都鼓励开办具有宗教性的企业，但是却对宗教与经济活动的关系这一前提性问题有不同设定。摩门教经济伦理中将教会的宗教事务与经济事务在一定程度上视作一体的，不对教会直接参与经济活动做出限制或区分，反而为推动教会自身的“企业化”扫清了宗教伦理上的障碍，并且“教会企业化”成为20世纪70年代教会财政改革中的核心举措，最终促成了摩门教的跨国公司从教会中脱胎而出，因而既然教会本身都有着企业化的倾向，那么摩门教对这些企业的影响自然也是选择由一种企业制度化的路径来展开。与之相反，伊斯兰教的教义本质上仍在教会的宗教功能与经济功能之间有明确区分，信徒当然被鼓励经商致富，但教会更多承担监护信徒根据教义进行经济活动并承担相应宗教义务的职责，而不是直接作为经济活动的参与者。这就决定了伊斯兰教宗教组织不可能企业化，也不需要企业化，因此对宗教性跨国公司的影响更仰仗教会宗教权威性的一面。

另一个重要的差异是摩门教和伊斯兰教本身组织形式的分别。显然，摩门教能够通过教会企业化进而产生对相关企业的上下级控制，关键要由教会本身的科层制作为前提。摩门教与世界上绝大多数宗教不同，其教会组织是建立在下级服从上级的科层体系之上的，每个信徒都被纳入特定的级别，有相应的宗教单位和负责人，直到作为教会最高领导人的先知。而后摩门教跨国公司很容易根据教会的科层找到一个对应的位置，再将上级宗教单位转化为企业法人，就形成了教会在组织上对企业的控制，明细表现出了企业建在教会基础上的特点。伊斯兰教宗教组织显然没有这样严格的从宗教领袖到所有信徒的上下关系，而是一种神职人员和信徒间相对直接但也松散的人际联系，信徒以某间清真寺为宗教活动的载体，进行礼拜或听阿訇布道，颇类似现代管理制度中的“扁平模式”。因此宗教组织本身对信徒的影响就依赖宗教领袖个人的权威，依赖非正式的人际关系，在宗教组织结构上就不具备转化为正式机构的潜力，对伊斯兰教跨国公司自然不可能采取摩门教式的企业科层制度管理，因此穆斯林开办、经营企业种种行为都受到了伊斯兰教的驱动和激发，但却并不是直接以宗教组织为具体化组织基础的。

总之，摩门教和伊斯兰教“宗教在企业中”和“企业在宗教中”两种影响宗教性跨国公司的模式与宗教形态的特点有着密不可分的联系，这体现在宗教教义上对宗教生活与经济生活关系不同认识和宗教组织上科层制与扁平式的差异。

2. 宪政体制的影响

宗教对宗教性跨国公司影响的类型差异还在很大程度上取决于这些企业所在国家和地区宪政体制对宗教在整个社会中地位的规定，以及由此决定的整个社会的宗教化程度。

摩门教对宗教性跨国公司“宗教在企业中”的影响模式是由美国政教分离和保护私有权两大宪政原则共同塑造的。摩门教跨国公司的母国宪政体制上的政教分离的原则决定了任何宗教不能转化为宗教法，也就是说宗教教义本身不能作为正式制度的直接来源，因此在这样的环境中宗教没有通过成文法对宗教性跨国公司进行约束的渠道。同样由于政教分离原则，特别考虑到摩门教在总体人口比例上仍是少数派，宗教非正式制度的影响也受到了很大限制，单一宗教习惯和文化虽然应该受到尊重，但是否应受到正式制度的保护，是否应在其他信仰情况的人群中仍有效，则还处于法律允许与否定的模糊地带，一直处于相当的争议中。因此在政教分离的模式下，唯一能够合法起作用的宗教社会建制只能是宗教社会网络，哪怕如此，摩门教社会网络的过分强大在某些场合也会引起美国主流社会对该教教企不分的疑虑，进而担心这种特殊的所有制会破坏美国政教分离的传统，宗教社会网络力量也或多或少受到制约。

为了规避政教分离原则可能带来的对摩门教跨国公司的攻击，教会只能寻求宪政体制中保护私有产权这一原则的帮助，教会作为法人拥有财产是完全受到保护的，可以说企业、学校等私法意义上的法人“信仰为基础”可行，但“信仰为一切”绝对不行。因此当教会本身借助企业制度而非宗教权威进行管理时，只要在美国宪法允许的自由经营的权限内，凸显其企业性能有效规避某些争议，并以企业表面上的“去宗教化”来保护内核的宗教性。因此由企业化来展开的“宗教在企业中”模式是由政教分离原则的限制和保护私有产权原则的允许所同时塑造的。

伊斯兰教影响宗教性跨国公司则直接受到了伊斯兰国家政教分离相对滞后的作用，宪政的宗教化推动了社会的宗教化，最终形成了“企业在宗教中”的模式。在伊斯兰教跨国公司密集的中东地区，伊斯兰教对世俗生活的影响力显然是毋庸置疑的，许多国家仍然在不同程度上承认伊斯兰教法的权威性，这就保证了宗教能够通过正式制度的渠道对宗教性跨国公司产生持续的影响力。既然伊斯兰教法仍然是有效的，那么伊斯兰教的非正式制度往往在宪政制度中是被默许的，而且由于穆斯林占了绝大多数，也就较少有非正式制度适用于其他信仰人群的问题，纵然存在，也主要通过少数派对穆斯林非正式制度的接受来解决，因此伊斯兰教非正式制度的影响力远非摩门教的可及。最后在宗教社会网络上，由于伊斯兰教通过其正式和非正式制度保证了宗教在整个社会生活中的主导地位，借助宗教社会网络进行经营很少受到非议，对于宗教性跨国公司来说不存在任何制度上的障碍。所以由宗教性的宪政体制推动的整个社会的宗教化最终使得宗教对有关企业的影响范围更广、介入程度更深，使得企业活动无不在宗教影响所及之处。

有趣的是，作为本文典型的孔巴桑公司来自土耳其这个伊斯兰世界中最世俗化的国家，但不仅没有挑战反而加强了上述宪政宗教化推动社会宗教化最终产生“企业在宗教中”模式的论断。尽管土耳其共和国立国以来一直在宪法中规定政教分离，但这些土耳其伊斯兰跨国公司也受惠于国家宪政环境中的亲宗教性，伊斯兰教跨国公司最初发展壮大恰恰是在该国政治伊斯兰主义抬头的20世纪80年代末，并反过来促进了整个社会的伊斯兰化，而一旦1997年代表世俗力量的军方发动政变强制终结社会宗教化的趋势，回归政教严格分离的宪政体制，这些企业马上受到严重的打击。因此政教合一的宪政体制是“企业在宗教中”影响模式最具决定性的构成因素。

总之，不论摩门教的“宗教在企业中”还是伊斯兰教的“企业在宗教中”影响模式都有着深刻的国家宪政体制和社会宗教化程度的背景，宪政体制在很大程度上决定了宗教发挥作用的方式和程度。

3. 市场环境的影响

宗教对宗教性跨国公司的影响还受到了不同国家和地区市场环境的作用，市场化程度的高低与宗教影响的强弱有着一定的对应关系。

首先必须明确的前提是，宗教关系能否为宗教性跨国公司所用进而体现宗教影响力取决于本地是否有可替代的其它关系网络，来满足这些企业对信息传递和信任建立的要求。通常情况下，宗教信仰作为“强认同”往往是本地社会中最紧密和强韧的人际联系来源，有效性较其他一般人际关系强。① 而在收益成本比方面，宗教关系基于信仰的特征决定了信徒最主要的付出是保持对某一信仰的忠诚，也即维持“宗教经济学”意义上“排他性”的隐形成本投入，而在金钱和时间等显性成本上，信徒日常宗教活动中的相关投入自发转化为对宗教社会关系的维护，使得一份投入产生精神信仰和人际网络两方面收益，宗教关系收益成本比相对较高。但问题在于宗教关系的适用性有限，因为信仰的隐形成本对非本宗教信徒可能是非常惊人的，可以想象一个摩门教徒员工面对伊斯兰教社会网络很容易无所适从，反之亦是如此，加之跨国公司全球布局的要求，为避免这种情况发生，在有替代性社会关系足以达成目标的条件下就不需要宗教关系。

而市场化程度越高，市场越是成熟，越能够基于正式制度提供成本较低的信息传递和信任建立机制，也就越能替代宗教关系的作用。因此以美国等发达国家市场为主的摩门教跨国公司，主要依靠市场本身来开展企业营销、融资等经营活动，各种证券交易所、中介公司、咨询机构等非宗教性市场交易平台

① 这表现在宗教社会网络对其他基于业缘、地缘形成的非正式社会网络的替代性，信徒对宗教关系比其他关系更认同。见一个桂林市穆斯林社群的案例，马冬梅：“都市外来回族穆斯林社会网络的建构——以桂林市为例”，载《青海民族研究》，2006 年第 17 卷第 4 期，第 59 页。

更加成熟，企业间的信任也由法律等正式制度而非共同的宗教信仰来保证，因此企业对宗教关系的依赖相对较低，宗教影响主要体现在宗教人际关系某些局部性的支持。而伊斯兰教跨国公司面临的情况基本相反，他们主要活动的中东地区本身市场化程度较低，信号传递和信任建立更加依靠人际关系的联系，共同的宗教信仰恰恰能够体现其作为最佳人际联系的作用，因此企业对宗教社会网络的依赖程度较高，这些企业往往利用宗教进行所必需的各种商业活动，宗教影响力就更强。

总之，宗教性跨国公司在什么样的市场环境中成长，市场的成熟度到了何种境界，究竟是基于契约关系的生人社会，还是基于人际关系的熟人社会，对宗教影响宗教性跨国公司的类型起着至关重要的作用。

（三）宗教、国家和市场的关系

上节分析了产生宗教影响跨国公司的两种类型根源在宗教本身特征、宪政体制和市场环境三大因素的差异，本质是宗教影响跨国公司背后有宗教、国家和市场这三重逻辑的制约。在分别观察这三者的各自作用之外，需要归纳的是宗教逻辑与国家逻辑、宗教逻辑与市场逻辑这两对关系对宗教影响跨国公司的意义。

1. 宗教逻辑与国家逻辑

宏观层次上，宗教逻辑与国家逻辑的博弈决定了宗教影响宗教性跨国公司是否具有社会认同的正当性，进而决定了宗教影响的可靠性。

事实上，宪政体制中对政教关系的规定就是国家逻辑对宗教逻辑的一种反应。政教分离的模式就是在一定程度上以国家为中心，试图将宗教置于政治之外。尽管宗教对政治的影响不可能彻底消除，但其对宗教的限制作用最终能够促使整个社会相对的“去宗教化”，因此在这个意义上，摩门教跨国公司是相对特殊的案例，而且随着这些企业不断发展壮大，越来越倾向于淡化宗教色彩，部分体现出了与宪政上“政教分离”相近的“教企分离”的趋势，例如近些年来摩门教德撒律管理公司下属各企业与沙特商人 Khashoggi 兄弟控制的伊斯兰资本有着广泛的合作,[①] 在企业员工招募宣传中愿意强调“多元化”，都说明了政教分离原则下宗教逻辑对国家逻辑的让步，直接塑造了企业与母体教会的新型关系，宗教对跨国公司影响的可能性被相对缩小了。

与之相反，伊斯兰教国家的政教合一模式根本上是将宗教逻辑植入了政治逻辑之中，是一种宗教中心化。在这种情况下，宗教对社会的影响以合法化、公开化和正式化的形式出现，哪怕在土耳其这样比较世俗化的国家，伊斯兰教传统对国家和社会的干预也一直是政治生活中绕不开的问题，这就促成了整个社会相对浓厚的宗教氛围。由此，宗教对宗教性跨国公司的影响膨胀到企业运作的各个环节，使得企业既不需要也没有办法完全去宗教化。有趣的是，这些企业的跨国经营本身也是以国外穆斯林社区为主，因此国际化有时并不能减少企业的宗教性，反倒是更要求企业依赖穆斯林的全球网络在国外展开经营活动，而结果是孔巴桑公司这样的企业在美国这样严格实施政教分离的国家很难生存下去，它的美国分支机构在几年之

① 参见 Robert Gottlieb：*America's Saints*：*the Rise of Mormon Power*，pp. 115 - 118。

内就悉数停业。不过可想象的是，随着这些伊斯兰教跨国公司更多参与到全球的而非单一地区的市场竞争，必然会尝试进行“教企分离”的改造以适应不同国家对政教关系的要求，当然这需要一个相当漫长的过程，而且也涉及到这些企业改变服务穆斯林的市场定位。在这之前，宗教逻辑相对于国家逻辑的上风地位将使得宗教影响跨国公司的可能性持续存在甚至放大。

总之，宗教逻辑与国家逻辑之间的博弈决定了宗教对跨国公司的影响是否能以一种社会共识的方式产生，国家逻辑的主导使得宗教影响的可靠性相对较弱，而宗教逻辑的中心化使得宗教影响更有保障，也就显得更强。

2. 宗教逻辑与市场逻辑

在微观层次上，宗教逻辑与市场逻辑的博弈反映了宗教性跨国公司的双重身份特征，决定了宗教对这些企业影响的有效性。

宗教性跨国公司既是某种程度上的宗教行为体，更绝对是经济行为体，这种两重性在一般的跨国公司中是不存在的。因此宗教行为体必须根据宗教逻辑行事，要求企业的活动遵守教义，满足的是在人间表现出信仰的要求，而经济行为体的身份要求企业根据经济效益最大化的市场逻辑行事，满足的是占有市场份额的要求。显然，两种逻辑的出发点并非一致，但宗教性跨国公司必须要同时照顾到这两大原则，否则要么彻底世俗化为一般性的跨国公司，要么就无法在市场上生存下去，因此宗教对宗教性跨国公司的影响是在这些企业本身的双重身份前提下展开的，宗教影响的有效性必然涉及到与市场影响的博弈。

具体来说，在这些企业发展的某些阶段，宗教逻辑与市场逻辑是协调共存的。这体现在上文分析的宗教提供了一种成本低、收益高的关系平台，对在市场上独立获取人力资本和拓展业务能力相对较弱的企业来说，宗教关系就是符合市场经济理性的选择，反过来市场经济理性会要求宗教性跨国公司自发去调整迎合宗教的需求，以充分利用宗教关系平台，进而实现企业的利润。这一过程在当前中小型伊斯兰教跨国公司的活动中有着鲜明的体现，早期摩门教会企业也同样经历了依靠宗教而非市场的发展阶段。在这种情况下，宗教对跨国公司的影响能够借助市场逻辑进行放大。

但宗教逻辑并不能始终与市场逻辑共存，随着宗教性跨国公司的发展壮大，市场经济的理性会对宗教教义提出越来越大的挑战，因为纵使宗教鼓励信徒发财致富，宗教也不是为了信徒致富而产生的，任何宗教本身都有对人类欲望节制的成分，而市场经济的理性本质上是将所有社会行为抽象化为成本和收益，两者之间的减数即为利润，理论上市场是可以无限展开的机制，因此这种性质上的差异决定了宗教关系满足市场理性只是在特定情况下的耦合，宗教逻辑和市场逻辑冲突的事例并不罕见。例如早期摩门教会跨国公司重要的宗教诉求是帮助信众在经济上自立，因此有着非常重要的创造就业机会的宗教使命，摩门教会企业最初也集中在棉纺织业、采矿业等劳动密集行业，但是随着产业升级和现代自动化技术的发展，这些企业要么淘汰，要么就应该引入自动化流水线，从而减少人工的成本，这无疑是符合市场经济理性的选择，但明显挑战了宗教逻辑保护就业的要求，最终摩门教企业仍保持了较大规模的人力雇佣。不过在总体上更多是宗教逻辑对市场逻辑进行适应，因为企业要生存并发展必须按照市场经济规则运作。结果是摩门教会越来越强调企业的自主运行，主要通过董事会对大的战略方向进行把握，其“宗教在企业中”的影响模式本身就有向市场靠拢的鲜明特点，同样孔巴桑公司等伊斯兰教企业在经历了上世纪最后几年政府对伊斯兰教企业的打压后，也越来越强调其经济行为体而非宗教行为体的特征，可以想象的是一旦这些伊斯兰教跨国公司要真正走向全球化，就必须在公开市场上市，接受市场法规约束，必然会在根本上挑战其传统的依赖伊斯兰教社会网络的融资和管理模式，伊斯兰教影响力根基会进一步削弱。不论如何，宗教影响力能被市场逻辑抑制。

总之，宗教逻辑与市场逻辑的博弈是宗教性跨国公司宗教和经济行为体双重身份决定的，在企业发展的早期两大逻辑往往能够相互适应，宗教的影响就更强，而随着企业的成长，市场逻辑越来越占上风，宗教的影响力就相应下降。

四、宗教作用于宗教性跨国公司的国际关系影响

如果说上文对宗教影响宗教性跨国公司的类型分析是对国际关系现象的解释，本节就是在跨国政治经济互动的框架下考察这种现象的国际关系内涵。

（一）宗教影响国际关系的新途径

在宗教国际关系学意义上，宗教对宗教性跨国公司的作用提供了宗教影响国际关系一个新的路径，就是借助企业的全球市场活动影响跨国政治经济互动。

传统上宗教影响国际关系有六大路径，但宗教对宗教性跨国公司的影响已经超出了这一范围：一是宗教观念和信仰通过影响决策者、社会舆论和普通民众作用于具体对外政策，但宗教对宗教性跨国公司的影响远远超出了观念和信仰作用的范畴；二是宗教被国际关系中各行为体用作合法性来源，但宗教并不一定是这些企业的合法性来源，甚至在政教分离的宪政体制下宗教会损害企业活动的合法性；三是各种宗教行为体直接或间接介入国际事务，但宗教性跨国公司不是纯粹的宗教行为体，而是具有鲜明的宗教和经济双重行为体身份；四是宗教在国际关系中建构跨国群体或身份认同，然而宗教对宗教性跨国公司的影响虽有助于强化跨国公司员工的信仰认同，但这与其说是刻意安排，不如说是附带产品；五是宗教成为一国软实力来源，但宗教对宗教性跨国公司的影响并不能直接转化为国家的软实力；六是跨国宗教运动和现象对国际关系和安全的影响，但宗教对宗教性跨国公司的影响超越了一般意义上宗教运动或现象的范畴，这些企业有着相当明显的世俗化特征，更接近一种教俗之间的模糊地带。①

具体来说，宗教影响宗教性跨国公司对国际关系的作用在于宗教更彻底地塑造了跨国政治经济互动中越来越重要的全球市场。这一过程是，宗教首先以各种形式影响宗教性跨国公司，由这些企业参与全球市场上的生产、分配、交换和消费各个环节，使得全球市场打上了宗教的烙印，最后再由市场领域进入非市场领域，连带产生上述传统意义上的六种宗教对国际

① 有关宗教影响国际关系路径的归纳参见徐以骅：《宗教与当代国际关系》，载《国际问题研究》，2010 年第 2 期，第 47 页。

关系的影响。因此，这种宗教对国际关系影响的新路径是通过企业塑造跨国政治经济互动来展开的，既能覆盖以经济活动为核心的“低级政治”领域，又具有从“低级政治”向“高级政治”嬗变、整合传统宗教影响国际关系路径的潜力。

（二）重构跨国政经互动的规则

从国际政治经济学角度来说，宗教影响宗教性跨国公司重构了国际关系中跨国政治经济互动规则，实现了利益分配表达的方式转换。①

从跨国公司出发，一般性跨国公司通常依靠其在经济领域中某种形式的垄断优势，② 在经济交换和社会交往过程中获取经济利益和相应的经济权力，这是跨国公司参与跨国政治经济互动的基础。然而，任何跨国公司的经济利益和经济权力必然受到特定制度结构的约束，这就要求跨国公司必须通过与其他社会权力主体协商与合作，通过利益表达参与社会权力分配的过程以获取和巩固支撑经济利益的经济权力，并提升这种权力的合法性。

而在共同参与社会权力再分配的过程中，由于宗教性跨国公司自身宗教和经济行为体的双重身份，其利益表达必然体现出宗教利益与经济利益博弈的特点，使得这些企业在跨国政治

① 跨国政治经济互动的规则是利益的分配表达，因此重构规则就是重构这种分配表达方式。重要的是，这种分配表达既有行为体之间的量度上的分配，更有在表达方式上的分配，本文所要强调的是后者。

② 可以是资本或技术优势的垄断，而对一些中小型跨国公司来说，它们的垄断优势可能集中在服务品质或价格方面。

经济互动中不仅仅要满足企业经济性的利益，也要有宗教性的利益，这样国际范围内的生产、分配、交换和消费除了受政治、外交和军事安全因素制约外，还受到了宗教力量的制约。这就从根本上重新界定了跨国政治经济互动的规则，不再是一个政治利益和经济利益交换的简单过程，更是一个政治利益、经济利益和宗教利益三者交织的复杂机制。

值得注意的是，这种影响并不限于宗教性跨国公司间，只要体系内任何一家企业改变，其他企业就必须做出反应，表现在宗教性跨国公司与非宗教性行为体互动时，后者不论接受还是反对宗教性的利益安排，都在形式上承认了宗教对互动规则的改动，使这种利益的重构得以扩散进整个跨国政治经济互动过程中。

其实，这种跨国政治经济互动规则的重构并不难理解，最初跨国公司的兴起也产生了类似的效果，使国际关系从国家间经济关系变成多元、立体的国际行为体之间的互动，随后非政府组织、恐怖主义团体甚至网民等新型非国家行为体的出现也都在与既有主体互动过程中实现了改变了跨国政治经济互动的模式，因此宗教影响下的宗教性跨国公司只是一种趋势的延续。但宗教性跨国公司宗教和经济行为体的两面性，以及这些特殊行为体在关键的生产和消费全球市场中的影响力，决定了这一次对跨国政治经济互动的重构是长期和深远的。

（三）强化宗教影响国际关系能力

基于上两节的分析，一个合理的推断是宗教对宗教性跨国公司的作用将大大加强宗教影响国际关系的能力。

从直接影响来说，宗教借助宗教性跨国公司影响国际关系，本质上是将宗教的影响从意识形态层次深入到了全球物质生产的过程中，宗教影响国际关系的深度和广度大大加强。宗教性跨国公司作为宗教影响国际关系的新途径，最大的意义在于宗教有了全球经济活动中的实体作为支撑，通过这些企业能够在全球范围内对普通大众的生活产生直接的作用，这是一般的宗教组织或者个人所无法达到的，比如摩门教很难在阿拉伯地区开展直接的传教活动，但是摩门教跨国公司却可以为穆斯林提供所需的产品和服务，在这个过程中使穆斯林接触到另一种宗教，某种程度上是对本宗教影响的扩散，虽然企业并没有正式的传教功能，却有一定的相关效果。更进一步，宗教通过宗教性跨国公司的全球市场活动连带产生的对跨国政治经济互动规则的重构，必然使得宗教影响能够深入到全球化时代国际关系的核心，宗教影响的受众从政治领域迈向了更广阔的经济和社会领域，这与当前“低级政治”问题越来越受到关注的趋势不谋而合。

从间接影响来说，宗教影响宗教性跨国公司加强了教会的财政控制能力和对信徒的动员能力，教会能够推广更多的宗教项目，强化自身在国际关系中的影响力。这些宗教性跨国公司的成立本身有着很强的服务信徒、服务教会的使命，这体现在这些企业自身的收入有很大一部分需要缴纳给教会，通过这种办法直接扩充了教会可动用的财政资源；另一种影响是这些跨国公司大量雇佣本宗教的信徒，在一定程度上将员工的信仰与事业发展绑定在一起，使得员工的宗教生活和日常生活密不可分，教会就能更有效地动员自己的信徒。因此，宗教性跨国公司使得教会在开展非盈利性的宗教项目时能够更有效地进行财政和人力上的动员，例如摩门教跨国公司上缴的收入被用于强化对摩门教青年传教的培训，而这些青年在培训后有很大的机会进入这些企业服务，减少了两年后就业的压力，这就使得摩门教传教活动能够更好开展，本宗教在国际关系中的地位自然就上升了。

总之，只要宗教能够持续影响宗教性跨国公司，宗教就能通过这些企业在全球范围内深入影响大众的生活，促使跨国政治经济互动中宗教能见度上升，宗教对国际关系的直接影响力加强；或者宗教借助这些企业强化自身的资金和人员的动员能力，能够更有效在全球范围内开展各种宗教项目，以宗教性跨国公司强化了宗教在国际关系中的间接影响力。

（四）促进国际关系的社会化

从长远来看，宗教对宗教性跨国公司的影响可能加快一种全球性的“跨国—非国家”网络的形成，促进国际关系的社会化。

宗教性跨国公司是国际关系中独树一帜的特殊非国家行为体，有着宗教性和企业性双重特征，而这些企业的活跃大大能够起到连接国际社会中宗教和跨国公司的关键作用，而宗教和跨国公司恰恰也是国际关系中非常重要的非国家行为体。因此可以设想的是，宗教影响下的宗教性跨国公司将起到枢纽作用，进一步将各种非国家行为体整合在一起，从而加快了全球性的“跨国—非国家”网络展开，表现在宗教、跨国公司乃至个人以过去难以想象的方式在彼此之间构建全球性的联系，而更重要的是，这种联系在当前全球化时代人员、资本、信息流动条件下是不断扩张和自我复制的，最终将改变了传统意义上国际关系的内涵。

这种国际关系内涵的改变主要是指国际关系的社会化，“国际关系”（International Relations）将逐步向“全球关系”（Global Relations）转变。这并不意味着国家完全失去其存在的意义，在很长时间内国家仍是最重要的利益分配机制，也是最重要的暴力垄断者，不过随着宗教性跨国公司等行为体的活跃，宗教影响国际关系渠道和能力的扩展，作为传统国际关系中最重要单元的国家正面临着越来越多的挑战。以宗教性跨国公司为代表的新崛起的非国家行为体正逐渐成为跨国政治经济互动的主要参与者，对整个世界的政治、经济、环境、社会等各个层面的影响力稳步上升，甚至在某些特殊领域它们所构筑的“跨国—非国家”网络部分取代了国家的功能，如宗教性跨国公司间制订的餐饮等行业标准，往往要比国家规定出现得更早、运用得更广。因此，国际关系社会化的趋势是宗教影响宗教性跨国公司派生才出的必然结果，国际关系社会化也将使宗教影响宗教性跨国公司更容易，从而形成一个国际关系社会化正加强的循环。

总之，宗教影响宗教性跨国公司会在很大程度上推动“跨国—非国家”网络的发展，并加快国际关系社会化的进程，这种长期性趋势值得关注。

简短结语

本文所研究的宗教性跨国公司虽然在数量上未必很多，但在发展速度却可能是最快的一类企业，而其在某些地区的影响力也相当之大，遗憾的是很长时间内由于对宗教和企业关系的不恰当认识，国际关系学界未系统性关注这一类现象。事实上，宗教与企业之间的联系远比通常想象的密切，这在其他学科研究中早已被证明了，而宗教性跨国公司在跨国政治经济互动的大框架之中，对当代国际关系、中国对外关系的发展、变革有着独特的意义。

本文作为探索性研究，只是从宗教国际关系学角度研究了宗教性跨国公司一个相对有限的侧面，即宗教对企业的影响，延伸出宗教影响与国家、与市场影响之间的关系，乃至宗教影响的国际关系作用等。宗教性跨国公司天然的经济行为体和宗教行为体双重身份，意味着未来在如下方面有更多值得挖掘的信息：

其一，研究宗教性跨国公司的政治行为，如在某些公共议题上的活动、游说、宣传等，结合某些更具体的案例来说明宗教性跨国公司在全球化时代参与世界政治经济互动的方式、影响。

其二，研究宗教性跨国公司具体经济活动，如市场营销、企业战略等，依靠田野研究，观察、分析作为企业根本的经济性逐利行为对国际关系的影响，及其与前述政治行为的关系。

其三，研究宗教性跨国公司对宗教的影响。本文更多关注了宗教对企业的影响，但正如文中涉及到的，这些企业与宗教更多是种互动关系，特别是企业的市场行为对宗教教义、组织的反作用乃至这种反作用的国际关系影响都亟需观察。

其四，研究其他宗教影响的宗教性跨国公司，摩门教和伊斯兰教企业虽然比较典型，但并不能排除其他宗教跨国公司存在，特别像犹太教、佛教、基督教福音派教徒中有大量成功企业家案例，说明宗教性跨国公司的类型学研究大有可为。

总之，宗教性跨国公司与宗教有着密不可分的联系，是国际关系中不可忽视的新现象。相信随着国际关系学研究越来越从“理论导向”转向“问题导向”，有关的研究会不断深入下去，在理论和政策上取得更多更丰富的成果。

宗教文化视角下的靖国神社问题辨析

●王　盈

[内容提要]　近年来，靖国神社的拥护者越发专注于以日本的历史、传统、文化为参拜供奉着甲级战犯的靖国神社辩护，声称在靖国神社"祭祀英灵"是根据日本自古而来的"习俗文化"，并非宗教行为，由于日本传统文化中的祖灵、御灵信仰认为"人死无罪"，因此甲级战犯理应被平等祭祀。本文指出，靖国神社本质上是诞生于近代日本军国主义的宗教设施，在靖国神社举行的祭祀从不符合日本的传统文化，而其存在本身就是对日本传统文化的扭曲。日本政治家之所以祭出"传统文化说"为参拜靖国神社辩护，不仅是为了应对国内的"参拜违宪"抗争、国内国际上对其美化军国主义的批判，更是为了将其牵强附会为所谓的"追悼为国献身者为国际礼

仪”，为其突破战后体制束缚、发展军事力量铺路。

一、问题的由来与既有研究的不足

2013年12月26日，安倍晋三在第二次组阁后，首次以首相身份参拜供奉着东条英机等14名甲级战犯的靖国神社，再次使靖国神社回到了世界舆论的中心。除了中韩政府发出强烈谴责之外，美国驻日大使馆也罕见地发表声明，谴责日本这一做法。①

自小泉纯一郎开始，日本首相在参拜靖国神社的仪式上、时间挑选上都做出了精心安排。比如小泉曾选择1月1日前往靖国神社，以证明这符合日本民众过年前往神社的传统习俗。安倍在参拜时，还煞有其事地回避传统神道礼仪，选择了“一礼”，以献花取代了供奉“玉串料”。这些行为，都试图淡化参拜靖国神社这一行为的宗教性，努力证明这是符合日本“传统文化”的世俗活动。自民党在其2014年行动指针中表示：“尊重日本的历史、传统、文化，继续参拜靖国神社，提高对成为国家基石之各方之尊崇之意，献上感谢之诚意，更新

① 事实上，这并非是日本首相首次以公职身份前往靖国神社，早在中曾根康弘、桥本龙太郎、小泉纯一郎执政时期都曾发生，而小泉纯一郎在其首相任期内更是接连五次参拜靖国神社。这些首相所属政党——自民党，则对于参拜靖国神社一贯持支持态度。

永久和平之决意”。[①] 可见，靖国神社的拥护者们现在以尊重日本的历史、传统、文化，为参拜供奉着甲级战犯的靖国神社辩护，声称在靖国神社“祭祀英灵”是根据日本自古而来的“习俗文化”，并非宗教行为。至于对祭祀甲级战犯的批判，则辩解道由于日本传统文化中的祖灵、御灵信仰认为“人死无罪”，所以甲级战犯也应被平等祭祀其中。这一“传统文化”说法看上去逻辑缜密，抓住了日本民众历史观念、宗教意识淡薄的要害，在日本国内颇具影响力，也使得对其批判变得困难。

中国政府历来的公开态度是：“靖国神社问题的实质是日本能否正确认识和深刻反省日本军国主义侵略历史，是事关中日关系政治基础的重大原则问题。”[②] 2014 年 1 月，中国驻日大使程永华在日本《每日新闻》上发表文章，批评安倍晋三参拜靖国神社的行为。其中罕见地写入了这样一段话：

> “日本可以有自己的生死观和宗教观，但这不能成为日本领导人参拜包括甲级战犯在内所谓“英灵”的理由。难道甲级战犯一死，他们就成了值得尊崇的“英灵”了吗？生前罪行和战争责任就可以一笔勾销了吗？人都有最起码的善恶和是非观念，这和宗教文化无关。我们从未听

① 日本自民党：“自民党平成 26 年党運動方針「『日本を取り戻す』飛躍の1 年一国民の声を真摯に聞き 着実に日本再生の実感を」”，https：//www. jimin. jp/aboutus/convention/81/123389. html（除特别注明外，登录时间均为 2014 年 8 月 8 日）。

② 中国外交部：“王毅召见日本驻华大使就日本首相安倍晋三参拜靖国神社提出强烈抗议”，2013 年 12 月 26 日，http：//www. fmprc. gov. cn/mfa_ chn/zyxw_ 602251/t1112220. shtml。

说过德国政要以自己特有的生死观和宗教观为由，声称包括希特勒在内的战争狂人已以死抵罪，并顶礼膜拜。”①

然而，这一说法虽然注意到了“传统文化说”的影响力，但批判方向却是在承认“参拜靖国神社”是符合日本文化的前提下，对日本的宗教、文化进行批判的形式下进行的。因此，这一批判很难说是切实有效的，而造成此一结果的很大原因即在于对日本传统文化尤其是宗教文化的认识并不充分。

学界关于靖国神社问题的研究并不少见。国内对靖国神社的研究主要是政治性的，且集中在其背后错误的历史观。② 对于日方以传统文化为由进行的辩护，在一些批判靖国神社的论文中都略有所涉及，但所占篇幅不多、而且总体篇数也不多。③ 其中，主要的批判也集中于对日本提出的“人亡不究魂之过”、“死者不鞭尸、不挖墓”进而为平等祭祀、参拜甲级战犯进行辩护的说法。学者们注意到了靖国神社并非把所有的

---

① 中国外交部：“驻日本大使程永华就安倍首相参拜靖国神社问题向日本《每日新闻》投稿”，2013 年 12 月 30 日，http://www.fmprc.gov.cn/mfa_chn/wjdt_611265/zwbd_611281/t1113079.shtml。

② 相关著作参阅王智新：《揭秘靖国神社》，广州：广东人民出版社，2005 年版；步平：《靖国神社与日本军国主义》，哈尔滨：黑龙江人民出版社，2011 年版；论文参阅吴广义：《三木→小泉：参拜靖国神社的背后》，载《世界知识》，2003 年第 4 期；步平：《日本靖国神社问题的历史考察》，载《抗日战争研究》，2001 年第 4 期等等。

③ 例如徐家驹：《日本首相参拜靖国神社问题评析》，载《外交学院学报》，2003 年第 3 期，第 24—29 页；李秀石：《从神道国教化到靖国神社论日本近现代史中的祭祀政治》，载《世界历史》，1998 年第 6 期；高海宽：《靖国神社与合祀甲级战犯日本学刊》，载《日本学刊》，2006 年第 3 期等。

死者都视为“神”，而是加以甄别，具有排他性。其确定“神”和“祭祀”有其政治标准，“即为天皇和军国主义侵略战争而死者，才会被顶礼膜拜”，由此驳斥了靖国神社“平等祭祀所有死者”的说法。[①] 刘江永的《从日本宗教文化角度看靖国神社问题》一文是目前国内极少数立足于日本宗教文化而展开的批判研究，重点论证了在日本传统文化中存在着荒魂、和魂，也有恶神、善神之分，所以日本对故去之人照样是有敌我、善恶之分的，驳斥了日本所谓“人死无罪”的理由。然而，与此同时，刘江永也提出，“在日本的宗教观念中，同一神也会存在善与恶两种要素，只要祭祀，便可去恶成善，否则善会变恶”。[②] 照此逻辑，即便靖国神社中供奉的甲级战犯是“恶”，通过祭祀也可以使之化为“善”。因此，这种论述客观上反而为祭祀甲级战犯提供了宗教文化上的辩护。

简言之，虽然国内学者提出了一些有力的批判，但由于对日本传统文化缺乏深刻认识，这些批判比较片面，很难说触及到了问题的根本。与此相对，日本国内的相关批判则深刻的多。[③] 例如，著名学者梅原猛针对当时小泉首相参拜靖国神社

---

① 高海宽：《靖国神社与合祀甲级战犯》，载《日本学刊》，2006 年第 3 期，第 20—31 页。

② 刘江永：《日本宗教文化角度看靖国神社问题》，载《清华大学学报（哲学社会科学版）》，2005 年第 5 期，第 40—45 页。

③ 例如村上重良：『国家神道』，东京：岩波新書 1970 年；安丸良夫：『神々の明治維新』，东京：岩波新書，1979 年；新野哲也：『日本人と靖国神社』，东京：光人社 2003 年；小島毅：『靖国史観—幕末維新という深淵』，东京：ちくま新書 2007 年；高桥哲哉：《靖国问题》，北京：三联书店，2005 年；子安宣邦：《国家与祭祀》，北京：三联书店，2007 年版，等。

进行的批评中，曾尖锐地指出日本传统宗教文化中“没有靖国神社的位置、靖国神社只是近代日本军国主义宗教，文化传统的产物，与日本传统的神道没有直接的关系。”笔者认为这才是“传统文化说”的根本要害所在。

因此，本文试图通过对日本国内相关研究的整理，以及笔者自身对日本文化的研究积累，论证靖国神社的祭祀并不符合日本的传统文化，而其存在本身就是对日本传统文化的扭曲。日本政治家之所以祭出“传统文化”说为参拜靖国神社辩护，不仅是为了应对国内的“参拜违宪”抗争、国内国际上对其美化军国主义的批判，更是为了将其牵强附会与所谓的“追悼为国献身者为国际礼仪”，国内国际两头骗，为其突破战后体制束缚，发展军事力量铺路。

二、参拜靖国神社并不符合日本的传统文化

以“传统文化”为参拜靖国神社进行辩护者，实际上存在这两条思路：

第一，阿灵顿公墓说。即神道是日本的传统文化，不是宗教，靖国神社也就不是宗教团体，考虑到靖国神社祭祀的都是为国战死之人，那么参拜靖国神社就和前往美国的阿灵顿公墓一样，而首相的参拜，是代表国家悼念为国捐躯者，是符合国际通用礼仪的。

第二，威斯敏斯特说。即靖国神社是日本人追悼为国战死者的传统场所。在英国，前往威斯敏斯特教堂中的无名英雄墓

悼念为国牺牲者并不被视为宗教行为，所以即使靖国神社是宗教设施，首相也可以在靖国神社从事追悼战死者的活动。

这两条思路的核心是以传统文化来削弱参拜靖国神社的宗教性含义。两者的区别在于：阿灵顿公墓说试图以传统文化证明神道非宗教从根本上使参拜靖国神社合法化；威斯敏斯特说则接受靖国神社的宗教性质，力图证明在宗教场所也可以从事世俗活动，通过参拜时不采用宗教性仪式等局部妥协来换取对参拜靖国神社的“理解”。

但是，靖国神社非宗教并不成立，靖国神社也不是日本人追悼战死之人的传统场所，参拜靖国神社与前往国家公墓，追悼为国捐躯者永远划不上等号：

第一，靖国神社是宗教机构

1952 年 8 月 1 日靖国神社发布公告，根据宗教法人法成为宗教法人，靖国神社的宗教属性本不应该有任何问题。然而，靖国神社却宣称，“靖国神社不是宪法所说的宗教，是所有日本人都应该崇敬的‘道’。”[①] 也就是说，靖国神社认为自身不是法律上的宗教而是神社。神道原本并没有经典，也没有具体的教义，侧重的是仪式活动（也就是所谓的“祭祀”），其中心是举行这些活动的宗教设施—神社。所以，神道非宗教，而是“日本民族固有的生活习惯的总体”。[②]

① 1969 年时靖国神社宫司的说法，参阅高桥哲哉：《靖国问题》，第 108 页。

② 关于神道的性质，笔者搜索了日本相关字典、百科全书后发现，在此问题上至今并没有统一意见。有相当一部分意见认为“神道非宗教”，具体可通过此搜索网页查看各版本解释。http：//kotobank. jp/word/% E7% A5% 9E% E9% 81%93？dic = daijisen&oid = 09641700

事实上，区分宗教与否最重要的判断标准，在于其是否关注死后世界，是否左右个人对生死的看法。靖国神社将在靖国神社所进行的与死者相关的行为称之为“慰灵”，其前提是承认“灵”这一超自然现象的存在。靖国神社的主祭神是这些“灵”的合体——“靖国大神”。《靖国神社规则》中这样写道：

> “本法人基于明治天皇所宣召的‘安国’圣旨，奉斋为国事殉难者，举行神道祭祀，推广他们的神德，对信奉本神社祭神的遗属以及其他崇敬者进行教育化成，为社会福利做贡献，以及开展其他能够实现本神社目的的义务活动。”①

因此，靖国神社是推广靖国大神神德的地方，不能说靖国神社没有教义。神社所惯常举行的春秋大祭以及御灵祭活动，正是用于对神社所信奉、祭祀之神灵表达敬畏、崇拜之念，显然其本身就是宗教仪式。而信者参拜时支付玉串料、以神道礼仪进行参拜，本身就是表达对宗教团体靖国神社所祭之神的敬畏崇拜、对靖国神社教义的认可。总之，靖国神社有教义、有教主，也有教团，靖国神社非宗教并不成立。

还有人祭出另一种强调日本文化特殊性的传统文化论来辩护。声称“在靖国神社祭祀英灵，是根据日本古来习俗——

① 王智新：《揭秘靖国神社》，广东人民出版社，2005年版，第9页。

祖灵信仰、御灵信仰，已成为日本文化”。[①] 其核心在于所谓“日本之为日本的特质”是生者与死者的“共生感”，即日本人是承认灵魂的存在的。在此基础上，则产生了用做“慰灵”、“镇魂”的“祭祀”行为。“祭祀”在日本古已有之，且并非宗教行为，1977 年日本最高法院对津地区地镇祭的判决更为之提供了法律上的支持。[②] 因此，靖国神社的祭祀英灵不仅不符合日本古来的祖灵信仰、御灵信仰，更是对其扭曲。

所谓御灵信仰，一般认为从奈良末期到平安初期开始流传，具有悠久的历史。伊藤聪等人认为，所谓“御灵信仰”是指，“人们相信在政治斗争中失败而被处刑的人的灵魂会作祟变成疫病等等，就要对那些灵魂进行祭奠。这是“怨灵”信仰的一种。事实上，这种御灵信仰才是将人当做神祭祀的信仰的开端，也是对幽灵、怨灵等的信仰的开端。”[③] 简而言之，能被上升为神进行祭祀的是在政治斗争中失败者的“怨灵”。由于“怨灵”会带来灾祸，所以必须对其进行“镇魂”，让负能量转为正能量，让“怨灵”转化为“御灵”，由恶转善成为

---

① 瓦力：《参拜靖国神社是日本的文化、习俗》，《自由民主》（自民党机关刊物），2002 年。

② 三重县津市在建市立体育馆时，动用了公款进行地镇祭的活动（即神官进行的驱邪神道活动）。市议会人员认为：自治体为了特定宗教活动动用公款的行为违反了《宪法》第 20 条和第 89 条，于是提起了诉讼。在第一审的津地方审判中，原告败诉。在第二审的名古屋高等法院审判中，法院做出了公款支出违宪的判决，原告胜诉。然而，最高法院驳回了二审判决，认为地镇祭并非宗教活动，而只是惯例上的世俗活动，因此并不违反宪法。

③ 保坂正康：『「靖国」という悩み』，东京：每日新聞社 2007 年，第 28 页。

“保护神”。在这一信仰下，诞生了包括大名鼎鼎的日本“文曲星”菅原道真在内的众多神灵。显然，该信仰的核心价值在于通过善待失败的对手来取得最终和解，并非不可取，也是“人死后，亡魂被平等对待”的真正意义所在。

但是，靖国神社内的“靖国大神”却并非“怨灵”。靖国神社内并没有独立的死者的骨灰或牌位，神社把亡灵的名字载入“灵玺簿”内进行集体祭祀，这就是“靖国大神”。事实上，可以写入“灵玺簿”的亡灵都是天皇钦定、并亲自前往参拜的。按照“御灵信仰”的逻辑，“靖国大神”应该都是死于与天皇进行斗争的失败者。然而，“靖国大神”实际上是由在戊辰战争、佐贺之乱、西南战争等日本国内战争和“日清战争”（中日甲午战争）、“北清事变”（八国联军）、日俄战争、第一次世界大战、“满洲事变”（九·一八事变）、“支那事变”（七七事变）、“大东亚战争”（第二次世界大战）等对外战争中所谓“为守护国家而牺牲”的246.6万余人的灵魂所组成，却并不包括内战时天皇政权的对手幕府一方的阵亡者包括5万名朝鲜、台湾等地加入日军而战死者之灵，却没有大日本帝国的对手中国、韩国等的阵亡官兵之灵。因此，靖国神社所祭奠的并非天皇的对手，而是天皇的守护者们。既然进入靖国神社的标准在于“为天皇而亡”，那么神社里的亡魂们也都死得其所，又怎会对当局心怀怨恨、化为怨灵作祟？不存在怨灵，也就不存在镇魂，更不存在“由恶转善”。

如果说靖国神社祭祀“英灵”并不符合御灵信仰的镇魂说，那么，它是否符合祖灵信仰的慰灵呢？对于祖灵信仰，一般认为祖灵分狭义和广义之分，狭义就是自己直系的祖先，广义则是日本民族的祖先。[①] 按照靖国大神的构造，只能向祖灵的广义概念靠拢。但是，日本民族的祖先显然在靖国大神诞生前就已经存在。在靖国大神诞生的时代，日本被宣扬为“万世一系”的天皇领导下的“神国”，神话中的最高神太阳女神“天照大神”则被确认为“皇祖神”，明治政府则强制民众信仰“皇祖神”。[②] 祭祀“天照大神”的职能自古就由伊势神宫所承担，时至今日，伊势神宫仍然维持这一功能。源于对“祖灵”的慰籍所形成的“慰灵”也应该是在伊势神宫进行，而非靖国神社。

简言之，传统的祖灵信仰、御灵信仰并不能为在靖国神社进行祭祀“英灵”提供任何依据。非但如此，而靖国神社的祭祀经常是反祖灵信仰、御灵信仰的。御灵信仰是“信仰特定的个人之灵对个人或社会作祟、带来灾祸”。[③] 按照御灵信仰所产生的都是个体的神灵，是不可能产生靖国大神这样的“聚合物”。无论是祖灵还是御灵，所祭拜的“神”都是过世者，也就意味祭祀某一神灵的神社不会有新的神灵出现。然而，靖国神社则不同，虽然“靖国大神”只有一个，但它却随着战争不停扩充容量。为了将不断扩大的亡灵纳入“靖国大神”内，靖国神社创造出了“合祀”这一仪式。在日本投降后，为了和盟军总部抢时间，靖国神社在 1945 年 11 月 19

① 王智新：《揭秘靖国神社》，广州：广东人民出版社，2005 年，第 78 页。

② 羽贺祥二：《神道国教制的形成——宣教使与天皇教权》，载《日本史研究》264 号，第 19 页。

③ 伊藤信博：「御霊会に関する一考察（御霊信仰の関係において）」，载『言語文化論集』第 XXIV 卷第 2 号（2003 年 3 月），第 3 页。

日举行了临时大祭，把众多未能确认生死的“皇军”一并当做“英灵”，“合祀”进了神社。能成为“神”的，必须是极其杰出之人。当日本彻底战败之时，死于失败战争中的这些阵亡者从逻辑上而言，不应该被合祀进去。靖国神社仍选择将“大东亚战争”的死者合祀，这些亡灵占据了“靖国大神”将近95%的部分。“靖国大神”本身就不符合传统的“神”的概念。

在祖灵信仰、御灵信仰的支撑下，靖国神社维护者更以“亡灵是不分善恶的，死后都被同等对待”堂而皇之地为祭祀甲级战犯进行辩护。然而，在靖国神社的正殿内实际上贡奉有两个神座：一个放着那本记载着人们熟悉的包括甲级战犯名字在内的“灵玺簿”，也就意味着“灵玺簿”上的200多万柱神灵挤在一个座上，“神口密度”世所罕见。而另一个座上只有两柱神灵：祭祀于原台湾神宫及台南神社的北白川宫能久亲王和祭祀于蒙疆神社（张家口）的北白川宫永久王。神社方面声称作为“靖国大神”，无论出身如何，都会一律平等地祭祀，而事实上“英灵们”彼此之间并不平等。

第二，靖国神社不是国家公墓

那么，宗教组织靖国神社是否真的是所谓国家公墓，是日本人追悼战殁者的传统场所呢？

首先，对于日本人而言，“神”是守护地区社会、给予处于“现世”的人以恩惠的“守护神”。就算是作祟的“荒神”，通过镇魂，也能由恶转善，成为守护神。所以，传统上神社是日本人乞求神灵保佑的场所，并不具有“追悼”死者的功能。在日本，与死亡相关的仪式通常走佛教路线。对于人的死亡，日语称之为“成佛”，而不是“成神”。非极其杰出之人是不能成“神”的，所以相对于人，“神”是强大的存在，按照传统思维，“对于神灵表示慰问、悼念是不自量力、是对祭神的不逊与不敬，而将祭神作为战殁者进行怜悯是野蛮行为。”① 因此，在靖国神社追悼死者，不仅不符合神道传统，更是反传统的行为。

事实上，靖国神社本身就是明治维新后产生的“新”神社。靖国神社始建于1869年8月6日（明治2年6月29日），原称“东京招魂社”，1879年（明治12年），在明治天皇倡议下东京招魂社改名为靖国神社。1895年靖国神社为“日清战争阵亡者”进行合祀而举行了连续三日的临时大祭，第一天天皇派来了敕使，第二天明治天皇亲自参拜了靖国神社，靖国神社的地位被人为地提升一级。日俄战争之后，靖国神社的地位进一步被拉高，最终发展为由陆海军亲自掌管的靖国神社以及遍布于日本各地乃至海外的“招魂社”（1936年后统一改称为护国神社）组成的靖国神社体系。从1925年到1945年战败，天皇亲祭了20次的靖国神社则屹立于整个体系的最顶端。很显然，靖国神社表面上是祭奠为日本国而战殁者的场所，实质上是为战争歌功颂德、鼓舞日本普通民众为天皇献出生命的战争动员机器的核心。

靖国神社的祭祀始于天皇政权为在戊辰战争中所胜利的本方官军进行招魂，当时并没有天皇亲自祭拜这一内容。随着日本一步步加大对外扩张、发动战争，越来越多的日本官兵死于战场，这就需要招募更多的普通日本民众加以补充。日本政府通过靖国神社，进行了一番“一人成神”的运作，推广为国

① 新野哲也：『日本人と靖国神社』，第41—42页。

捐躯这一“美德”。作为臣民的普通日本人，如果为国战死，在得到“现人神”天皇批准后将被祭奉在靖国神社内，并由承担国家祭祀的天皇亲自祭拜。对于万世一系为臣民的普通日本民众而言，这无疑是巨大的殊荣。在日俄战争之后，“特别是殉国的、被祭祀在靖国神社、护国神社里的战殁将兵的忠魂、忠灵”开始被称为“英灵”，以示区别。[①] 在靖国神社为迎来新的“英灵”举行大祭的时候，常伴有相扑、赛马，更有燃放烟火等项目，而周围的建筑也被装点一新。由此可见，这并非是反思战争残酷性的肃穆追悼，反而是洋溢着喜气的热闹庆祝。

战争必然产生死亡。战死沙场，至少对于死者的亲人，总是悲伤的事情，而在靖国神社，悲伤被刻意的替换成了喜悦。通过靖国神社，祭奠为大日本帝国向外扩张带来胜利果实的“英灵”，当时的日本政府不让国民觉得战争的牺牲者是悲剧、是悲惨的，反而让其觉得是光荣、荣誉，从而激励更多日本普通民众亲赴后继、为帝国的向外扩张战争捐躯。[②]

有扬必有抑。日本政府处心积虑的推广“靖国大神”这一“新神”的同时，对原有神祇进行了一番杀戮。根据安丸良夫的调查，明治9年（即1876年）12月，政府发布“小祠废并令”。[③] 比如大分县大肥村，原有的31家“祠”被并入村“社”。1906年又开始实行大规模神社合并运动。这样，1920

① 村上重良:『慰霊と招魂』，第152页。

② 大江志乃夫:『靖国神社』，第190页。

③ 祠，日语念做hokora，意为供奉“神”的规模较小的场所。

年日本的神社从1900年的19.6358万家减少到了11.5506万家。[①] 由于明治政府开始的这一“杀神”行为，使得“大多数日本人，失去了自古以来以地域为依据的土地原来的神祇”[②]，失去了进行传统祭祀活动的场所。

靖国神社这一国家意志下产生的新事物，其扩张受到日本民众的抵触也是自然。1930年陆续发生了佛教、基督教徒拒绝参拜靖国神社事件。特别是1932年，上智大学与晓星中学信奉天主教的学生拒绝执行军事教官的命令，不肯参加靖国神社为“一·二八”事变和台湾雾社事件中阵亡的531名日军举行合祀的临时大祭，军队表示要从学校撤出。军事教官表示抗议，于是学校以日本天主公教会东京大司教的名义向文部省提出了报告，再次申明信奉基督教的学生不能参拜属于神道的靖国神社这一教义上的理由。当时日本政府则回应道虽然大日本帝国宪法第二十八条规定臣民有信教自由，但“敬神爱国”是日本国民的义务，义务是属于道德范围的，去神社参拜是培养学生爱国心和忠诚心的活动，是义务，与政教分离的原则不矛盾。最终，上智大学在面临存亡问题时不得不妥协。[③] 可见，参拜靖国神社之所以在战前能成为国家祭奠战死者的核心设施，很大程度上是源于政府强加给日本民众的“义务”。

总之，靖国神社并非是在漫长的历史中自然形成的、日本人追悼为国牺牲者的“传统场所”，而是始于明治维新后、由国

---

① 安丸良夫：『神々の明治維新』，第169—172页。

② 岡本雅享：「民族宗教とアイデンティティ——北米・ハワイからみる神道」，载『アジア太平洋研究センター年報2008-2009』，第15頁。

③ 参阅村上重良：『慰霊と招魂』，第166页。

家权力强制推广的、在消灭传统宗教活动场所、打压其他宗教的基础上建立的、政府“表彰为皇国而战死者”、让民众感受为国战死的光荣与幸福的场所。而靖国神社的运作，形成了“为臣民之灵造神祭神→臣民为天皇效忠→战死臣民增加→扩大造神规模”的恶性循环，最终将日本导向了差点灭亡的边缘。

在战后，无论是政府层面还是民众层面，靖国神社为日本人追悼为国牺牲者的“传统场所”这一共识从未形成过。靖国神社战后仍坚持其原来性质，要继续“彰显”靖国大神类型的“美德”，为“靖国大神”歌功颂德。而日本民众与靖国神社的斗争从未中断过。有一部分遗属长期不断地向靖国神社提出迁出亲人灵位的要求。而对于首相参拜靖国神社，总有日本民众向法院起诉其行为违反宪法，并多次得到法院支持。时至今日日本朝野在参拜靖国神社问题上也未形成共识。日本政治家，如原首相石桥湛三就支持废除靖国神社这一将日本带向毁灭边缘的设施。从2009年开始执政三年的民主党对于参拜持否定态度，也从没有民主党籍的首相前去参拜靖国神社。

值得指出的是，支持参拜靖国神社的现执政党自民党也并非一贯认为靖国神社是国家公墓。例如，1971年日本天皇访问英国时，按照国际礼仪前往威斯敏斯特教堂为无名英雄墓献花，1975年伊丽莎白女王回访日本时，原本定下的行程就是女王前往“千鸟之渊公墓”作为回礼。然而靖国神社拥护者却介入其中，要求女王前往靖国神社“参拜”。反对靖国神社的宗教团体、学者发表声明后，当时的自民党政府为了防止进一步纠纷，取消了“千鸟之渊公墓”的行程。无论结果如何，直至此时，自民党的主流认识中，也认为“千鸟之渊公墓”才是进行追悼死者的国家公墓。

三、靖国神社与军国主义复燃

在实际上存在着“千鸟之渊公墓”这样公认的国家公墓的情况下，以首相为代表的政治人物之所以执意要去往靖国神社，从日本国内政治来看，主要是“试图通过对日本最大的传统政治资源——以神道教为话语背景的‘天皇制’——的利用，来唤起国民对国家的认同和忠诚。”① 作为日本政治家，试图凝聚日本国民对国家的认同本身无可厚非。但是以参拜靖国神社来凝聚日本国民对国家的认同，产生可能导致国家神道复活、军国主义复燃的担心同样无可厚非。

1985 年召开的“关于阁僚参拜靖国神社问题的恳谈会”上，参拜靖国神社的支持方与反对方只在一点上达成了一致：

> “神社神道与国家权力相结合，要求国民信仰、迫害其他宗教，在这一点上全员意见一致。靖国神社即便在那样的神社神道中，从其沿革、祭神等来看，与军队·战争的结合也是极强的，尤其是在第二次世界大战时被利用来鼓舞斗志”。②

---

① 武心波等：《参拜靖国神社——一条通往国家主义的精神隧道——从小泉四次参拜靖国神社谈起》，载《国际论坛》，2004 年第 5 期，第 70—73 页。

② 国立国会図書館調査及び立法考査局編：『新編靖国神社問題資料集』，第 1081 頁。参阅 http：//www. ndl. go. jp/jp/diet/publication/document/2007/200704/1027 – 1126. pdf。

因此，靖国神社曾经在日本军国主义扩张中所起的作用之大是得到公认的。恳谈会最终报告书中声称：

> “现在，靖国神社与其他宗教法人处于同样的宗教法人地位，与战前性格不同，而且从宪法出发，国家神道的复活是不可能的。对于所谓的军国主义问题，由于存在宪法的制约、现在的靖国神社已经成为追悼战殁者和乞求和平的场所，由此可见可以说不存在那样的担心”。①

也就是说，由于宪法的存在，国家神道不可能复活，日本也不可能回归军国主义。然而，《大日本帝国宪法》第二十八条也号称大日本帝国的臣民具有信教自由，而这却并没有阻止国家神道在“神道非宗教”论的支持下建立起来、并凌驾于其他宗教之上。战后，日本政府以修改宪法解释来突破《和平宪法》第九条的行为也已多次发生，突破宪法第二十条“政教分离”原则的制约也并非不可能。在战后，日本政府与靖国神社的关系从来没有完全断过。1945 年—1987 年，日本的厚生省不断将二战中死亡士兵名单和军人名单送到靖国神社内供奉祭祀。2010 年 12 月 21 日，大阪高等法院在对“要求撤销靖国神社合祭诉讼案”的二审判决中，第一次明确了日本政府对靖国神社确实存在着援助行为。而以首相为首的公职人员更是敢于一而再再而三地参拜靖国神社。

宪法的制约作用是极其脆弱的，并不能彻底防止国家神

---

① 国立国会図書館調査及び立法考查局编：『新編靖国神社問題資料集』，第 1125 页。

道、军国主义死灰复燃。事实上，战后国家神道的拆解并不彻底。战前靖国神社与伊势神宫统领全国神社，战后神社本厅统领全国神社，伊势神宫为核心，靖国神社独立在外。1980 年通过的神社本厅宪章的第一句便是“崇敬神祇、重视祭祀是我们民族的传统，始于高天原，贯穿国史，实乃不易”，宪章第八条表明神社的根本意义在于“祈祷皇运昌隆、氏子·崇敬者的繁荣”。① 可见，神社本厅与靖国神社一样，也延续着战前宗旨，坚持宣扬“皇国大道”。而现在阻止国家权力与靖国神社光明正大、直接发生关系的，恰恰只剩下《和平宪法》。靖国神社的拥护者之所以如此大费周章，刻意淡化“宗教性”，证明即便靖国神社是一个宗教设施，在靖国神社进行的行为是非宗教性的，最主要的目的仍是突破宪法的制约。

值得警惕的是，日本首相在前往靖国神社时，虽然刻意往日本的传统文化上靠，甚至不用神道仪式，在日语用词上沿用了宗教用语，却在英语用词上挑选了中性意义的词汇。去往靖国神社被称之为“参拜”，“参拜”本身是一个具有宗教性、并具有极其明显价值取向的词。在日本辞典，如最具权威性的大辞林中对于“参拜”的定义只有一条：“神社に行って拝むこと。寺にもいう。”即“前往神社、寺院拜神佛”②。重点在动词“拜”上，用“参拜”意味着认可靖国神社祭祀的战殁者为“英灵”、为“靖国大神”，也即接受靖国神社的价值观。

---

① 岡本雅享:「民族宗教とアイデンティティ——北米・ハワイからみる神道」，第 15 页。

② 三省堂:『大辞林 第三版』，http://www.weblio.jp/content/%E5%8F%82%E6%8B%9D。

与之对应的英语意思却出现了分歧，除了“worship”之外，还有出现了将之“细化”为“pay homage at a shrine; visit to a shrine or temple”[①]，即将“参拜”与“visit”挂钩的解释。而在安倍晋三所发表的演说稿，日语稿、中文稿的“参拜”在英文稿中译为“visit”。[②] 日语中并非不存在与“visit”一致的单词。而对于“参拜”应该如何翻译，日本政府心知肚明。1975 年英国女王访问日本时，由于靖国神社闹剧，使得其前往“千鸟之渊公墓”之行未能成行，最终以接受天皇家族私人邀请的方式前往伊势神宫。英国大使馆特地发表声明，称女王是以“文化交流”活动的名义前往“参观”“游览”，而非“参拜”。[③]

不仅仅是“参拜”，在“千鸟之渊公墓”举行的仪式被称之为“全国战殁者追悼会”，使用的就是中性词“追悼”而非去靖国神社所用的“慰灵”。还有在英语稿中被翻作中性的“soul”一词的“英灵”。并非所有为国捐躯的战死者都是英灵，只有符合靖国神社标准的战死者才能是“英灵”，与靖国神社如此渊源深厚的词却被原封不动地保留使用。日

① 各种差异具体参见 http://ejje.weblio.jp/content/%E5%8F%82%E6%8B%9D。

② 具体参见日本官厅网站：

日语：http://www.kantei.go.jp/jp/96_abe/discource/20131226danwa.html。

中文：http://www.kantei.go.jp/cn/96_abe/statement/201312/26danwa.html。

英语：http://japan.kantei.go.jp/96_abe/statement/201312/1202986_7801.html。

③ 平野健一郎:「日本外交にとっての文化—エリザベス女王訪日を例として—」，收入氏著：『講座国際政治 4　日本の外交』，东京：东京大学出版会 1989 年，第 211—232 页。

语中并非不存在无宗教性的用词，这样的用词选择显然是别有用心地。

除了用词以外，还刻意为靖国神社添加新的功能。2013年底，安倍晋三参拜靖国神社时称："对于参拜靖国神社，有人批评说是崇拜战犯的行为，但是我选择安倍政权成立一周年的今日参拜，目的是为了向'英灵'汇报政权一年来的表现，并表达要创建不再出现让人们苦于战祸的时代的决心"。在靖国神社做不战起誓，显然是试图模仿美国总统宣誓，用以证明其参拜靖国神社，不具宗教性，只是按照国际通用礼仪进行的行为。这些行为的最终目的是借国家公墓来掩盖靖国神社的"特殊性"，一方面可以更好地寻找国际社会的理解，降低国际社会对靖国神社的戒心，将众多外国领导人"骗"至神社，造成靖国神社得到国际认可的既成事实。另一方面则通过对国内宣称战后有众多外国领导人也"参拜"了靖国神社，以降低普通日本民众对于靖国神社的警惕。在诱导普通民众认可"作为日本人参拜靖国神社是理所当然的"同时，通过潜移默化，将靖国神社的特殊价值观植入日本民众心中。

二次大战前，日本政府曾宣称神道不是宗教，而是皇国大道，从而迫使所有日本人都来尊崇。现在，所谓的"传统文化论"在本质上与战前的"靖国神社非宗教论"如出一辙。因此，只要靖国神社一天不消失，军国主义就有借助其力量死灰复燃的可能。中国、韩国等遭受日本军国主义蹂躏的国家，是出于对其警惕而持续不断的加以批判。而真正担负着防止日本军国主义复燃主要职责的恰恰是普通的日本民众。不应忘记战后60年，日本放弃武力、作为"和平国家"取得的成就，更不应忘记日本军国主义扩张曾经给日本民族带来的毁灭性灾难。对于日本政治人物参拜靖国神社的行为，日本民众必须提高警惕、加以坚决抵制。

卢梭的公民宗教思想及其现代意蕴*

• 武瑞娟

[内容摘要]　本文首先对卢梭的《社会契约论》（以下简称《社》）中公民宗教思想进行了解读，认为卢梭反对自由主义的中立的国家观，一个国家和社会必须有道德维度的价值主张；卢梭也反对政治共同体采取价值普世主义（过于脱离政治现实）和民族宗教（过于集中）这两种极端的立场，而是寻求在两者之间的一种弱意义上的个人和集体的连接关系。接着通过对托克维尔、贝拉的美国公民宗教思想进行梳理，表明卢梭的公民宗教思想在美国得到了经验上的独特表现以及其中的现代意义。

* 本文的写作源于孙向晨老师的“政治哲学”课程，在写作过程中得到了徐以骅老师的耐心指导，在此向两位老师表示感谢。

一、卢梭的公民宗教思想

（一）社会契约的道德前提

斯特劳斯指出，“现代性第一个浪潮的特质是将道德问题与政治问题还原为技术问题，以及设想自然必须披上作为单纯人工制品的文明产物之外衣。”而这一转变导致了近代以来现代性问题在政治哲学方面的表现是对什么是正义的（just）、好的（good）、最好的（best）的社会秩序争论不休。

在霍布斯那里，稳定压倒了一切，而卢梭认为，稳定的前提是正当。尽管“社会秩序是所有其他各种权利赖以保持的神圣权利，然而，这项权利绝不是来自自然，它是建立在许多约定的基础上的，因此，我们应当知道是哪些约定”[①]。霍布斯的“稳定论”来自对自然状态的印象——自然状态是人与人的战争状态，只有利维坦式的强大国家才能震慑住人的恶劣本性。卢梭反对说，首先，要想弄明白人性只有回到人的最初状态，从人类起源上，战争状态并非人的最初状态，因此霍布斯的理论前提就是错误的。所以卢梭重新检视人类“历史”：人经历了从最初的自然状态到不平等状态的变化，但是不平等的历史本身就是一种技术错误，历史的进展方向可以改变。其次，霍布斯的社会契约的前提也有问题。卢梭认为，人的前提是自由的意志，人进入契约状态是因为人有自由权利的意志，

① ［法］卢梭著、李平沤译：《社会契约论》，北京：商务印书馆，2011 年版，第 2 页。

而不是因为人惧怕被毁灭的恐怖心理。如果人永远都生活在这种恐怖中的话，就等于放弃了做人的资格。放弃自己的自由，就是放弃自己做人的资格，就是放弃做人的权利，甚至就是放弃自己的义务。[①] 第三，霍布斯把国家看成是一个制衡战争的理性工具，所以国家是价值中立的。卢梭认为如果国家没有价值判断，那么社会的道德情况堪忧，国家的权杖既可能被哲学王掌管，也可能被凯撒控制，而现实的情况是：当我们用冷静的和客观的眼光来看人类社会是，我们首先看到的是一种恃强凌弱的情形……所以乍眼一看，人类社会是建立在许多流动的沙堆上的。[②] 所以，在卢梭那里，权利是社会契约的前提，而强调每个人都是权利的平等拥有者，则是道德判定的根据。这为作为技术的政治设置了道德前提，算是卢梭对现代问题的回应。

有了这样的道德限制，那么卢梭的社会契约的最大特点是强调人在社会前与社会后的人性转变，人从独立、自由的自然人，成为具有道德人格的社会人，这种转变无论是对于个人还是对于会社都是有益无害的。一方面，如果不进入社会状态，顺其“自然”，那么人就会如《人类不平等的起源与基础》（以下简称《人》）中描述的那样，走向不平等的悲惨境地或者是如霍布斯所描述的那样，在不断战争中走向毁灭；另一方面，如果进入霍布斯的社会状态，那么在社会秩序的表面繁荣

① ［法］卢梭著、李平沤译：《社会契约论》，北京：商务印书馆，2011 年版，第 2 页。

② ［法］卢梭著、李平沤译：《论人与人之间不平等的起因和基础》，北京：商务印书馆，2007 年版，第 39 页。

之下，人或者受制于暴君的震慑，或者仰服于哲学王的威严，人的生存状态全赖于掌权者的德性的偶然性。所以，社会必须是一种道德的共同体。人类从自然状态一进入社会状态，他们便发生了一种巨大的变化：在他们的行为中，正义代替了本能，从而使他们的行为具有了他们此前没有的道德性。[①]

（二）法律与宗教[②]

社会公约仅仅是社会的起点，是政治共同体产生的标志，而法律则是社会意志实现的保障。尽管有共同的利益，但是，如果主权者没有确保其获得臣民的忠诚的办法，那他也就没有办法能使臣民保证履行他们的承诺[③]。法律是社会状态中对权利的规定，代表了普遍性，是“社会结合的条件”。把社会联合在一起的基础对于个人来说是权利，对于社会共同体来说是共同利益[④]，在《人》所描述的人类由社会公约走向奴役社会的全史中卢梭已经向我们表明：错误的立法者——少数人的/富人的/强者的阴谋/个人私利的或多数人的/穷人的/弱者的/公众希望的判断力将会把人引向何种地步，重建社会的任务最终需要立法者来担当。那么，谁是立法者？如何立法？

在《社》二卷七章中，“立法者”的出场是极为隆重的。首先，立法者具有神明一般的能力。为了能发现适合一个民族

① 《社会契约论》，第24页。

② 本节引文除了另外标注的，均引自《社会契约论》第44—49页。

③ ［法］卢梭著、李平沤译：《论人与人之间不平等的起因和基础》，第22页。

④ 在卢梭这里，“权利”和“共同利益”是一致的。

的最好的社会规则，就需要一个能通达人类的种种感情而自己又不受任何一种感情影响的最高智慧。它虽与我们的天性没有任何关系，但它又深深了解我们的天性；它的幸福与我们无关，但它又十分关心我们的幸福。……要为人类制定法律，确实是需要神明。其次，立法者工作的内容极为特殊，立法者的工作就是要改变人的天性。敢为一国立法的人，可以说他是自信有能力改变人的天性的。……立法者必须剥夺人原有的力量，而给他以外部的、没有外人帮助就无法运用的力量。第三，立法者的地位极为特殊。立法者像“发明机器的工程师”一般是共和国的缔造者，君主与其比起来仅仅是“安装和开动机器的工人”，机器就是整个国家的法律制度，而君王仅仅是依据机器的功能来开动机器罢了，君主仅能代表行政上的权威。最后，立法者需要远离权力。可见，立法者要远离权力、远离利益，还要拥有智慧。立法者就是类似于格莱古氏[①]、摩西[②]、穆罕默德[③]之类的人物。卢梭不是立法者，但是他要说出立法者应该做的事情：先清扫人类社会的“沙尘”，再为人类大厦建造法的根基。他用他那造福人群的手纠正了我们制度善的种种错误，并赋予它们不可动摇的基础；他防止了从这些制度中可能产生的混乱，并用一些看起来好像会给我们带来苦难的方法，给我们创造了幸福。[④]

---

① ［法］卢梭著、李平沤译：《论人与人之间不平等的起因和基础》，第104页；《社会契约论》，第45，50，57页。

② ［法］卢梭著、李平沤译：《社会契约论》，第49页。

③ 同上，第148页。

④ ［法］卢梭著、李平沤译：《论人与人之间不平等的起因和基础》，第39页。

但是立法者在工作中面临着极为困难的问题。第一个困难是权威问题：它既是一项超出人的力量的事业，而在执行方面又是一个无形的权威。第二个困难是个人利益、近期利益和共同利益、长远利益的问题：太笼统的观念和太遥远的目标，是超出人民的理解力的。对于政府的各种计划，每一个个人是只对与他自己的切身利益有关的计划才感兴趣，因此他们很难理解那些要求他们一再做出牺牲的良好的法律会给他们带来怎样的好处。也就是说，这里的问题是，法律在执行方面如何面对那些拒不服从公意者。从约定的角度讲，保证契约条款的切实履行是保持社会契约的神圣性和有效性的根本前提，对此卢梭毫不犹豫地讲到：为了使这项社会契约不致成为一纸空文，它就不言而喻地包含这样一个约定，即：只有它才能使其他约定具有效力；谁拒不服从公意，整个共同体就强迫他服从公意，这就是说人们要迫使他自由，因为这是保证每个公民只依附于祖国而不依附其他人的条件。[①] 但是，直接的暴力手段显然成本过高，理性的说理语言也超出了普通人的理解力。卢梭认为，解决这些问题的方法只有求助于宗教。宗教体现了社会精神，是制度的产物和制度的实行的颠倒。要使一个新生的民族能领会健全的政治准则，并按照符合国家利益的基本规律行事，就需要倒果为因，就需要使本该是制度的产物的社会精神转而超越在制度之上，使人民在法律出现之前就成为他们在有了法律之后才能成为的那种样子。

所以，在社会契约的大厦中，以权利为前提的社会契约是自然人走向人类社会的动力和道德起点，法律是对社会契约的

① ［法］卢梭著、李平沤译：《社会契约论》，第23页。

表达和规定，是连接共同利益的纽带[①]，立法者就是纽带的编制者，而宗教则是共同利益这一纽带的外衣；对共同利益的追求为法律提供了权威依据，表现为宗教话语；宗教话语论说的有效性是共同体情感生长的源泉，从而对社会的利己主义进行了有效制约。

卢梭的宗教“外衣”论的意义在于明确了政治和宗教的关系：对于宗教来说，宗教具有不可或缺的意义，同时宗教的地位在政治之下。在国家始建之时，宗教是用来达到政治目的的工具。

但是宗教“外衣论”也带来了一个问题，即如何正确表现社会精神。它具体表现为两个方面：第一是宗教的外衣可能被骗子攫取。既然法律只有通过“说教”的形式来表现，那么如何区分“崇高的说教”和骗子的“说教”？第二个问题是：由于宗教本质上是一种精神性的存在，那么它代表的精神也可能完全脱离于社会，甚至是反社会的。在4卷8章中，卢梭指出，政治与宗教关系的历史问题最终可以归结为这些问题，这也是立法的真正困难之处。立法工作之难，不难在它必须建立的东西，而更多的是难在它必须摧毁的东西。

① “特殊的社会大纽带之一”是指法律。原文是“这种宗教和政治体没有任何特殊的关系，因此特殊的社会的大纽带之一便无法发挥它的作用”（《社会契约论》，第152页）。在《论人与人之间平等的起因和基础》中的表述是“因为法律是把它们联系在一起的纽带”（第110页），因此，李平沤先生认为“纽带”是宗教是错误的（见《社会契约论》，译者注，第152页）。

（三）公民宗教[①]

“论公民宗教”章在初稿本（即《日内瓦手稿》）中是手写在“论立法者”章第46至51页背面的，但在卢梭交给雷伊的定稿本中把它删掉了，在印刷机开印之前，又把这部分资料进行修改，加上标题，寄给雷伊，排列在4卷8章。[②] 一方面，从卢梭时代欧洲严重的教派纷争的情况以及宗教在欧洲的历史地位看，宗教问题决不能忽视；另一方面，从社会契约论的自身体系来看，宗教也起着重要的作用。另外，单单从篇幅上看，作为《社》中最长的一章，本章的内容也足以引起重视。[③] 从文字的连续性上看，“论立法者”的最后一段对宗教的弊端进行了讨论，“公民宗教”章也是从历史上的宗教开始，两者存在承接关系。从最后5段关于公民宗教的论述上看，本章可以看做是全书的结论部分。

在本章中，卢梭先从“历史”谈起，人类的宗教历史经历了三个阶段：

第一个阶段是早期各国民族的神权政体时代，也就是民族宗教时代。人类起初就是一个信仰神的领导，后来才建立的政府。人类起初是没有任何国王而只有神的；他们没有什么政

① 本节引文除了没有另外标注出的，均引自《社会契约论》，第144—158页。

② 《社会契约论》李平沤译本，“译者前言”第7页；何兆武译本，北京：商务印书馆2009年版，第166页。

③ 王恒根据斯特劳斯关于哲人书写特点的观点指出，“公民宗教”和“立法者”是哲人卢梭表达社会观点的隐秘的书写方式。参见王恒：《卢梭的“瞬间”与“公民宗教”》，《云南大学学报法学版》，2007年3月第2期。

府，而之信奉神的权威。他们采纳了卡里古拉的推论，因此他们那时候的做法是正确的。需要经过很长时间的感情和思想上的变化之后，人们才最后决定推选一个人做他们的主人，而且还深自庆幸找到了这么一个人。但是，这段历史其实是骗子的宗教、强者的阴谋，卡里古拉是古罗马的暴君，把人民和国王的关系看成是牲畜与神的关系①。而这一时期的最大特点是在人在神的宗教谎言下进行的政治战争。不是人在为神而作战，反倒是像荷马所说的，是神为人而作战。

第二个阶段是基督教的精神制度和政治制度分离的时代。随着罗马帝国版图的扩张，基督教建立起来，基督教是真正的精神王国，但是与政治制度却存在张力，基督徒是超越国家、向往精神的，面对野心家和伪君子，只能遭受迫害。第三个阶段是基督徒入世夺权的时代，也是当时英国、俄国等许多国家的实际状况，基督徒的争权导致了教士权威和主人权威的双权冲突。

第一阶段的宗教历史实际上是骗子的宗教、主奴宗教，况且民族宗教是“倾向于战争的，是嗜血的，这种宗教的首要功能是分清敌我”②，历史的逻辑表明回到神权政体后，基督教的精神会再次占据上风，重走过去神权政治——基督教精神—政治分离——基督教权力 - 主人权力对抗的老路。有好几个国

① ［法］卢梭著：《社会契约论》一卷二章：“据费龙说，卡里古拉皇帝就是这样推论的。从这个比喻中得出的结论当然是：国王是神，或者说：人民是牲畜。”第7页。

② 孙向晨：《公民宗教：现代政治的秘密保障》，载《复旦学报》，2012年6期，第33页。

家的人民，甚至就是欧洲和邻近欧洲的国家的人民，都曾经想保存或回复他们的古代制度，但没有成功。第二阶段和第三阶段的宗教历史表明，基督教无论是从其出世方面讲还是从其入世方面讲都对国家同共体有害无益。基督教的法律归根结底对一个国家是有害无益的。而这三个阶段的宗教历史表明，“没有任何一个国家的建立不是以宗教为基础的”，在卢梭看来，好政治离不开宗教，但是宗教又可能成为政治败坏的原因。

到这里，卢梭表明，无论是民族宗教、精神的基督教还是入世的基督教，都不符合社会契约对宗教提出的要求。所以他说，“为了使人们理解我的观点，只需要对那些与我的主题有关的含糊不清的宗教观念稍加说明就够了。”

历史叙事之后，卢梭对宗教与社会的关系进行了政治论证。根据宗教与社会的关系，卢梭先把宗教分为“人类的宗教”（the religion of the man）和“公民的宗教”（the religion of the citizen）两种。人类的宗教就像是历史中的精神的基督教，但是卢梭的宗教“外衣”论表明政教关系的一个根本原则是，宗教精神必须服从于政治要求，尽管这种宗教符合人类的普遍精神，但是无利于政治要求。所以卢梭首先排除了“人类的宗教”，转而论述“公民的宗教”。历史上的政治宗教表现为民族宗教的形式。这种宗教的特点是宗教和政治的完全合一，人民完全依附于国家，政治生活也就是个人生活。它有利于国家的团结，但是正如前面的分析，民族宗教的一大特征就是通过设想一个外部敌人来增强本民族的凝聚力，这种民族是好战的，也剥夺了个人的自由，这是卢梭极力反对的。它是建立在谬误与谎言的基础之上的，因此它要愚弄人民，使人变得轻信、迷信，把对神灵的真心敬拜变成一种空有其名的意识。更糟糕的是，当它变成排他的行事专横的时候，它使一个国家的人民各个都变成嗜血的和不容异己的，动不动就大肆屠杀，甚至把屠杀那些不信它的神的人说成是什么神圣行为。这种做法，就使一个国家的人民经常处于其对其他民族的天然的战争状态；这对它自身的安全也是有害的。

卢梭还论述了“第三种宗教”，即“僧侣的宗教”（the religion of the priest），这种宗教明显违背了宗教在政治之下的要求，表现为：这种宗教给人以两种立法、两个首领、两个祖国，使人们负有几种相互矛盾的义务，不允许人可以同时既做虔诚的信徒又做公民……由此便产生了一种无以名之的混合的反社会的权力。因此是绝对不能容忍的。

政治的讨论表明，人类的宗教、僧侣的宗教均不符合政治要求，而民族宗教尽管符合政治要求，但是有很大的危险性，实际上违背了政治的前提——实现公民权利。因此卢梭提出“应当颁布一个纯属公民信仰的宣言”：

第一，卢梭划分了“公”、“私”界限。公民宗教的约束范围仅仅涉及共同领域，不干涉公用领域无关的个人信仰。如此一来，把精神的宗教纳入个人信仰中，就弱化了民族宗教过于强调个人对国家的忠诚导致的好战倾向。

第二，规定了“公”域宗教的内容和原则。（1）政治不宽容，在共同领域宗教从属于政治，不允许前者对后者的冒犯。不管是不信仰宗教的人还是有宗教信仰的人，都必须首先表现对国家法律的忠诚和信仰。对于那些不信奉公民宗教的人应该驱逐，而违背这一信仰的公民就应处死。（2）公民宗教的正面条款应表现契约精神。全能的、睿智的、仁慈的、先知而又圣明的上帝是存在的，每个人都有来生，正义的人得福，恶人必受惩罚，社会契约和法律是神圣的。(3) 宗教宽容。把和政治无关的、不反对政治的宗教信仰纳入个人领域，国家不干涉。

第三，宣言由主权者规定，其条款“不可规定得像宗教的教条，而是注重表述社会的感情”。

在这一章中，前面的30段是对宗教的历史和宗教与政治关系的讨论（可以看做是本章的第一部分），到最后5段才对公民宗教进行了讨论（可以看做是本章的第二部分）。历史的宗教和政治上的三种宗教是对应的关系，历史问题实际上是政治问题——如何处理宗教与政治之间的关系。卢梭没有指出如何解决这种问题，却在第31段，突兀地说到“现在让我们把政治问题放在一边不谈，回过头来谈权利问题；让我们把有关这个问题的道理阐述清楚”。罗纳德·拜纳（Ronald Beiner）指出卢梭的公民宗教理论没有解决满足宗教如何作为一个“真正的宗教”发挥作用的问题，在对前面30段提出的宗教的种种问题的解决上也语焉不详。[①] 笔者认为，这种看法是对卢梭的误解。实际上，权利问题是解决历史和政治上的政教关系的破解点和最终依据，而公民宗教则是对个人、政治、宗教问题的整体呈现。霍布斯把路德在神学上的内在人和外在人的区分转换换到个人与国家的公私之分[②]，卢梭在此基础上，把

① 拜纳认为，真正的宗教（real religion）是指，它可以为塑造好公民提供坚实的动力，从而巩固立国基础。参见：Ronald Beiner，*Civil Religion*：*A Dialogue in the History of Political Philosophy*（Cambridge：Cambridge University Press，2011），pp. 15 – 16。

② 孙向晨先生指出，自由主义的公域和私域的区分来自路德对属上帝的“内在人”和行动的“外在人”的区分。参见孙向晨：《公民宗教：现代政治的秘密保障》。

与政治无关的、不反政治的宗教信仰归入私人领域中，安顿了宗教信仰，也防范了宗教对政治的干预；同时也为个人创造了私人空间和公共空间两个领域，弱化了民族宗教把个人完全纳入到国家中的僵化的结合方式；同时，卢梭又不满于霍布斯国家机器的中立化，通过建立公民宗教确立了社会共同体的价值导向。这样的公民宗教“在国家和公民之间建立了一种温和的责任关系，不会走向英雄主义或偶像崇拜”①

二、公民宗教在美国的实践

（一）托克维尔的早期观察

卢梭在《社》中指出现代国家既要抛开宗教对政治的干涉，但是也要建立公共领域的宗教信仰，主导社会的价值方向。在托克维尔时代，卢梭关于人民主权的预言已经成为了各个国家对民主制的实践中，人民主权原则已经成为美国的建国前提。在美国革命下，人民主权原则走出乡镇而占领了各州政府，所有阶级都从本身的考虑出发卷进了运动，人们在人民主权原则的名义下进行战斗并取得胜利，人民主权原则成了法律

① 卢梭在《日内瓦公约》中指出了这种宗教的目的指向是要建立一种取消宗教狂热的弱意义上的公民信仰。原文是：It is better, then, to bind the citizens to the state by weaker and gentler ties, and to have neither heroes nor fanatics. 参见：Rousseau, Edited and Translated by Victor Gourevitch, *Rousseau on international relations First Version of the Social Contract* (Cambridge: Cambridge University Press, 1997), p. 132。

的法律[1]，卢梭所提倡的人民主权的神圣性成为美国政治的首要原则。人民之对美国政界的统治，犹如上帝之统治宇宙。人民是一切事物的原因和结果，凡事皆出自人民，并用于人民。[2] 权利观念的道德意义在民主制下凸显出来。托克维尔也把权利提高到道德高度，"权利观念无非是道德观念在政界的应用"，[3] 只有权利才能反抗专制和强权，而保证人民权利的方式就是建立平等行使权利的制度，即民主制。所以，人民主权是"维系通行于整个英裔美国人世界的观念的链条的最后一环"[4]。

在欧洲大陆，民主制主导的社会变革带来了极大的社会动荡，但是在美国，"我们昔日创制的人民主权原则，在美国政完全取得统治地位。它以最直接、最无限、最绝对的形式在美国得到实施"[5]。为什么同样的人民主权原则在欧洲产生了混乱在美国却能直接享受到民主的果实？托克维尔认为原因在民情对权威的支持，而民情的权威又有赖于信仰。没有民情的权威就不可能建立自由的权威，而没有信仰也不可能养成民情。[6] 如果说卢梭在界定公民宗教时主要关注的是对政教关系的公、私区分的话，在美国，政教分离原则已经实现，新的问题是如何确立符合民主制度的公共精神。卢梭的公民宗教的提出

---

① ［法］托克维尔著、董国良译：《论美国的民主》（上卷），北京：商务印书馆，1989 年版，第 69 页。

② ［法］托克维尔：《论美国的民主》（上卷），第 71 页。

③ 同上，第 299 页。

④ 同上，第 507 页。

⑤ 同上，第 2 页。

⑥ 同上，第 15 页。

是在“价值 vs. 价值”的争论背景下提出的，强调人民主权的绝对地位；托克维尔的公民宗教思想则更多的是作为“制度—价值”的匹配方案，为民主制度的运行秩序提供精神保障。

民主制下的“公民精神”是 什么呢？托克维尔区分了两种爱国主义。一种是“本能的爱国主义”，它是古老习惯、祖先尊重和种种生活回忆混杂形成的一种情感，“这种爱国心本身就是一种宗教，它不做任何推理，只凭信仰和感情行事”。另一种是“理智的爱国主义”，可以和卢梭所说的“纯粹的公民信仰宣言”对应，这种爱国心源于理智，“它可能不够豪爽热情，但非常坚定和非常持久。它来自真正的理解，并在法律的帮助下成长。它随着权利的运用而发展，但在掺进私人留意之后会消减。一个人应当理解国家的福利对他个人的福利具有的影响，应当知道法律要求他对国家的福利做出贡献”。相比卢梭对民族宗教和公民宗教的区分，托克维尔在这里更注重贵族气质的爱国主义与民主气质的爱国主义作出区分。“本能的爱国主义”也有种种弊端，但对公共精神有大害处的是既没有宗教信仰、也不再认可国家和法律的权威，处于“狭隘而又封闭的自私之中”的现象。在托克维尔看来，面对启蒙思潮影响下的社会改革，本能的爱国主义将随着民主制的到来而逐渐褪去，而民主制下人的心理既可能发展为个人主义，所以在“本能的爱国主义”尚未消失的时候，需要尽快培育“理智的爱国主义”，避免爱国心很容易成为贪婪心理的幌子。①

理智的爱国主义形成于民主制度的成熟阶段，托克维尔更

① 本段引用来自《论美国的民主》（上卷）第二部分第六章“美国的公共精神”第294—296页。

关注的是其形成过程。在美国，基督教传统为培养这种公共精神（“理智的爱国主义”）的最强大的价值资源，托克维尔把基督教和民主制的良性互动称为“民主的共和的基督教”[①]。它表现在以下几个方面：

首先，政教分离的政策实现了自由精神和基督教传统的宗教精神的结合。基督教传统仅仅在社会和个人那里起作用，在政治领域的上帝是权利，而国家仅仅是权利这一超验神的正当方式。托克维尔也指出，政教不分扭曲了宗教的应有功能，民族宗教“从恐怖和信仰两个方面去控制人民的灵魂”[②]，使人的精神处于高度紧张和亢奋状态，必然无法持久。政教分离一方面使宗教和政治自由在各自的领域中发挥作用。宗教退回到私人领域，是消极稳定的；而政治世界则是变动竞争的，两种趋势形成互补。宗教认为公民自由是人的权利的高尚行使，而政治世界则是创世主为人智开去的活动园地。宗教在他们本身的领域是自由和强大的，满足于为它准备的地位，并在知道只有依靠自己的力量和不是依靠压服人心来进行统治的时候，它的帝国才能建设得最好。[③] 另一方面，美国的建国传统深受清教精神的影响，所以民主制的建立受到宗教精神的推动。自由认为宗教是自己的战友和胜利伙伴，是自己婴儿时期的摇篮和后来各项权利的神赐依据。自由视宗教为民情的保卫者，而民情则是法律的保障和是自由持久的保证。[④]

---

① ［法］托克维尔：《论美国的民主》（上卷），第365页。

② 同上，第377页。

③ 同上，第54页。

④ 同上，第55页。

其次，宗教对民主制的维护具有积极作用。在卢梭那里，政府和社会没有区分，都是作为共同领域。托克维尔把公共领域又分为社会领域和政治领域。一方面，在政治领域，宗教作为一种政治设施，对维护民主制有直接的作用。天主教和新教的宗教学说与民主制的政治观念一致。美国的天主教教士，把全部知识分成两类：属于第一类的，是他们不加讨论就接受的神所启示的教义；属于第二类的，是他们认为神让人们自由探索的政治真理。因此，美国的天主教徒既是最驯服的教徒，又是最独立的公民。[①] 另一方面，在社会领域，宗教是美国社会的主要价值来源，对维护民主有间接的作用。美国尽管有不同的教派，但是对于整个社会来说却形成了信仰的传统，所以是“全体公民信奉的宗教”[②]，强大的宗教传统使美国的民情表现出极端的严肃性，所以“法律虽然允许美国人自行决定一切，但宗教却阻止他们想入非非”[③]。宗教的热情和现世权利的结合，形成了美国人对人类幸福的积极追求。

第三，“民主国家比其他国家更需要信仰”[④]。和卢梭一样，托克维尔也认为在现代国家中，如果缺乏价值上的道德主张，国家的凝聚力必然受到个人主义离心力的侵蚀。专制制度可以不要宗教信仰而进行统治，而自由的国家却不能如此。宗教，在他们所赞扬的共和制度下，比在他们所攻击的君主制度下更为需要，而在民主共和制度下，比在其他任何制度下尤其

① ［法］托克维尔：《论美国的民主》（上卷），第367页。

② 同上，第370页。

③ 同上，第372页。

④ 同上，第737页。

需要。当政治纽带松弛而道德纽带并未加强时，社会怎么能免于崩溃呢？如果一个自己做主的民族不服从上帝，它能做出什么呢？[①] 在身份平等的社会下，多数暴政和个人主义是民主制的两大破坏力量。

在信仰方面，多数暴政通过多数的意见和舆论压制人民的思想。昔日的君主只靠物质力量进行压制；而今日的民主共和国则靠精神力量进行压制，连人民的意志它都想征服。……它让身体任其自由，而直接压制灵魂。[②] 在民主国家，公众不是用说服的办法，而是以全体精神大力压服个人智力的办法，将公众的意见强加于和渗入人们的头脑的。[③]，多数既拥有物质力量又拥有精神力量，这两项力量和在一起，既能影响人民的行动，又能触及人民的灵魂，既能消弭动乱于一线，又能防止动乱于预谋。[④] 如果多数既干涉行动又控制人的思想的化，那么人无非又落入了另一种专制，所以托克维尔指出而想避免多数的奴役，就必须信奉宗教。人要是没有信仰，就必然受人奴役；而要想有自由，就必须信奉宗教。[⑤] 宗教的首要目的及其主要好处之一，就是对这些重要问题中的每个问题，能够提供一项清楚的、确切的、人人都可以理解的和永久性的解决方案。[⑥]

个人主义（individualisme）[⑦] 是“民主主义的产物，并随

① ［法］托克维尔：《论美国的民主》（上卷），第374页。

② 同上，第323页。

③ ［法］托克维尔：《论美国的民主》（下卷），第578页。

④ ［法］托克维尔：《论美国的民主》（上卷），第322页。

⑤ ［法］托克维尔：《论美国的民主》（下卷），第590页。

⑥ 同上，第589页。

⑦ 本段引文都来自《论美国的民主》（下卷），第682—684页。

着身份平等的扩大而发展。”个人主义不仅会侵蚀公共道德，沦为利己主义，它还会最终使个人落入虚无。个人主义首先会使公德的源泉干涸，但是久而久之，个人主义也会打击和破坏其他一切美德，最后沦为利己主义……它使每个人遇事总是只想到自己，而最后完全陷入内心的孤寂。托克维尔指出宗教的最大敌人不是民主制，而是一种无信仰的冷漠思潮。

平等观念、权利观念如果没有稳定的精神支持，就会走向对物质利益的简单追求，它或者表现为多数凭借力量获得决定胜负，或者表现为个人主义唯利是图的处事方式，不能构成社会。社会的凝聚力在于有共同的信仰。一个社会要是没有这样的信仰，就不会欣欣向荣；甚至可以说，一个没有共同信仰的社会，就根本无法存在，因为没有共同的思想，就不会有共同的行动，这是虽然有人存在，但构不成社会。因此，为了使社会成立，尤其是为了是社会欣欣向荣，就必须用某种主要的思想把全体公民的精神经常集中起来，并保持其整体性。[①] 到托克维尔这里对待宗教的态度是强调“合”，把有利于公共精神的宗教看做是传统资源。在宗教的“共和”[②] 支持下，美国的爱国精神表现为共和的一致性。共和正是基于默认或一种consensus universals（一致同意）而建立，并且无需争辩、反驳和证明而存在于美国的。[③]

---

① ［法］托克维尔：《论美国的民主》（下卷），第575页。

② ［法］托克维尔：《论美国的民主》（上卷），第507页。

③ 同上，第509页。

（二）贝拉对美国公民宗教的阐释及其争论

在托克维尔的写作环境下，尽管已经对黑人、印第安人问题[①]可能产生的矛盾有了预期，但是托克维尔的写作视角还是以英裔美国人作为写作对象，美国建国的起源来自英国清教传统，美国的主流文化仍然是基督教文化。然而，到19世纪50年代以来，无论是国际环境还是国内的政治经济社会情况，都发生了巨大变化。在国际方面，美国在二战后成为新兴强国，同时在意识形态上又形成与苏联代表的社会主义的两极对立，亟需重新确立国家身份和核心价值；在国内方面，都市化、郊区化、外国移民、人口移动和核战争威胁等方面的迅速变化带来了社会的不安定，如何在这种多元变动中重新界定美国公民身份成为重要的问题。这些问题又进而推进了宗教复兴运动和美国政府对宗教予以重视的种种举动。而社会学界重新引入韦伯、杜克海姆、涂尔干等人的宗教社会学理论，为解释这些现象的宗教维度提供了理论上的支撑。在1967年社会学家贝拉的“美国公民宗教”[②] 提出之前，已经有类似的说法，如民主信仰、美国信条、美国神道教、美国生活方式宗教等，威尔·赫伯格在1955年出版的《新教、天主教、犹太教》中提出的

---

① 托克维尔指出印第安人、黑人问题是未来会影响美国社会稳定的因素。《论美国的民主》（上卷），第403页。

② 最早提出是1961年在日本富布赖特（Fulbright）讲座上发表初稿。引自罗伯特·贝拉著、范丽珠译：《意义与现代性——美国与世界》，载徐以骅主编：《宗教与美国社会——美国与伊斯兰世界》（第九辑），北京：时事出版社，2014年版。此文为贝拉为*Meaning and Modernity*：*Religion*，*Polity and Self*（University of California Press，2002）一书写的跋。

"市民宗教"（civic religion）主张不同信仰之间的相容性，是种种理论的集大成者。在这一背景下，罗伯特·贝拉（Robert N. Bellah）的公民宗教概念由于其极大的可容纳性[①]，一经提出，就受到了来自不同学科学者的关注和争论，而随着其后越战陷入僵局、水门事件以及民权运动在60年代末到70年代的集中爆发，使得相关讨论更加激烈。[②]

从贝拉的公民宗教思想的发展史来看，可以分为批判的公民宗教（20世纪60年代）、危机中的公民宗教（20世纪70年代）和基础结构的公民宗教（1980—1990初期）三个阶段。

批判的公民宗教阶段是贝拉公民宗教思想的初步成型，这一阶段的主要文本有《宗教的演进》[③]（1964）和《美国的公

① 贝拉指出，"公民宗教概念之所以非常流行，是因为之前的知识分子、学者或神学家的主要研究方向是从否定的视角看问题。公民宗教观念所达到的是把整个问题的讨论提升到一个更为广泛的层次，从而使得潜在的评价问题都可以包括进来。"参见 Robert N. Bellah, "American Civil Religion in the 1970s," Donald G. Jones &. Russell E. Richey, eds. *American Civil Religion*, (San Francisco: Mellen Research University Press, 1990), p. 257。

② 关于美国公民宗教的提出背景及其争论的分析的主要参考中文资料有：徐以骅：《美国的国民宗教及其国民宗教辩论》，载《宗教与美国社会——美国宗教的"路线图"》（第一辑），时事出版社，2004年版，第50—79页。陈勇：《公民宗教论综述》，载《原道》，2006年版，第77—89页。英文资料有：James A. Mathisen, "Twenty Years after Bellah: Whatever Happened to American Civil Religion," in *Sociological Analysis*, Vol. 50, No. 2 (Summer 1989), pp. 129 – 146; Max L. Stackhouse, "Civil Religion, Political Theology and Public Theology: What's the Difference?" in *Political Theology*, Vol. 5, No. 3 (July 2004), pp. 275 – 293。

③ 罗伯特·贝拉：《宗教的演进》，汪民安、陈永国、张云鹏编：《现代性基本读本》（上），第70—89页。

民宗教》（1967）。[1] 在《宗教的演进》一文中，贝拉提出“演进”是“任何制度中对组织机构的差异性和复杂性的提升过程，而这一过程赋予有机体、社会制度或其他值得探讨的单位以比简单的祖先更强的适应能力”[2]，相应地，尽管“宗教人士和人类的终极宗教地位在结构上不会演进”，但是通过其象征系统的演进构成了宗教的演进。[3] 在“美国的公民宗教”一文中，贝拉尝试应用宗教演进的理论框架，认为美国历史上看，美国公民宗教在两次考验中不断发展，而越战是其第三次考验。文章“试图将国家置于道德原则的制约和评判之下”[4]，作为“我在越南战争所引发的全国性争论的背景下又发展出的想法，而且这篇论文当成以美国传统中的核心因素来批判当时军事政策的机会”[5]。在文中，贝拉从肯尼迪的就职演说讲起，把“美国的公民宗教”定义为：大多数美国人在宗教方面都具有一些共同的元素。这些元素曾在美国的制度建构中发挥过关键作用，并仍然在为整个美国生活，包括政治的层面，提供一个宗教维度。这些公共的宗教维度通过一系列的信仰、

① 贝拉指出了其“宗教演化”思想和公民宗教思想之间的关联：“我对‘宗教演化’的兴趣主要集中在社会发展的宗教维度上，我当然意识到政治纬度以及宗教和政治之间的多种关联，并以此来指导自己的研究。在三年之后我发表的一篇论文‘美国的公民宗教’中，主要探讨了这些关联。”参见罗伯特·贝拉：《意义与现代性》。

② 罗伯特·贝拉：《宗教的演进》，第71页。

③ 同上。

④ 罗伯特·贝拉：《美国的公民宗教》，第123页。

⑤ 罗伯特·贝拉：《意义与现代性——美国与世界》。

符号和仪式来表达。①

根据对肯尼迪就职演说辞的分析，贝拉首先指出美国政治中人的权力是一切政治的根本依据。而这一权利的实现是通过把上帝作为最高的神圣存在，作为一种超越的目标实现的。而这种政教关系来自于美国的传统。接着，贝拉对公民宗教的形成传统进行历史追溯。从立国之初，公民宗教就已经存在。美国革命通过一系列象征符号表现出来：《出埃及记》最后的独立战争、美利坚的以色列公民宗教的一个主题。欧洲是埃及、美利坚就是神诺的土地，独立宣言、宪法是神圣的经典，华盛顿代表了摩西，而公民宗教中的上帝“不仅‘拥护政治统一’，而且还显出威严的面孔，常常与秩序、法规和权利而不是救赎和慈爱相关联。虽然他多少有些自然神的气质，但他绝不是一个钟表匠般的上帝。他积极投身于历史之演绎中，并对美国抱以特别关注。”公民宗教的仪式是公众感恩和祈祷日、华盛顿纪念日和林肯纪念日、感恩节（把家庭融入国家）、阵亡将士纪念日（把地方社会去融入国家）等等纪念活动。在美国内战中，林肯之死、葛底斯堡演说是“新约”部分，死亡、牺牲、再生的成为公民宗教的另一主题。国家公墓、阵亡烈士纪念日是这一主题下的仪式活动。②

但是，公民宗教本身也存在问题，公民宗教可能被扭曲。或者过于宽泛或者过于具体。“公民宗教至多是一种对普遍的、超越的宗教现实的敬畏，就像在美国人民的经验中所体现的那样。就像其他所有宗教一样，它也有各种不同变体和妖魔

① 罗伯特·贝拉：《美国的公民宗教》。

② 本段引文没有另外标记的，均引自罗伯特·贝拉：《美国的公民宗教》。

化的扭曲样式。在其最好的情况下，公民宗教并不会因为太泛泛而失去与美国的相关性，也不会因为太具体而将美国至于普世人类价值之上。”就国际范围来看，公民宗教的扭曲状况包括美国待印第安人的残暴历史、帝国主义历史和文化霸权行为；就神学角度看，公民宗教的象征符号可能被扭曲；就国内范围看，公民宗教可能被反社会分子利用。而就越战情形来看，能否正确解决这一问题意味着公民宗教是否能通过第三次考验。这一次，贝拉认为应该从圣经之外的维度寻找积极资源，梭罗是这次考验的先知，超越美国国家的人的权力是主题，“他们首先是人，然后在某一时刻才是美国人”。[①]

在这篇文章中，贝拉主要关注的是希望把世界人权作为美国处理越战问题的依据，公民宗教的“一致的因素”只有在人权标准下才具有积极的作用。在文章的措辞中，贝拉极力分辨公民宗教与现实宗教的关系。他指出公民宗教既不是基督教，也不是泛泛而论的宗教，尽管美国公民宗教对现实教会有无所不在的影响，但是“美国公民宗教既非反教士阶层也非极端世俗化。相反，它有选择地吸收了一些宗教传统以致普通美国老百姓看不出两者之间的冲突”。从美国公民宗教概念的广度上看，它既有其神学传统，也有关涉美国人民权利的实在内涵，还与世界公民有着共同的因素。公民宗教的每一个环节都隐含着圣经中的一些典故……但它同时也真正属于美国人民，并真正赋予了新意。它有它自己的先知和烈士，有自己的神迹和圣地，有自己的庄严肃穆的仪式和象征符号。它所思所虑是将美

① 本段引文没有另外标记的，均引自罗伯特·贝拉：《美国的公民宗教》。

国建设成上帝心目中的完美社会，并成为照亮万国的明灯。[1]

但是在美国社会矛盾不断累积的情况下，对公民宗教的讨论迅速转移到了国内问题上。一方面，有的学者对贝拉的公民宗教观点提出批评，认为这是一种偶像崇拜，可能发展为纳粹主义[2]，有的认为其理论存在问题[3]，而历史学家则认为其描述与历史不符[4]，也有的学者表示支持；另一方面还有不同领域的学者从不同角度对公民宗教进行了定义[5]。总体来看，关于公民宗教的争论可以归结为以下问题：公民宗教是否存在？

---

① 本段引文没有另外标记的，均引自罗伯特·贝拉：《美国的公民宗教》。

② Robert N. Bellah，*American Civil Religion in the 1970s*，pp. 257 – 258.

③ 威尔逊（Wilson）认为公民宗教缺乏机构化的体现，而这是宗教的必要组成部分之一。转引自徐以骅：《美国的国民宗教及其国民宗教辩论》)。理查德·芬恩（Richard Fenn）指出，贝拉的理论依据主要是来自帕森斯、杜尔凯姆一派关于社会具有统一价值的观点，芬恩根据韦伯一派的社会学立场上指出，现代性的本质是分化，在现代社会追求统一的价值是不可能的。转引自 Jose Santiago，"From 'Civil religion' to Nationalism as the Religion of Modern Times：Rethinking a Complex Relationship，" in *Journal for the Scientific Study of Religion*，Vol. 48，No. 2 (June 2009)，pp. 394 – 401。

④ 马蒂（Marty）和威尔逊认为公民宗教是偶发性的（episodic）。转引自 James A. Mathisen，"Twenty Years After Bellah：Whatever Happened to American Civil Religion"。

⑤ 唐纳德·琼斯（Donald G. Jones）和拉塞尔·里奇（Russell E. Richey）总结了公民宗教的五种类型，这些类型之间可能存在交叉，分别是：civil religion as folk religion，as the transcendent universal religion of the nation，indicated by the phrase religious nationalism and as the democratic faith and Protestant civic piety。参见 Donald G. Jones and Russell E. Richey，"The Civil Religion Debate，" in *American Civil Religion*，pp. 14 – 17。徐以骅先生将公民宗教的不同定义总结为五种模式，分别是：文化模式、神学模式、社会模式、政治模式和宗派模式。参见徐以骅：《美国的国民宗教及其国民宗教辩论》，第 57—61 页。

如何存在？公民宗教是否应该存在？应该如何存在？而这几个问题最终还原为这样一个问题：公民宗教之于国家和社会的意义以及如何体现？其实，无论是卢梭、托克维尔还是贝拉都认识到宗教之于政治和社会的重要意义。卢梭宗教观认为政治必须有宗教，托克维尔则认为公共精神需的培育要有宗教的支持，而贝拉的公民宗教观则建立在任何一个社会的维持都必然有一个宗教的维度。同时，他们也意识到，尽管宗教可能被错误利用，但是不能因为宗教的这一问题而回避宗教问题。公民宗教就是他们对如何正确体现这一关系给出的答案。[①] 贝拉论文的初衷及后来的回应也主要是针对这些问题。

第二阶段是公民宗教的内在张力阶段。在这一阶段，通过学者们对公民宗教理论的质疑和60年代末70年代以来越南战争的失败、水门事件以及民权运动等问题的回应，贝拉的公民宗教理论走向成熟与完善。

---

① 卢梭在《社会契约论》中指出："没有任何一个国家的建立不是以宗教为基础的"（第150页），托克维尔在《论美国的民主》中指出"没有民情的权威就不可能建立自由的权威，而没有信仰也不可能养成民情。"（第15页），贝拉多次提到这一看法，在"美国的公民宗教"中贝拉指出他的观点来源于涂尔干的社会学假设，涂尔干认为任何群体都有宗教维度。在此文的重印序言中，贝拉指出，"不管批评者怎么看，我相信每一个国家每一个民族都在宗教方面有着自我理解。与其谴责不可避免的东西，不如在公民宗教传统中寻找一些关键原则，以消解目前无所不在的国家自我偶像崇拜的危险"。李峰对贝拉宗教社会学思想的评价中指出，贝拉的宗教社会学建立在宗教是人的生存结构的一部分，人人都具有宗教性和"任何社会都需要一个能提供整体感的宗教或意识形态，它是一个终极意义的框架，社会及其主文化获得这种超越性存在的支持才能实现社会的整合"。参见李峰：《现代性中的宗教支持与限制——罗伯特·贝拉的宗教社会学思想述评》，载《宗教社会学·第一辑》，2013年，第191页。

一方面，贝拉对公民宗教概念上的质疑进行了回应。在《1970年代的美国公民宗教》[①]一文中，贝拉进一步界定了公民宗教的概念：我用公民这个概念来描述美国政治的宗教维度，它自共和国建立以来就存在，其中心信条是美国自身不是终极目的，而是在超验判断之下，其价值的实现到现在为止至多是一种部分的（partially）、片段的（fragmentarily）高级法（higher law）。[②] 对于“公民宗教是否存在”的问题，贝拉从认识论意义上的和评价性的角度进行了说明。从认识论意义上，公民宗教类似于一种“社会建构”（social construction），其存在的真实性全赖于概念本身的解释力能否得到普遍的认同（consensus）。从评价的意义上看，公民宗教的概念仅仅是一种肯定意义的分析工具，与价值判断无关。公民宗教概念的范围来看，它既是宽泛的，可以把包括佛教、犹太教等具体宗教涵盖到其超验意义之下；它也是具体的，公民宗教的象征符号是建立在宪政内容之下的，可以杜绝偶像崇拜。从现实情况方面，贝拉通过对尼克松演讲词的分析，认为尽管人们对公民宗教可能不同的版本，但是“公民宗教是一个现实存在”。[③] 针对历史学家对公民宗教的“历史真实性”提出的质疑，贝拉提出应该以自我批判的态度看待历史，学会从传统中获得帮助，从自我批判的传统、神话中发掘出宗教意义的超验力量来规范政治和道德。所以，贝拉强调，“公民宗教的概念仅仅是指出了这一事实：在整个社会中都存在一种道德、政治和宗教

① Robert N. Bellah, “American Civil Religion in the 1970s”, pp. 255 – 272.

② Ibid., p. 255.

③ Ibid., p. 264.

之间的关联。公民宗教的最好状态是政治依照道德运行，政治和道德在某种超验性的判断之下。”① 公民宗教是对政教关系的一种分析框架，“任何情况下，不管是否用“公民宗教”这个概念，政教关系都不会消失”。②

另一方面，贝拉运用公民宗教概念对美国当时面临的危机作了分析。如果说在67年文章中贝拉仅仅是指出了“扭曲了的公民宗教”（distorted civil religion）现象存在的话，那么在《破碎的盟约》中则指出，公民宗教仅仅是一个“空壳”（empty shell）。贝拉指出，公民宗教包括内在盟约（internal covenant）和外在盟约（external covenant）。外在盟约是类似宪法、法律在内的强制性的规定，内部盟约是类似于理想主义的道德、宗教方面的虔信。外在盟约只是一个国家建立的前提条件，但是共和国的真正建立是公民的爱国主义情感。“共和制的本质是其公民必须热爱他，而不仅仅是服从命令。”③ 但是，美国在20世纪用自由功利主义模式代替道德-宗教模式治理国家，使得道德和传统的力量衰退，内在盟约瓦解，依靠技术理性运行的外在盟约把国家引向了技术专制。宗教复兴运动就是这一治理缺陷的最大冲击。因此，贝拉呼吁，应该重建盟约。重申外部盟约的价值意义，通过从宗教和文化传统中寻求培育内在盟约的资源，建立一种“民族共同体”，为自由功

① Robert N. Bellah, “American Civil Religion in the 1970s”, p. 271.

② Robert N. Bellah, “Comment: Twenty Years after Bellah: Whatever happened to American Civil Religion?” p. 147.

③ Robert N. Bellah, *The Broken Covenant: American Civil Religion in Time of Trial* (Chicago: The University of Chicago Press, 1992), p. 142.

利主义的模式提供宗教和道德的根基。

可以看出，贝拉在这里是把公民宗教看做是与自由功利主义模式对立的一种道德－宗教模式来看的。本意在于“希望对美国现实有所改进”①。

后来贝拉承认，他也认识到公民宗教“这一术语所指向的主题的深刻的模糊性”②，所以在“宗教与美利坚共和众国的合法性”一文中③贝拉再次回归到政教关系的分析框架下，对公民宗教概念做了最后的理论论述。贝拉首先指出，公民宗教概念的模糊性的“根源是美国共和政体的性质的混乱，而对美国公民宗教的性质的真正澄清则需要改革美国共和政体。”④ 贝拉指出，美国政体从一开始就是自由政体和共和政体的混合，而这使美国的政教关系比起历史上的失败经验来，既是独一无二的，也是成功的。在共和主义和自由主义难以调和的张力下，受到共和主义完全支持公民宗教发挥作用的范围是有限的。仅仅表现为“美国公民宗教是一种仪式，某种程度上是边缘的（marginal），尽管其有完善的制度化形式。其仪式化在于它的教义是抽象的、简单的，在这方面非常类似于

---

① Introduction to the Second Edition, Robert N. Bellah, *The Broken Covenant: American Civil Religion in Time of Trial.* The Broken Covenant 初版与 1975 年，1992 年再版，在第二版中增加了“再版导言”（1991）和编后语两部分内容。其中编后语是其在 1978 年发表的文章“Religion and the Legitimation of the American Republic”，此文是贝拉对公民宗教概念的最后一次论述。

② 同上。

③ Robert N. Bellah, “Religion and the Legitimation of the American Republic,” pp. 164 – 188.

④ Ibid., p. 165.

卢梭的公民宗教。它是边缘的，没有在法律和宪法上的官方支持。因此在美国宪法中并没有任何对上帝和公民宗教的提法。对公民宗教的信仰没有任何法律上的要求，也没有关于公民神学的官方解释。"[①] 但是，在"基层结构"中，也就是社会领域，宗教的作用却是非常活跃的。公民宗教在宪政层次的空缺性和在社会生活中的实在性构成了美国公民宗教的独特构造。美国共和政体的宗教超验结构仅仅是一种部分的公民宗教。主要通过宗教共同体实现，宗教共同体在官方的政治结构之外。这就是美国处理政教问题的独创性。[②] 所以，贝拉在肯定公民宗教在上层机构的仪式化作用之外，又回到了托克维尔的政教观那里，认为要在社会领域中培育和公民宗教，这包括教会、家庭、学校等机构，这也是应对自由功利主义的现代侵蚀的重要传统资源。

第三个阶段是贝拉公民宗教研究的实质性阶段。学者一般把贝拉不再使用公民宗教概念，《心灵的习性》（1985 年，以下简称《心》）、《好社会》（1991 年，以下简称《好》）两部具有重要影响力的著作的出版为其公民宗教思想结束的标志。其实，从贝拉的上层结构的公民宗教和基层结构的公民宗教的定义中就可以看出，贝拉公民宗教思想的最终完善是通过对卢梭和托克维尔的公民宗教思想的结合实现的。而《心》、《好》标志着贝拉开始转向对基层结构的公民宗教思想的研究。贝拉在《破》二版序言（1991 年）中指出，《心》、《好》"这两

① Robert N. Bellah, "Religion and the Legitimation of the American Republic," p. 175.

② Ibid. , p. 176.

本书中讲到了‘公共教堂’来自马丁·马蒂的概念，涉及道德是公民宗教的基础结构方面，通过相对争议较少的‘公共教堂’的概念继续在公民宗教中的论点。我们认为，宗教组织作为一种‘公民教育’结构仍然如托克维尔时代那样，仍然是美国政治中的一个重要因素。”① 贝拉也多次指出放弃使用公民宗教概念并在于其概念上的争议太多，“公民宗教中心观点是基本正确的。”② 可以说，这一阶段意味着贝拉从卢梭转向了托克维尔。从社会方面梳理对抗功利主义和个人主义的资源。

三、结语：公民宗教的功能及其限度

贝拉和托克维尔的公民宗教思想为我们提供了回归卢梭和托克维尔的路径。贝拉把公民宗教分为上层结构的公民宗教和基层结构的公民宗教。上层结构的公民宗教和卢梭所定义的以宪政为内容的道德共同体的公民宗教对应，以符号、仪式、象征的方式表现；下层结构的公民宗教是托克维尔所讲的包括教会、学校等在内的公共精神的培育场所，是公民宗教的“产生”地。卢梭、托克维尔、贝拉为现代的几次危机提供了解决方案。卢梭面对等级制和理性主义的危机，提出了以平等和自由的人权为主导价值的宪政理论，奠定了言说现代的路径；

---

① Introduction to the Second Edition, Robert N. Bellah, *The Broken Covenant: American Civil Religion in Time of Trial.*

② Ibid.

托克维尔面临民主制下平等主义和个人主义的危机，提出了通过宗教传统为政治和个人提供精神支撑；贝拉面对技术理性和功利自由主义对国家和个人的冲击，对宪政民主的政治框架持肯定态度，提出在社会层面上重新唤醒传统的道德和宗教资源。三者的共同出发点都是通过宗教的超验意义为政治共同体/社会的凝聚力提供价值源泉。

正如乔斯·圣地亚哥（Jose Santiago）所说，关于公民宗教的争论并没有退出历史舞台，而是一直在受到不同领域学者的关注[①]。从公民宗教的功能来看，学者们普遍认为公民宗教具有聚拢人心，形成共识，提供合法性的作用，因此公民宗教成了美国移民问题、"9·11"事件、种族问题、宪法诉讼案等问题的一种解决路径[②]。但是，对公民宗教的争论仍然存在。这是因为学者们关注公民宗教的功能的时候忘记了公民宗教的界限。以"9·11"事件为例，"9·11"事件后，学者们反应不一。卡罗林·马文（Carolyn Marvin）、戴维·英格尔（David W. Ingle）等人认为公民宗教就等于民族主义[③]，圣地

① Jose Santiago, "From 'Civil Religion' to Nationalism as the Religion of Modern Times: Rethinking a Complex Relationship."

② Bruce T. Murray, "With 'God on Our Side'? American Civil Religion," in *Religious Liberty in America: the First Amendment in Historical and Contemporary Perspective* (Amherst: University of Massachusetts Press in association with Foundation for American Communications, 2008), pp. 41-76.

③ Carolyn Marvin, "A New Scholarly Dispensation for Civil Religion," in *Journal of Communication and Religion*, Vol. 25, No. 1 (March 2002), pp. 21-33.

亚哥从概念上、理论上和经验上对这个观点进行了反驳[①]，罗伯特·林德（Robert D·Linder）认为公民宗教是一种爱国主义[②]，蒙哥马利·香农（Montgomery Shannon）认为公民宗教的最终依据是人权，而美国政府自1980年总统选举以来的政策偏向了原教旨主义主义基督教[③]，保罗·克里斯托弗·约翰逊（Paul Christopher Johnson）指出“有机的公民宗教”被“制度化的公民宗教”劫持[④]，杰曼麦克唐纳（Jermaine M. McDonald）认为这是对美国的“第四次考验”，即作为“宗教他者”的穆斯林如何融入美国社会的问题[⑤]。贝拉认为公民宗教应该为寻求走向世界公民社会提供宗教动力[⑥]，李向平指出美国的外交政策实际上是在理想主义的公民宗教外表下掩藏着美国利益为

---

① Jose Santiago, “From ‘Civil religion’ to Nationalism as the Religion of Modern Times: Rethinking a Complex Relationship.”

② Robert D. Linder, “Universal Pastor: President Bill Clinton's Civil Religion,” in *Journal of Church and State*, Vol. 38, No. 4 (Autumn 1996), pp. 733 – 749.

③ Montgomery Shannon, “Not – So – Civil: The Republican Party's Abandonment of American Civil Religion,” in *Conference Papers – National Communication Association* (January 2009).

④ Paul Christopher Johnson, “Savage Civil Religion,” in *International Review for the History of Religion*, Vol. 52, No. 3 (2005), pp. 289 – 324.

⑤ Jermaine M. McDonald, “A Fourth Time of Trial: Towards an Implicit and Inclusive American Civil Religion,” in *Implicit Religion*, Vol. 16, No. 1 (March 2013), pp. 47 – 64.

⑥ Robert N. Bellah, “The final word: can Christianity contribute to a global civil religion,” John Witte, Jr. and Frank S. Alexander, eds., *Christianity and Human Rights: An Introduction* (Cambridge: Cambridge University Press, 2010), pp. 351 – 365.

根本目标的宗教外交[1]。其实，公民宗教的宗教性、道德性意味着它是一种理想主义[2]的分析模式，理想、终极目标唤起了人们心中最美好的部分，但是不得不承认现实问题不能单凭理想解决，如果理想超过了现实的承受能力（如法国大革命），或者不同理想之间出现冲突（如“9·11”事件），那么就可能出现革命、战争。所以，卢梭把公民宗教界定为一种个人与国家的弱关系，托克维尔多次申明政教分离对与正确发挥宗教功能的前提要求，贝拉也强调公民宗教在上层结构部分是“空缺的”，表现为符号性的象征意义。无论人们希望以什么方式解决不同冲突，自卢梭以来的公民宗教理论都告诉我们，公民宗教应该拒绝被权力裹挟，只有在社会层面上公民宗教才能发挥积极作用。

---

① 李向平：《现代化·公民宗教·国家特性——从文化外交到宗教外交的“美国主义”》，载徐以骅主编，《宗教与美国社会——宗教与国际关系》（第四辑下），北京：时事出版社，2007 年版，第 503 – 525 页。

② 徐以骅先生指出“国民宗教论还可有理想模式和现实模式之别”。参见徐以骅：《美国的国民宗教及国民宗教辩论》，第 77 页。

灵魂之剑，信仰之盾
——美国战争与外交中的宗教

• ［英］安德鲁·普雷斯顿（Andrew Preston）著
•罗　辉译

［**编者说明**］　关于美国外交以及美国宗教的论著都可说是汗牛充栋，但结合此两大领域的研究却为数寥寥。《灵魂之剑，信仰之盾——美国战争与外交中的宗教》（*Sword of the Spirit*，*Shield of the Faith*：*Religion in American War and Diplomacy*，New York：Knopf，2012）一书的问世可说是填补了美国研究中这一少有的空白。该书作者安德鲁·普雷斯顿是剑桥大学卡莱尔学院的历史学者，专门讲授美国历史和国际关系史课程。该书在2012年问世后，立即成为专业书评界的“宠儿”并获得多种专业图书奖，被誉为在宗教与美国外交研究领域集此前各种相关研究之大成的“里程碑式的”的著作，甚至几近关于美国

历史的“全新宏大叙事”。该书作者在利用诸多总统图书馆、神学院校和宗派教会所藏大量档案文献的基础上，以正文613页和全文832页的篇幅，对从17世纪初英国北美殖民地的建立到2009年美国黑人总统奥巴马“开罗演讲”的400多年以来美国对外关系中的宗教因素作了全方位的系统考察。所谓“灵魂之剑”指的是美国历史上以上帝之名所进行的战争或充斥宗教语言的外交活动，其背后不外乎“神国”、“新以色列”、“天定命运”、“山巅闪光之城”等主要源自基督教的理念；“信仰之盾”指的是美国外交史上基于或源于宗教的和平主义、反干涉主义、反帝国主义、国际主义等理念和实践。与世俗理想主义和现实主义一样，以上两大宗教思想的主线亦贯穿于美国历史上的战争与和平。

本书与本辑所选登的《宗教与美国政治》一书相映成趣，一主外交、历史；一主内政、现状。目前同为研究宗教在美国政治和外交中作用的不可或缺的参考文献。

译者罗辉博士曾就读于中国传媒大学（原北京广播学院）国际新闻专业和英国曼彻斯特大学国际政治专业，分获学士和硕士学位，随后在复旦大学国际关系和公共事务学院获法学博士学位，目前在上海社会科学院国际关系研究所从事研究工作。罗辉博士中英文俱佳，其博士学位论文即关于宗教与冷战时期的美国外交，故为翻译该书的合适人选。目前该书的翻译工作已全部完成并即将由人民出版社出版。此处所选登的是该书的“序”和“导论”部分。

序

2003年3月，康涅狄格州的纽黑文。同世界其他地方一样，耶鲁大学学生团体也被美国和伊拉克、乔治·W. 布什和萨达姆·侯赛因之间的对峙所吸引。战争随时可能爆发——这几乎是一定的。无论人们对战争持何种观点、无论是支持者还是反对者、在耶鲁还是在其它什么地方，在过去的一年中他们都各执一词。从2002年的整个夏天和秋天一直到新的一年，布什政府及其支持者为发动战争找出好几条理由，从国家安全到推动民主以及介乎两者中间的理由，不一而足。

这些理由中包括宗教。从对“9·11”恐怖袭击的最初反应到伊拉克战争前夕，布什自始至终都在用宗教来表述危机。布什没有必要总是用美国为谁而战这样的话语：但有时也会说漏嘴，他非常小心翼翼地避免把伊拉克战争描绘成对伊斯兰的十字军东征。然而，按照新闻报道的说法，在那个具有决定意义的冬天和2003年的春天，布什总统相信他的精神动力来自于对上帝的责任感，而且在美国陷入危机之时，是上帝指引着他的行动并保护着美国。布什在陈述战争理由的2003年国情咨文中宣称：“我们所珍视的自由不是美国给这个世界的礼物。是上帝给人类的礼物。”在赠予此种礼物的过程中，美国只是上帝在世间的工具：“我们美国人深深相信我们自己，但不只相信我们自己。我们不知道——我们不会声称，我们通晓人间和上苍的全部真理，但我们深信它们，并且对仁慈的上帝充满信心。愿上帝指引我们。”1个月之后，布什在纳什维尔告诉听众说：“我们正在被挑战，我们因自己的信仰而面临挑战。”他接着为伊拉克战争辩解，说那是针对仇视自由的原教旨主义者而进行的自卫战，那些原教旨主义者得到了萨达姆·侯赛因的支持和鼓励。“他们一想到这样一个事实就切齿痛恨，即在这样一个伟大的国家，我们能够以我们认为合适的方式来崇拜万能的上帝。可能让他们更为愤怒的是，我们不会改变”。①

萨达姆·侯赛因同样使用宗教来塑造即将到来的战争。萨达姆宣称，与堕落的异教徒美国人不同的是，伊拉克人有着“光荣的信仰”，“真主不喜欢弱者。”受到总统鼓励的伊拉克神职人员也试图召集信众投入战斗。奥萨马·本·拉登是世俗伊拉克复兴党的公开敌人，但他传递出特别明确的宗教信息。这位基地组织的领袖在战争前的一段音频信息中警告说，美国人就是“要占领伊斯兰前首都的十字军，这场十字军征战就是针对伊斯兰人民的战争”，为了征服我们的宗教并偷走我们的石油，因此“所有的穆斯林，尤其是伊拉克的穆斯林必须准备行动，对此种令人厌恶的进攻展开圣战，并确保储备足够的弹药和武器。这是他们的责任。”这是本·拉登自“9·11”以来一直传递的信息，事实上，这也是他1990年代对美国进行首次圣战以来一直传递的信息。②

---

① “Address Before a Joint Session of the Congress on the State of the Union,” January 28, 2003, *PPP*: *George W. Bush*, 2003, Book 1, 90; “Remarks at the National Religious Broadcasters Convention in Nashville, Tennessee,” ibid., 147, 150.

② “Hardening His Tone, Hussein Challenges Inspectors and Talks of War Readiness,” *NYT*, February 15, 2003.

那时我正是耶鲁大学历史系的一名年轻讲师，距离我完成有关麦克乔治·邦迪和越南战争的起源的博士论文不久。在2002年的秋天，我在一个大班上讲授越战；在春季学期，我就冷战最动荡时期的美国外交政策开设了一个小型研讨班，覆盖了从约翰·F. 肯尼迪的猪湾事件到吉米·卡特的伊朗人质危机在内的话题。这是一种离奇的体验，在考察冷战的同时一段相似的历史正在我们面前实时展开。不过除了“9·11”所造成的创伤，2003年与1973年大不相同。美国不再脆弱，而是似乎不可战胜；美国没有受到越战这种灾难的影响，而是在冷战、海湾战争、巴尔干战争和将阿富汗塔利班政权赶下台的过程中取得一系列胜利。尽管林登·约翰逊和理查德·尼克松眼睁睁地看着印度支那消耗了他们的总统任期，记忆中似乎同样强大的总统乔治·W. 布什却决定按照民主的美国形象改造中东。对于一个美国外交史的专家而言，这是一个令人着迷的时代。

我的学生和我就反恐战争、阿富汗战争和伊拉克战争展开过许多讨论，正如我们对古巴和智利、越南和柬埔寨、伊朗人质事件和苏联入侵阿富汗这些问题的档案所进行的大量思考。对此我表示鼓励，只要他们避免哗众取宠的争论，同时将自己对于纷繁现实的判断建基于认真了解同样复杂的历史之上。但是，令所有学生困惑的问题是：在通常讲求现实利益的外交世界中，尤其是美国外交中，何以会有宗教的一席之地？为何布什会利用宗教比喻和修辞来为他的外交政策辩解？这正常吗？在过去的百年中也有总统乞灵于上帝和耶稣来解释自己的所作所为吗？又或者布什只是一个后现代世界中的前现代错乱？我告诉他们我所知道的，但我所知道的并非全部：有些总统只是将宗教作为一种政治策略，它常常被用于为干预进行解释或辩解，但在大多数情况下，宗教是一种背景噪音和政治填充物，在美国外交史的研究中并不特别重要。我让学生去研究几位常常受到怀疑的人物——伍德罗·威尔逊、约翰·福斯特·杜勒斯和吉米·卡特——他们恰好是非常虔诚又时而使用宗教言辞的领导人。仅有几位学者浅尝辄止地探讨了一点宗教与外交之间的更宽泛的联系，而我也将他们的书推荐给了学生。但在其他方面，我没有太多的思考。①

我无法说出准确的时间，但就在那个春天的某个时间点，我开始对宗教有了进一步的思考。我饶有兴趣地查看了一些书目指南、图书馆目录和期刊数据库。让我吃惊的是，现存文献并没有超越我向学生提过的那些常常被质疑之事。不过，一些让人印象深刻的例外正在出现。塞思·雅各布斯（Seth Jacobs），米兰妮·麦克阿里斯特尔（Melani McAlister）和安德鲁·罗特（Andrew Rotter）这三位同事最近发表了令人激动且极富创新性的文章，阐释了冷战时期宗教对美国外交的影响：雅各布斯讨论越南战争、麦克阿里斯特尔论及中东、罗特则研究印度和巴基斯坦。但是这些文章似乎是一般性的世俗规则中的某种一次性的宗教例外。我几乎不知道，这些文章已经处在

① 尽管他们并不完全聚集于宗教与外交关系之间的联系，关于更全面的概述，参见 Tuveson，*Redeemer Nation*；Miscamble，“Catholics and American Foreign Policy”；Stephanson，*Manifest Destiny*；McDougall，*Promised Land*，*Crusader State*；以及 Philips，*Cousins' War*。更为晚近的研究，参见米德深刻而透彻的概述，Mead，“God's Country?”；以及 Mead，*God and Gold*。

美国外交史研究的重要趋势的最前沿。①

我对美国宗教史也非常熟悉，因此接下来转向这个领域。当我查阅了相关文献后，我发现某些非常有趣的事：宗教史学家研究外交就如同外交史学家研究宗教那样，既不常见也不系统。然而，他们的著作中随处可见对宗教在战时和外交危机中的有趣讨论，尽管他们关注的是外交政策如何影响了宗教而不是相反。和外交史学家不同的是，宗教史学家并不仅仅关注常被质疑之事。

这是一个令人兴奋却又令人不安的奇怪发现。很难想到有哪两门学科比宗教和外交事务对美国的塑造更多。也很难找到哪个学科的文献像这两个学科的文献那样浩繁、多元或者充满争议；在历史分析的类别中，大概只有种族和经济学能与之匹敌。至少对我来说，问题在于宗教史学家只对宗教问题感兴趣，比如，他们讨论一战并非为了解释战争，而是为了了解宗教如何对战争做出反应或者如何为战争所改变。同样，研究美国外交政策的历史学家对宗教问题也没有什么特别兴趣。这两个领域常见的现象是，彼此互相提及，却极少有学者以一种持续和有意义的方式来整合这两个学科。然而，这两个学科肯定有那样的历史瞬间，即以一种有趣和发人深省的方式进行汇合。基于这样的见解，我开始写作这本书来回答我学生的问题——当然也是我自己的问题。

① Jacobs，"Our Systems Demands the Supreme Being"；几年之后，雅各布斯将其重要论文放入 2004 年的书 *America's Miracle Man*。McAlister，*Epic Encounters*（第一版在 2001 年出版）。Rotter，"Christians，Muslims，and Hindus"；Rotter，*Comrades at Odds*，220－248.

导论

我还有末了的话：你们要靠着主，依赖他的大能大力做刚强的人。

要穿戴神所赐的全副军装，就能抵挡魔鬼的诡计。

因我们并不是与属血气的争战，乃是与那些执政的、掌权的、管辖这幽暗世界的，以及天空属这灵气的恶魔争战。

所以，要拿起神所赐的全副军装，好在磨难的日子抵挡仇敌，并且成就了一切，还能站立得住。

所以要站稳了，用真理当作带子束腰，用公义当作护心镜遮胸，

又用平安的福音当作预备走路的鞋穿在脚上。

此外，又拿着信仰当做藤牌，可以灭尽那恶者一切的火箭。

并戴上救恩的头盔，拿着圣灵的宝剑，就是神的道……

——《以弗所书》第 6 章第 10—17 节

《灵魂之剑，信仰之盾》的写作基于这样一种假设：宗教在塑造美国对世界的认知以及美国应该如何与其它国家互动的国内争论中扮演了重要角色。本书不是关于宗教是否影响了美国外交关系的研究，而是如何影响。这是一个合理的假设：几乎没有人会争辩宗教在美国生活中所扮演的持续而重要的角色。

最后这句话很重要，因为本书同样还认为，宗教与其他历史性课题无异。我既不愿意也不打算用证据支持或者反对宗教

在公共生活中所发挥的作用。读者们当然可以使用本书中的材料来支持他们的信仰，或认为宗教是美国外交关系中有益的力量，或者是邪恶的力量。无论是关于宗教在公共广场中的位置，还是关于宗教本身的性质为何，这场辩论的双方都能在本书中找到足够的证据来支持他们各自完全不同的主张。但是我并不关心这样的争论。宗教能够激发激烈的情感，没有历史学家能够免于偏见。但是，我一直尽我所能地保持客观。

保持客观意味着要认识到不止一种宗教力量在影响着美国外交关系，而是多种宗教力量：既有民族主义的也有国际主义的，既有例外主义的也有世界主义的，既有排外的也有宽容的，既有好战的也有和平主义的。宗教的影响力既非铁板一块也非毫无争议，而是产生于密集的对话、辩论和争吵。同时，宗教也并不总是将美国外交政策推往同一个方向。宗教如何影响外交是一个复杂的故事，但正是其复杂性使得解释这个过程变得愈发重要而有价值。

但是为什么聚焦宗教？这对于美国外交史究竟有何意义？宗教除了是个体决策者的个人信仰，更是美国政治和文化以及美国对自身认知的组成部分，因而也是政治和文化产品的组成部分，比如外交政策。更具体地说，宗教一直与美国的战争和外交有着独特而密不可分的关系。在战争时期，无论是宗教自由主义者还是保守主义者、是好战分子还是和平主义者，都用上帝来证明他们事业的神圣，都将美国视为上帝的选地。因此，美国外交政策常常含有道德圣战的意味。

同时，宗教的思想形态在地缘上是没有边界的，那些有宗教信仰的人们不仅关心自己的社区、州或者国家，而且关注整个世界。作为移民，一代又一代的美国基督教徒、犹太人以及穆斯林将自己视为超越国界的跨国信仰的成员。他们与海外的教友保持经常的联系，持续关注那些发生在国外的影响这些教友的政治事件。他们努力向从未听闻过耶稣并因此而忍受痛苦的人们传播福音。他们更倾向于生活在国外或去国外旅行，因而更容易与外国人保持联络。与大多数普通美国公民相比，信仰宗教的美国人从内心深处将自己视为世界公民。他们更关心外交事务，他们的政治观点更容易被国际发展所影响。因此，宗教信仰一方面培育了美国民族主义，另一方面也孕育了强大的国际主义意识。

早在美国成立之前的16世纪晚期，宗教就在塑造美国人对世界的看法方面扮演着重要角色。无论是在关于美国如何与世界接触的公众辩论中，还是产生于这些辩论的外交政策中，宗教都是主要因素。事实上，宗教的影响力及其宗教信仰本身并非总是强烈或者一致，尽管有起有落，但一直存在。

论证宗教的重要性看起来是在论证一个非常基础性的问题，却非常必要，因为在解释美国战争和外交史的过程中宗教总是被忽视。历史学家考察了各种因素，从经济、国家安全和军事战略这些传统的因素到基于种族、性别、文化和后现代主义等更新的理论视角。这些都是研究的重要领域，而且丰富了对美国历史的了解。但直到最近，宗教仍被视为神秘化的次要事件，是某种源于“偏执风格”的非理性冲动，妨害了高阶外交的现实主义假设。即使外交史研究在过去20年发生了令人兴奋的文化转向，推动学者们将种族、阶级和性别囊括进美国外交传统的研究之中，而外交史研究的国际转向则将美国描绘为“国家中的国家”，但宗教仍处于边缘或者不存在的地位。在那些旨在考查美国外交政策中的“理想”、“风格”、

“意识形态”、“使命”、“威尔逊理想主义”、“核心价值”，甚至是“美国为何战斗”这类事关规范性话题的优秀作品中，尽管它们如此符合宗教理念和价值观，而且没有后者，前者并不完整，但宗教在这类作品中也难觅其踪。事实上，直到最近，宗教在大多数现代美国史的研究领域中都是被边缘化的。无论是关于政治的、移民的或者公民权利的历史，其中涉及宗教信仰的部分都处于被忽视的状态。考虑到宗教在美国生活中的普遍性和重要性，似乎只有美国宗教历史学家才会认真对待宗教问题的局面并不合理。①

① 理查德·霍夫斯塔德的作品创造了“偏执风格”这个词语，美国历史研究中对宗教的妖魔化在很大程度上拜他所赐。参看他的著作《美国生活中的反智主义》及《美国政治中的偏执风格》。对于宗教在外交史中的缺席，参看 Preston，“Bridging the Gap”或者 Preston，“Reviving Religion”。关于宗教在美国史其他领域的缺席，参见 Boyer，“In Search of the Fourth ‘R’”；Butler，“Jack-in-the-Box-Faith”；Chappell，*Stone of Hope*；and Spickard，“Asian Americans，Religion，and Race”。关于外交史的不同理论和研究方法，参见 Hogan and Paterson，eds.，*Explaining the History of American Foreign Relations*。关于文化转向的综合研究，参见 Hixson，*Myth of American Diplomacy*。关于美国历史的国际化，参见 Bender，*Nation Among Nation*。我现列出那些聚焦观念或价值观却忽视或边缘化宗教因素的外交史著作，它们依次是：Osgood，*Ideals and Self-Interest in America's Foreign Relations*；Dallek，*American Style of Foreign Policy*；Hunt，*Ideas and U. S. Foreign Policy*；Smith，*America's Mission*；Steigerwald，*Wilsonian Idealism in America*；Walker，*National Security and Core Values in American History*；Brewer，*Why America Fights*。但总的说来，将宗教与美国史的其他部分割裂开来的做法近来已经出现终结的迹象。认真对待宗教因素并将其有效地纳入到更宏大的历史叙事中的著作参见：McDougall，*Freedom Just Around the Corner and Throes of Democracy*；Howe，*Why Hath God Wrought*；Kuklick，*Political History of USA*；Reynolds，*America*，*Empire of Liberty*。

灵魂之剑，信仰之盾旨在填补我们对美国人应如何与外部世界交往的认识空白。本书呈现的是对美国外交关系史的全新考察，主要透过宗教视角。读者们请记住，这并非对美国外交政策进行一种全新的全面论述，而是旨在完善和丰富现有解释而非替代它们的崭新视角。我的故事从16世纪末期英国移民定居北美开始，以对21世纪乔治·布什和巴拉克·奥巴马两位总统的简短考察结束。本书所涵盖的时间跨度不应被理解为我支持历史具有基本的连贯性这一观点，但历史确实存在连贯性：一次又一次，同样的主题不断重现。

其中许多的主题发轫于殖民地时期——这些文化习惯贯穿于政策制定始终——在后来的岁月中日益成型。如果说这本书是对美国外交政策的考察则忽略了这样一个事实，那就是我们所讲述的故事早在美国存在之前就开始了，那时并无外交政策。但是殖民地时期非常重要，因为美国世界观的许多基础在那时就已建立并发展。从1776年或者1783或者1789年开始写，等于是插入已经开始的故事。许多关于美国外交关系的论述正是如此，这些著述在提供大量信息的同时也遗失了美国形成时期最为重要的精神。忽视殖民地时期历史的著作是不完整的，因为它们假设那些习俗和观念是伴随美国的建立而重新开始的，而我们知道这是不可能的。

尽管美国早期的历史很重要，但就美国外交政策或者国际关系的历史而言，其重要程度不及更为晚近的美国历史。从欧洲人横渡大西洋并定居于北美的东海岸开始的400百年中，只有在最后那100年，美国才真正成为具有世界历史重要性的大国。直到1880年代，美国都只不过是外交汪洋中的一只小鱼，但在那之后，这只小鱼逐渐稳步成长为世所未见的大鲸鱼之一。有鉴于此，我更为关注通过 1898 年的美西战争后登上世界舞台的美国。无独有偶，这一时期也标志着美国宗教变得更加多元、更加复杂以及传播更广。①

为了揭示曾经形塑美国与外部世界互动方式的习俗和理念，我不仅关注外交史的传统面向——关在房间里的精英们秘密制定国家安全政策——同时也关注带给外交家和政策制定者的公众压力。这本著作是关于宗教如何塑造美国与外部世界的接触，除了对外交和军事力量的使用，还包括美国公民、传教士和其它非政府组织在海外的努力。所以，本书不只关乎美国外交政策，还关乎美国的外交关系。此两者中间的区别非常重要：前者只包括政府政策的制定和执行，而后者不仅包括政策还包括美国与世界的大量互动，从传教运动、志愿主义活动和慈善活动到公司和经济活动。把握宗教影响之丰富内涵，并找出其未被发掘之处的唯一途径，是综合“高阶”和“低阶”历史。这意味着，既采取自上而下的决策精英的视角又采取自下而上的美国信众的视角，后者虽然不亲自参与政策制定，却能够通过集体性的政治施压和海外的行动主义影响政策制定。正如历史学家入江昭所指出的：“要知美国外交，必先知其文化。”② 因此，尽管本书主要是一本关于宗教与外交史的著作，但必要时也涉及文化、知识和社会历史。这也是作者为什么关注国内政治的原因，乍看起来与外交事务没有清楚的联系。正如作者在导论的后面所解释的，政治的重要性在于其充当了公

① 此种突出 20 世纪历史的分析路径在美国外交关系史的综合研究中并非不寻常。参见 Herring，*From Colony to Superpower*。

② Iriye，“Culture and Power，” 116.

众宗教与精英政策之间的桥梁。

此书虽是关于宗教影响的历史，但作者并不认为宗教是美国外交关系史中的唯一因素，读者须谨记这一点。宗教因素只是影响美国外交关系的众多因素之一。有时宗教显得非常重要，而其它时候它只是相对较轻的角色。作者关注宗教并非因为宗教为解释美国外交政策提供了一套完整的理论或者唯一的因果关系，而是因为宗教是缺失的一环，是重要却未被认可或未被发现的那部分故事。作者希望在考察宗教的过程中，能够更全面更完整地了解美国在世界上扮演的角色。

“时移世易”，“往事犹若异乡”这可能是历史的首要原则，警告那些天真到要通过搜索历史为我们今天的世界寻找经验和教训的人们。但尽管我们知道历史并非直线发展，并非一成不变，并非一定通向进步和启蒙，我们仍然可以担心学者们称之为“现代主义”的思维遮蔽我们对于历史连续性的观察。因为，正如我们将要在书中看到的，宗教对美国外交关系的影响虽然发生了巨大的变化，但仍然保留了其最原初的关键特征。推动我写作的许多主题历久弥坚，延续不只数十年，而是好几个世纪。

首先，宗教是美国外交关系的良心。美国外交政策从来不是真正的理想主义，当然也不是利他主义。但是政策制定的精英们常常在理想主义的旗帜下制定外交政策议程，原因是理想主义的公众进行宗教施压。他们不得不将宗教的道德主义和进步主义与国际政治中惯常的现实主义思想相融合。结果是美国政府常常因为来自公众的宗教压力而必须追求规范性的外交政策——推动人权、促进民主和进行人道主义干预等等。①

美国人在很大程度上（当然不全然）依靠宗教的本能行为处事，推动他们的政府不仅成为世界公民，而且是模范公民。就如圣保罗对以弗所人的教诲，有时这意味着挥舞“灵魂之剑”。在美国的语境中，这时常意味着以上帝的名义或者至少以为上帝奉献、完成上帝意旨为名发动战争。在美国例外主义的历史中亦是常见的辞令：天意、天定命运、新耶路撒冷、建在山上的闪闪发光的城市。但是，圣保罗让以弗所人还必须举起“信仰之盾”。因此，在美国历史中同样常见的是——事实上，正如我们将看到的，可能更常见的是——对和平的推动：基督教和平主义、反干涉主义、反帝国主义和国际主义。

将灵魂之剑和信仰之盾同时并举的倾向生成了一种理想主义的综合。当政府面对危机或战争时，会发现它们被高度道德的、受价值观驱动的美国人的游说团体所包围。部分地出于此种原因，每当美国政府出兵时，都以保护普世价值观和人权的名义，或者以传播进步到世界上正在遭受贫穷和专制之苦的地区的名义。然而，当历史学家们更多地关注“灵魂之剑”时，却大抵忽略了没那么耸人听闻的和平主义及反战运动的“信仰之盾”。

---

① 这不一定是说美国外交政策一直是进步的。我在全书中使用“进步”这个词主要是为了指称那些相信美国应该是世界进步代理人的美国人。因此，我使用这个词是描述人们的意愿，而非他们行动的结果。有趣的是，他们对于进步的普世主义看法事实上是单一主义的美国看法，但这与我的目的不太相关。正如我不打算称颂或者谴责宗教，我不试图评价美国外交政策的智慧或道德。在此，就像对待宗教的做法，我尊重读者自己对美国外交政策的判断。

但政策制定的精英们为何在意宗教呢？尤其当他们必须追求世俗的国家利益时，他们为何愿意倾听来自教会的声音？有三个重要的原因使得他们无法忽视宗教。第一个原因非常直接：宗教对个人而言很重要，而这些人中的有些人成为政策制定者，要么是政治家要么是外交官。这个道理是如此简单以至于轻易就被忽视或者根本不予考虑，外交史学家已经无数次地践行了这一点。威廉·麦金莱或富兰克林·罗斯福或约翰·福斯特·杜勒斯们在公众面前所表现出的虔诚很容易就被贬斥为是为掩盖其外交政策背后“真实的”政治或战略动机而装模作样。史学家们这样做的原因是，他们不了解决策者的宗教经历，从而也不理解这些决策者成长的宗教语境。他们对于研究对象的刻画与其说不准确，不如说是不完整，因此其研究存在不足。因此，我的任务大抵是重新发现失去的维度，将制定美国外交政策的那些人所深藏的那一面揭示出来。

决策者为何必须关注宗教影响的另外两个原因在本质上更加具有结构性。美国政治的本质是其第二个原因。自1783年始，美国就是一个民主国家——考虑到妇女没有投票权、极度不道德的奴隶制、对印第安人的屠戮等问题（在此仅列举这几个最为明显的缺陷），可以肯定，美国是一个不完美和不完整的民主国家，但仍然是民主国家。截至19世纪20年代，美国的选举权前所未有地扩展，所有的美国白人男性都有选举权。（相比之下，作为大众民主的另一个先锋践行者英国，不仅大多数白人男性没有投票权，而且英国的大部分地区——包括像曼彻斯特这样的主要城市，在议会中都没有代表权。）在美国的大众民主意味着，政治精英和外交精英不能忽视人民的意愿。他们可以不喜欢民意，或者不赞同民意，甚至不倾听民意，但就是不能忽视民意。因此，即便领导人想忽视公众意见，制定自己的政策，他们也不得不顾及来自底层的情绪并为之做出调整，否则无异于政治自杀。①

宗教在美国一直非常普及，大多数美国人都是这种或那种宗教形式的信众。托克维尔在《美国的民主》一书中所得的结论至今仍然适用，尽管此书出版于1835年。在美国人中间，他观察到“有些人声称信仰基督教教义是因为他们确实有此信仰，而其他人则是因为害怕看起来没有信仰，基督教因此盛行无阻”②。自此以后，宗教一直都是政治语言的重要组成部分。同样重要的是，说宗教在美国盛行是指它是民众的宗教。由于第一修正案和普遍存在的宗教多元主义，教会与国家的分离导致宗教成为信众自己的选择。基于此，宗教为美国历史上的许多群众运动提供了源泉和理念，最为显著的是宗教复兴和觉醒，当然还有民粹主义、进步主义、民权和志愿主义运动。宗教的政治含义是如此显而易见以至于它们常常没有引起注意：因为如此众多的美国人信仰宗教，而且相信宗教应该适用于政治和政策，这其中包括国际政治和外交政策，所以宗教对美国政治非常重要。

大众宗教与精英外交在政治中对话。宗教团体高度忠诚、充满动力，但常常缺乏政治力量。当他们试图影响外交政策时，他们就向其选出的代表施压。为达到施压的目的，他们尽其所能地使用如下工具：报纸、杂志、期刊、广播和电视、信

① 关于大众投票权的发展和影响，参见 Wilentz，*Rise of American Democracy*。关于其复杂性和局限性，参见 Keyssar，*Right to Vote*。

② Tocqueville，*Democracy in America*，Vol. 1，part 2，chap. 9，279.

件、小册子和请愿书。而且他们长于此道。就决策者而言，他们常常从自己这头控制系统的运作。当某项政策需要支持时，决策者需要鼓动大量的民众，比如教会。除了通过媒体播放的演讲，精英们使用的是和教会同样的沟通方式。大多数美国人都是某个宗教群体的成员，无论是教派、教会、会堂还是清真寺。如同任何大型的、有凝聚力的团体，宗教团体代表了一种政治力量，能够被动员起来支持或反对某项给定政策。这正是精英们想要的潜在力量，而且因为宗教俘获了许多美国人的心灵和头脑，政治家们不能视而不见。宗教团体和政治精英一直保持对话，试图说服对方接受自己对美国外交政策的看法。因此，宗教影响力产生于这种持续的对话。这本质上就是一种政治进程。

这就导向了我们的第三个解释，同样是关于宗教为何对于美国外交关系的实践如此重要的结构性解释：免费的安全。美国在 1815 年至 1941 年间的国际体系中的位置允许美国人发展出几乎完全自由的外交政策，而不必有其他国家对自身安全的原始恐惧。无独有偶，在此期间，美国先是成为一个大国，然后成为世界上最强大的国家之一。美国的东边和西边都是英国控制的大洋，而后者无论从感情上还是政治上都赞同美国在西半球的主导地位。在美国的北边和南边，坐落着加拿大和墨西哥这两个相对弱小的邻居；而西半球的其他国家在理论上几乎都无法构成对美国安全的威胁。根据免费安全的分析人士所言，缺少威胁使得美国几乎能够随心所欲地制定外交政策。这在地缘政治的历史上确非寻常情况。比如，法国和俄国、日本和中国的外交政策就大抵由它们邻居和对手的所作所为来决定。对于像波兰那样更为弱小的国家而言，外交政策的制定则完全取决于其对手的计划。但即便是大国也必须在其他国家所设定的界限中行止。所以，英国外交政策不仅形成于伦敦，还有柏林、巴黎、伊斯坦布尔和东京。这些体系上的限制后来也很快套住了美国，但那时距离美国养成其外交政策制定的习惯已经超过了一个世纪。这种持久影响力的回音今天还能听得到。①

在一个选择自由的环境中，对自卫和侵略及占领的担忧不仅没有出现在普遍意义上的美国世界观中，而且也没有反映到美国的外交政策制定之中。一个国家需要外交政策——即使是最与世隔绝的国家也需要盘算外面的世界，更何况美国从来未曾与世隔绝。选择的自由使得基于理念和价值观而非安全的其他因素影响了外交政策的制定。美国人对于世界上真实存在的威胁甚少担忧，却梦想着如何改造世界。免费的安全还使得民

① 关于免费的安全，参见 Woodward，“Age of Interpretation”。近些年在这个问题上最好的著作并让我获益良多的著作是 Craig and Logevall，*America's Cold War*。有关免费安全的问题并非绝对或者毫无争议。正如有些历史学家所论述的，英国在整个 19 世纪和 20 世纪都是美国最大的竞争对手，同时又是最自然的合作者。很重要的一点是，免费安全的概念出现于世界大战期间，服务于国际主义者试图推翻孤立主义者的政治目标。尽管这两派观点因为各自的长处都应该被采纳，但是，只要我们认可免费安全这个概念有着高度政治化的根源，这个理论就还有用。至少，英美两国的关系即使处于最紧张的时刻，美国人也不害怕英国会侵略并占领他们的国家，更不用说被其他国家侵略或袭击。而且，正如历史学家们现在所承认的，尽管英国对美国而言常常是对手，但因为这两个国家的政治家大抵从相同的规范视角看待世界，所以英国的政治家通常能在美国政治家那里找到共同的意识形态目标。对免费安全的概念最有说服力和最有洞见的批判，参见 Zakaria，“Myth of America's ‘Free Security’”；Zakaria，*From Wealth to Power*，177 - 178。关于英美决策者之间尽管争吵却仍然保持默契的关系，参见 Sexton，*Monroe Doctrine*。

主和宗教在塑造美国对世界的反应中发挥了非常大的作用，因为领导人不能以存在迫切之危险的名义压制公众意愿。宗教的本能——始终存在、道德驱动、高度行动主义、坚持不懈、与政治相关、关注外部世界——使得其通向白宫、国务院和国会山的道路畅通无阻。

宗教影响美国的战争与外交的历史还有其它延续性。如果信仰宗教的美国人充当美国外交政策的道德良心和进步想象，那么是什么理念塑造了良心和想象？反过来，是什么理念和价值观推动了美国的信众？回答这样的问题并非易事，因为理念和价值观事实上随着时间的推移已经发生了极大的改变。但是其中有些关键词仍然沉淀下来，贯穿大部分美国历史；读者应该将那些宏大的主题谨记在心，因而有必要在此做一介绍：道德、自由、进步和民族主义。

在一定程度上，所有这些都是美国特有的宗教传统的产物。最为关键的是，殖民地时期的美国建基于新教社会，由那些为逃避宗教战争和欧洲经济危机的新教激进分子（主要来自不列颠群岛、荷兰、德国和法国）所建立。与其它发生宗教改革的社会所不同的是，北美殖民地从来没有过反宗教改革。殖民地社会从未经历过强烈的反宗教改革的情绪，所以也就无需为了国内和国际和平而强迫自己接纳另一种世界观。从那时开始，许多美洲殖民地发展为新教社会。1776 年，当这些殖民地聚合在一起成为一个独立的国家时，它们成为了新教国家；它们并非有意为之，但它们摆脱不了新教传统的文化装饰。即使美国后来在宗教和文化上越来越多元化，但新的移民和他们的信仰仍然必须适应新教主导的政治文化。这就产生了一种对美国历史而言并非异常的悖论：建基于宗教宽容和多元主义的国家由一种强烈的例外主义的新教身份所塑造。这样的环境滋生了此书所要阐述的主题。[①]

如果我们的第一个主题是宗教作为道德的源头，并由此成为有道德的外交政策的源头，那么我们的第二个主题就是自由。来源于共和主义和新教主义的强势结合，一种强烈的自由主义精神渗透了美国外交政策。这种自由主义精神的表达方式是多样化的，如孤立主义、单边主义以及对联合国这样的国际组织的质疑等。许多美国人自始至终对集权表示反感，无论这种集权是政治的还是宗教的。集权——由君主、专制者、或者一小撮统治者行使权力——从本质上来说就是没有代表性及不民主的。这种集权对美国的价值观和民主而言是对立的，因此即使没有直接打击美国，对美国也是威胁。在此，宗教又一次同时成为诊断标准和治疗方法，因为宗教能够识别有敌意的集权并被用于对付它。民主和平论——民主国家非不得已不愿开战，而且彼此之间不会发生战争——就是此种思维用于实践的典范。宗教对于民主和平论至关重要，因为良心的自由被认为是民主的基石，而宗教则是良心的源泉。因此，对宗教自由的威胁等同于对良心的威胁，最终成为对美国民主本身的威胁。

重要的是，自由的神圣性同样是由政教分离所塑造的。确立宗教信仰自由条款的美国宪法第一修正案从法律上将教会与国家分离，结果产生了一个繁荣兴旺却几乎完全放任的宗教市场。美国宗教得以茁壮成长，因为教会免于世俗的妥协和国家

---

① 参见 MacCulloch，*Reformation*，特别是 xxii，175-176，390－391，496，533－545，603－604，700－701。

的干预。教会分离原则的确立一方面使得政治不受宗教的影响，另一方面也使得宗教不受政治的干预。第一修正案通过确保政府不干涉宗教，在本质上平等和不受优待的各教派之间制造了竞争，反过来推动美国宗教成为最具创新和开拓精神的宗教。这鼓舞着非传统和非主流的教派不断改造自身，从福音派到摩门派到五旬节派，反映其追随者的意愿。同时，也有利于天主教徒和犹太教徒逐渐地、相对和平地融入这个新教主导的国家。政教分离的结果是培养出对政府管制充满天然敌意的高度自治的宗教团体。反映在外交政策上，这种分离主义的心态导致了包括对集权和国际组织及其它多边外交论坛的质疑和敌意。因此，孤立主义和单边主义在很大程度上可以将其源头和持续的活跃追溯至宗教观念的力量。①

下面要谈到进步的问题。信仰新教的美国人将其信仰与物质进步的标志联系起来——技术革新、工业化、贸易、商业和金融——因为他们坚信自由宗教允许自由经济，正如允许自由政治。从国家干预和国教中解脱出来的美国人被理所当然地认为能够朝着他们心目中最好的方向行动。如此，他们相信，可以成就经济繁荣和政治自由。事实上，这两者被认为密不可分。（也许并不令人惊讶，美国人同样信奉马克思·韦伯关于节俭、勤劳和奉献的“新教工作伦理”的理论，但早在他设计出这个理论之前。）

---

① 关于美国宗教市场的发展，参见 Hatch，*Democratization of American Christianity*；Finke and Stark，*Churching of America*；Roof，*Spiritual Marketplace*；Noll，*America's God*，特别是 223 – 224；Wuthnow，*America and the Challenges of Religious Diversity*；Lambert，*Religion in American Politics*。

但是对于美国信众而言，进步意味的不只是经济繁荣，还意味着整个社会的总体进步，这当然包括了物质成就，却不止于此。从这个角度而言，进步意味着建立和完善这样的一个社会：在这个社会中，创造财富的人和改善民生的人得到回馈，同时个体尊严得到承认、穷人和懒人也得到关心。换句话说，这样的社会旨在平衡个人自由与社会责任、个人权利与集体权利。在国内，此种基于信仰的进步主义心态引发反对奴隶制、恶劣工作条件、酒精、卖淫和其它罪恶的运动。在国外，进步主义的心态唤起改造世界的使命感——尽管有时是通过长枪短炮来完成的。事关外交事务时，美国信众极少保持沉静和保守；他们常常表现出富于进攻性的进步主义，有时甚至是激进主义。进步主义的冲动比较复杂，可能会导致对看似自相矛盾的政策的接受。比如，就在19世纪的短短几十年中，美国信众在国内热烈呼吁白人至上主义的结束，但在海外却传播它：先是呼吁南方废奴，而后在海外建立帝国。或者，再看看传教士的角色，他们既是最早的普世人权的倡议者，同时也是文化帝国主义的践行者。然而，无论传教士、废奴主义者或者帝国主义者，他们都真诚地相信自己是被最纯洁、最进步的动机所驱动。

我们最后一个主题是民族主义，以及与之相关的公民宗教。几个世纪以来宗教一直是民族骄傲的孵化器，这并不限于美国。但在美国历史上，宗教和爱国主义之间的关系格外亲密和持久。新教例外主义有助于孕育美国例外主义，催生了美国是应许之地、美国人是上帝的选民这样一种持久的信念。对于外交关系而言，此种信念所包括的内涵非常明确。在民族主义的感召下，美国人认为自己应该接受来自更高的召唤，执行上帝的意旨，完成上帝的天命。作为上帝的选民，美国有义务做正确的事。这样的信念支撑着美国对北美和世界其它国家实行干涉和帝国主义，史学家们对此已论述多次，这也是本书写作的动力之一。但是包括那些最为虔诚的宗教人士在内的许多美国信众也利用民族例外主义来推动博爱与和平。如果他们要提升美国的灵魂层面，他们会通过保持国家较高的道德水准而非通过改变其它国家的方式来实现。富于民族主义精神的例外主义可能支持战争，也可能以非常固执而同样爱国的和平主义之名谴责战争。①

民族主义，特别是关于美国人是上帝选民的信念，一直为美国的公民宗教所支撑。政治和宗教一样，都是仪式性的活动，都使用仪式和典礼作为管理社会关系的方法。在像美国这样高度宗教化的国家，将对上帝的和对国家的信仰形成融为一体的意识形态是件相对容易的事情。在很长一段时间里——直到20世纪早期——此种美国宗教一直植根于政治机制和公民价值观之中。其目的是通过将美国民主的美德与更高的基督教美德联系起来，从而将前者神圣化。但是随着美国的多元化——新教色彩减弱——公民宗教变得更加包容、其使命更加广泛、其意义更建基于人民而非制度。公民宗教不再是新教而

---

① 关于宗教是民族主义源泉的观点，参见 Hastings，*Construction of Nationhood*；Haas，*Nationalism*，*Liberalism*，*and Progress*，Vol. I，53 – 57，在其后面的案例研究中也处处可见；Roshwald，*Endurance of Nationalism*，48 – 51，134 – 149，167 – 225；Smith，*Chosen Peoples*；尤其以美国为背景的，参见 Furstenberg，*In the Name of Father*；值得注意的是，将民族主义与宗教挂钩的历史学家通常将民族主义的崛起追溯至现代以前，这一点很不寻常。关于宗教是美国民族主义源泉的观点，参见 Vinz，*Pulpit Politics*；Lieven，*America Right or Wrong*。

是“犹太—基督教”，后者在20世纪之前是极少被使用的术语。犹太—基督公民宗教歌颂宗教自由，不仅因为后者是政治自由的源泉，也是宽容的源泉。[①]

美国公民宗教中没有正式的等级，但作为这个国家的首脑和主要执行者——与本书的讨论不无相关，国家的三军统帅——总统实际上行使着教皇的权力。自乔治·华盛顿始，总统就负责阐释公民宗教的仪式、符号和意义，其中一些人——特别是亚伯拉罕·林肯、富兰克林·罗斯福和哈里·杜鲁门——在战争的压力下更对公民宗教进行了明显的改造。进而，总统们将公民宗教作为工具应用于外交政策。因此，他们及他们的宗教辞令在我们的叙述中有着醒目的位置。

“在每一种宗教之旁，都有一种因意见一致而与它结合的政治见解。”托克维尔如是说，“让人类顺从自身的性情，它会以一种方式管理政治社会和天国；我甚至敢说，它将设法使大地与天堂和谐一致。”[②] 托克维尔总结说，这一切正发生在美国，自由的政治和自由的宗教协调地共生共荣。本书在后面

① 在美国宗教研究中，“公民宗教”这个概念本身由于其出现的时间（1960年代晚期）和特殊的目的（挽救自由宗教于颓势并用于解决国家的社会和政治危机）而变得复杂了。但是我们可以以更加中性的方式使用这个术语，仅指利用宗教来维护和推广政治理念与国家认同。在这个意义上，当然，这也是我看待公民宗教的方式，“公民宗教”不过是宗教与爱国主义的结合，有着强烈的政治含义。关于政治和宗教作为仪式，我显然是受了杜尔凯姆的影响，参见最早出版于1912年的*Elementary Forms of the Religious Life*。而晚近时期对此富于洞见的分析参见Kertzer，*Ritual*，*Politics and Power*。关于美国“公民宗教”的早期版本，参见Bellah，“Civil Religion in America” and Bellah，*Broken Covenant*。我非常感谢利·施密特（Leigh Schmidt）在这个充满争议的概念上所给出的意见。

② Tocqueville，*Democracy in America*，Vol. I，part 2，chap. 9，275.

将证明，宗教之于美国政治和政治思想的重要性使得宗教能够对美国的战争和外交行为产生强大而持久的影响。无论美国的外交关系是挥舞灵魂之剑，还是举起信仰之盾，还是两者皆有，在某种程度上都植根于宗教。

美国是一个世俗社会吗？

• ［美］肯尼斯 · D. 沃尔德（Kenneth Wald）、
阿利森 · 卡尔洪—布朗（Allison Calhoun-Brown）
• 徐以骅译

［译者说明］　本文为《美国宗教与政治》（*Religion and Politics in the United States*）的第一章，原题为“一个世俗社会？”（A Secular Society?）。《美国宗教与政治》一书初版于1987年，作者肯尼斯 · D. 沃尔德现为美国佛罗里达大学政治学杰出教授。该书自初版以来好评如潮，被圈内人士称为是关于美国宗教与政治的最全面、深入、平衡、准确的理论性论著之一，也是该领域具有基础性和标杆性的高校（尤其是研究生）教材，因此一版再版，至2014年已出第7版，出版社也由最初的圣马丁出版社（St. Martin’s Press）改为现在的罗曼和利特尔菲尔德出版公司（Rowman & Littlefield Publishers, Inc.）这

一全美顶级学术出版机构。从第5版起，佐治亚州立大学政治学副教授阿利森·卡尔洪—布朗便成为该书共同作者，形成了目前以老带新的合著格局。本文取自该书第6版（2011年）。该书前几版各版内容均有较多更新和增补，惟第6版与第7版差别不大。该书第6版的中文版将由人民出版社出版。

肯尼斯·D. 沃尔德教授曾多次访华讲学，在《美国宗教与政治》第6版的前言和中文版序中，沃尔德教授都谈到了在华访学的经历。2012年5月沃尔德教授曾来复旦大学美国研究中心主持为时一周的“美国宗教与社会讲习班”，他的学术洞见和个人风采给本校和来自全国各地的讲习班学员留下了深刻的印象。借此机会我要对支持美国宗教与社会系列讲习班的美中教育基金（US – China Education Trust）和沃尔德教授表示衷心的感谢。

由于版权的问题，本文中图标和表格一律未刊出，特此说明。

宗教与政治之间有着必然的关系。

——罗纳德·W. 里根（Ronald W. Reagan）

载《教会与国家》，1984年10月

上回我们混淆宗教与政治时，就有人被绑在火刑柱子上烧死。

本书作者之一所看到的车尾贴

人人都知道与陌生人讨论政治或宗教是不礼貌的，而在朋友间讨论政治或宗教则是危险的。这些话题要小心翼翼地加以处理，因为它们会引发强烈的情感。众所周知，人们为了他们的宗教或政治信念而进行讨论、争论、辩论、组织、游行、反抗、战斗和杀戮——或被杀。那么有什么理由可用来证明写一本关于宗教与政治的书，从而打破此两种禁忌是合理的呢?

简单的回答，就是宗教仍是美国的重要政治因素。在1960年，一位天主教徒被新教徒占主导地位的全体选民选为总统，这作为美国政治中教派吸引力终结的标志而广受欢呼。但如此后的选举所表明的那样，这一结论为时过早。2008年大选中“谈上帝”的大音量使得某位牧师抗议说，“这些争夺白宫位置的候选人似乎更想要当‘大祭司’而非‘总司令’”。[①] 2000年在共和党总统候选人提名竞选中因福音派基督徒在南卡罗来那州的初选中支持乔治·W. 布什（George W. Bush）而落败的约翰·麦凯恩（John McCain），在2008年自己也打起了宗教牌，他告诉南卡罗来那州的一群听众说，他相信美国应选出一位基督教总统，因为这是一个基督教国家（a Christian country）。[②] 这一评论符合福音派基督徒的观点，他们中的许多人反对摩门教徒米特·罗姆尼（Mitt Romney）参选，因他们不认为他是基督徒。在民主党方面，领先的竞争者都强调他们政治信念的深厚宗教根源。虽然巴拉克·奥巴马

① 罗纳德·里根这段语录引自其《宗教与政治之间有着必然的关系》一文，该文载 *Church and State* 37（October 1984）：9－11。

② “McCain：I'd Prefer Christian President，” October 1，2007，www.msnbc.msn/id/21080742.

（Barack Obama）赢得了提名和大选，但他在大选期间面临着关于他宗教倾向的重大挑战。他因其牧师强烈表达黑人民族主义版本的基督教而受到责备、被指责为掩盖他所谓的穆斯林身份，并且被一些犹太国的支持者视为对以色列的重大威胁。在全国性选举这一美国最重要的政治仪式中，对宗教的重视一直清晰可见。

此外，近年来美国的全国性议事日程中有了许多涉及被深深地持有的宗教信仰和观点的有争议性的国内问题——诸如堕胎、女性在社会中的角色、淫秽品、同性恋、干细胞研究、安乐死这样的问题。这些争议重新唤起了20世纪20年代由禁酒运动和教授进化论所引起的强烈情绪。事实上，被科学共同体认为已经得到解决的进化论问题再度以号召在高中生物学课上教授"智慧设计论"（intelligent design）的形式出现。这一被伪装成科学的基于宗教的创世论（creation theory）便是美国社会保守派的得意之作。当前关于学校祈祷、在公共场所的宗教展示，以及政府资助宗教组织的限度等等都表明关于政教关系问题的持续不断的争论。即使传统上认为在宗教领域之外的像税收和开支之类经济问题也日益被从"道德的"视角来加以讨论（Walsh 2000）。一个例子就是一些共和党人就用保护家庭这个被《圣经》判定的制度的需要为由，来削减派给有子女的单亲及未成年女子的福利，但给予有子女的已婚（异性）夫妇较大的减免税收的好处。在此政治光谱的另一端，环保分子试图用有宗教依据的诉请来争取支持者——如他们所发起的针对油耗大的运动型多用途汽车的"耶稣会开什么车?"（What World Jesus Drive? 简称 WWJD）反对运动（Mazurek 2005）。

全球范围宗教争端的增长也在美国的政治生活中引起反

响。20 世纪 90 年代欧洲共产主义的崩溃经常受到宗教团体爆发的刺激，这便留下一些危险的种族和宗教冲突，此后这些冲突还发展为恶性的种族与宗教内战。如在波斯尼亚，那里的东正教塞族人、穆斯林和天主教克族人之间的冲突达到了圣战的暴烈地步，一些美国教会领袖于是便要求美国进行干预以制止屠戮。美国决策者通常较慢理解这些全球性冲突的宗教面向（Johnston & Sampson 1994；B. Rubin 1994）。而那些经常在海外人道主义救援方面进行合作的美国教会则发现它们日益被政治问题所分裂。许多教会开始对侵犯人权深表关注——它们竭力要求政府进行削减核武器的谈判、从中美洲接纳更多的政治难民，以及切断与那些进行宗教迫害的政府的经济联系——而那些较为保守的教会则筹款反对拉美和其他地区的左翼运动（Buss and Herman 2003）。1991 年海湾战争和 2003 年美国入侵伊拉克在美国宗教社区中造成了深刻的分歧。

一些评论家目前对西方与中东之间的“文明冲突”提出警告，而这种冲突本质上就建立在宗教分歧之上（Huntington 1996）。而实际发现的故事则更为复杂。在回应 20 世纪 80 年代伊斯兰教强有力的政治复兴方面，美国在伊朗被扣了人质，在黎巴嫩作为维和国作了不成功的尝试，并且向阿富汗的穆斯林反叛者提供了武器（Crile 2003）。在上述三例的两例中，以及在 1991 年海湾战争中为科威特政府而进行干预一事上，美国都与穆斯林政权结盟。

被袭击者明显用宗教来证明其合理性的 2001 年 9 月 11 日的恐怖袭击戏剧性地改变了上述平衡。在短期之内，美国与阿富汗的原教旨主义政权打了一场，与穆斯林占支配地位的伊拉克打了一场更大的仗。尽管在两场战争中，美国军队推进迅速，但战后对伊拉克的占领，却在号召穆斯林起来与作为“十字军占领者”的西方进行斗争的持续不断的抵抗运动面前举步维艰。虽然乔治·W. 布什总统强调美国并未与伊斯兰教开战，关于美国军队在宗教上的不敏感或侮辱性行为的真实或虚假报道却进一步加剧了穆斯林世界与美国之间的紧张关系。而官方发言人的言论，如某位美国将军关于美国将在伊拉克冲突中获胜，因为基督教的“上帝”比穆斯林的“偶像”安拉“更大”的鲁莽断言，同样是火上浇油。①

我们也许会对宗教表示赞成或反对，被其所排拒或为其所吸引——但我们的当务之急是要理解宗教如何以及为何对美国政治有如此这般的推动力。尽管在美国，宗教活力的经久不衰凿凿有据，但学者和民众在认识到宗教在美国的政治影响方面都相当迟缓。此种低估在很大程度上出自对当代生活将不可避免地“世俗化”的某种错误信念。正如以下部分所表明的那样，宗教注定将从人类思想中消退的广泛信念使得观察者们不太相信在政治领域中的宗教影响。

关于美国政府的教科书传递了“宗教不是而且从未成为我们政治制度发展或运作的一个重要因素”（Carey 1982, 7）。② 批评者将此“世俗”偏见归咎于作者们对宗教的无视或

① “And He's Head of Intelligence? October 19, 2003, www. msnbc. msn. com, 19.

② 在忽视宗教方面，政治学颇类公立教育（Shriver 1988）、心理学（Lehr and Spilka 1989）、历史学（Butler 2004）、社会理论（Stark 2000）以及电视（Skll, Robinson, Lyons and Larson 1994）。具有讽刺意味的是，世俗电影虽然经常被批评为不信神的好莱坞电影工业的产物，但它们往往传递着宗教信息或议题（Bergesen and Greely 2003）。

全然敌视。然而就多数情况而言，对宗教作为政治力量的忽视来自被广泛接受的某些社会理论，这些理论引导学术研究离开宗教。一位写过“人的眼睛只会去看其学会去看的东西”这样句子的小说家就很理解期待可成为眼罩，使我们忽略重要的信息和发展。就宗教而言，大多数学者“学会去看”世俗化（secularization），这被广泛理解为在发达工业社会中宗教影响的衰退，而期待则使他们不去关注政治领域中的宗教存在。

世俗化概念包含着许多如同宗教本身一样复杂的过程（Wallis and Bruce 1992；Gorski and Altinordu 2008）。就其最中立的意义而言，世俗化仅指随着社会发展宗教所发生的变化。其中的一个过程即差异化（differentiation），意指宗教作为具有其自身权限的特殊机构的发展。随着其差异化的推进，宗教便将其在诸如法律、教育和医疗等领域的责任交给了政府。国家于是便掌管这些领域而不再顾及宗教价值观。这种转型鼓励了宗教的私人化（privatization）。该术语指的是宗教演进为对个人产生深刻影响的私人判断和选择问题，而有人将之称为“内在的世俗化”（internal secularization）。私人化的信仰不愿告诉社会应该如何行事。第三个与世俗化相关的过程是去神圣化（desacralization），指的是思想的变迁而非宗教组织的转型。去神圣化是以物质现实而非超自然力来解释宇宙的倾向，某位颇有影响的学者称之为“世界的去魅”（disenchantment of the world）（Gauchet 1997）。现代社会通常将较传统文明可能会赋予神圣性的事物作为普通事物来加以对待。最后，在宗教世界本身，世俗化通常被等同于宗教教义的自由化（liberalization）、宗教团体之间屏障的降低，以及正统性的松弛等。上述所有这些过程构成了世俗化的中立的定义。

如果世俗化被简单地理解为宗教变化，它便为宗教——为新环境而去改进、适应和调整——作为当前社会的重要力量留有余地。上述这些趋势都未必会将宗教移出政治领域，其中一些趋势甚至也许还会加强宗教与政治冲突的相关性。但是许多学者使世俗化成了大胆预言有组织宗教的实际湮灭、以及在当代文化中宗教影响的最终消亡的铁律（Gorski and Altinordu 2008，56）。此一关于世俗化的特殊理解，即预言宗教在政治中重要性不断衰退的“幼稚的”世俗化版本，与社会变迁的两个最具影响力的理论即现代化方法论（the modernization approach）和阶级冲突模式（the class conflict model）有关。

现代化方法论预示了因城市的迅速发展人们的生活和思想所发生的变化，这些发展包括工厂产量的增长，教育、通讯和技术的扩展，以及庞大行政机构或官僚机构的产生。19 世纪末和 20 世纪初的社会学观察者认为，这些界定我们所指为“现代”事物的发展，对宗教在社会中的地位带来了巨大的变化。在现代化开始前，大多数人生活在狭小的、地理上相互隔绝的定居点，并且专注于生产出生活必需品的日常劳作。在这些定居点生活的人们很少受外界影响，他们共同享有一整套信仰、习俗和传统。因受制于超出他们控制的力量，尤其是气候和疾病，人们于是便易于接受超自然的世界观。原始文化的神话和民间宗教一般被认为源自对未知事物的害怕、恐惧和敬畏（Goodenough 1972）。这一描述也许会令人想起生活在某个雨林中的石器时代的侏儒部落，但这幅图景也同样适合其移民最后构成美国大部分地区居民的爱尔兰乡村、挪威村社以及东欧小镇。

根据现代化理论，现代性力量破坏了此类文化。到城市寻找工作的迁移使村民们离开了传统的影响，并使他们经常与来自不同背景的人们进行接触。传统的价值观，尤其是对命运和超自然的强调，受到在学校、工厂和媒体所教导的科学因果论的损害（Inkeles 1983）。宗教的说法，也就是宗教信仰，当经受科学证据的检验时就可能摇摇欲坠。其他人信奉不同神明的发现还可能进一步把对“唯一真实信仰”不可动摇的信心降为较弱的“宗教偏好”。从现代性中产生的机构——较大的社会、复杂的企业和蔓延的政府——均待人不带感情色彩，也不考虑人们的宗教身份。于是从前受尊重和顺从所支配的行为让位于交换、交易和协商。[①] 结果便是人们开始不再以宗教来界定他们的个人身份和政治兴趣，而是将其作为他们在市场中的地位——作为物主、工人、小企业业主等等——的某种职责。

虽然用这样宏大的历史过程来讲述现代性颇为诱人，但我们不能忽视在宗教权威丧失过程中有时被称为“代理者”（agency）的人士。具体来说，在20世纪初的美国，现代化开始意味着因某些精英有明确目的之活动而造成的宗教的社会领域的收窄（Smith 2003）。在教育、法律、科学、心理学、社会学、新闻学和社会改革等各种不同的领域，现代化支持者因宗教观点不符科学而积极对之加以排除，而科学有时则被称为摩登时代的宗教（the religion of modern age）。虽然并非不信教，这些专业人士全然相信宗教对他们的领域毫无用处，并且想要为自己获得合法权威。因此每个领域都被重新塑造为纯粹世俗

---

① 在《心性的习惯》（*Habits of the Heart*）一书中，罗伯特·贝拉和合著者（1985年）论证了契约语言和个人主义哲学如何剥夺了许多美国人为甚至是他们最亲密的与其他家庭成员的关系提供道德合理性的能力。

的努力，这就把正式教育作为担任领袖角色的准入要求。

根据现代化理论的预言，那些充分经受现代生活潮流的社会将赋予宗教较小的角色。除在较为虔敬时代长大的老年人中以及文化闭塞地区的居民外，宗教实践将会逐渐减少。宗教机构也将遭遇同样的命运，除非它们转型为社会福利机构和服务中心——即便如此教会到那时也必须与国家竞争来开展这些工作。另一个宗教衰退更显著的迹象是宗教思想的减弱：

> 人们越来越少地对宗教动机作出回应：他们以实证和理性的方式来评估世界，并且发现自己陷于理性组织和由理性决定的角色，这便给那些他们也许在私底下还持有的宗教偏好留下很小的空间。虽然——在人类社会中不合逻辑的行为仍通行无阻，然而至少非理性的条件发生了变化，它不再是规定行为的基督教会的教条，而是其他关于生命、社会和统治物质世界的法则的相当非理性和独断的假定。

从以神为中心到以人为中心的思想方面的变化，是在现代社会中世俗化胜利的最具戏剧性的证明。这种关于现代社会的理解给宗教作为某种社会或政治因素未留下多少空间。

在现代世界宗教衰退的预言还一直得到另一有影响的社会变革理论——马克思主义——的加强。卡尔·马克思（Karl Marx）和弗里得里希·恩格斯（Friedrich Engels）认为，宗教情感折射了人类对不可知力量的回应，而对超自然的信仰则可能是经济发展所造成的后果（Aptheker，1968）。马克思在19世纪中期便开始撰文描述人类征服自然的悖论，此种征服原本应结束饥饿和压迫，但结果似乎反倒加强了它们。财富资源总是被垄断和利用来使少数人致富，而以损害多数人的利益为代价。他争辩说，随着工业化和以工厂为基础的经济时代来临，剥削过程变得更为严重。过去服从于自然力量的工人们现在发现自己服从于经济精英。失业取代了自然灾害成为人类生存的祸根。

马克思在此种背景下提出，宗教对那些绝望地需要对他们所处困境有某种解释的受压迫者们的吸引力最为强烈。基督教在奴隶人口中有其先驱者，因为它给奴隶们未来较好生活的慰藉。从心理学上来说，基督教是治疗绝望的止痛药。作为结果，基督教的发展得到了社会中占支配地位团体的鼓励，因为它可以教导“较低等级”——不管他们是奴隶、农奴还是产业工人——把他们的状况作为上帝的旨意加以接受，并且寻求来世的安慰。根据马克斯的著名论断，这样宗教便成为人民的“鸦片”（opiate）。

在马克思看来，建立在剥削之上的社会不可能长久维持，因为被压迫的多数人终究将认识到其剥削性。当条件恶化时，工人阶级将意识到现行经济安排的不平等及这些安排的理论和实践根源。当此种情形发生时，马克思认为会发生为此前受压迫的大多数人夺取政权并建立一个新的、较为公正和人道的社会秩序的某种起义。在这一新世界中，人类将重新获得其作为自己命运主宰的适当位置，并且所有那些发展起来支持被推翻制度——包括宗教——的虚假学说都将被扔进“历史的垃圾箱”。随着这些社会变革，因无法忍受的社会状况而得以维系的宗教就只能消亡。

得到那些自信地预测宗教消亡的理论的支持，许多政治学者预言宗教争端终将从政治议程中消失。虽然宗教仍将作为维护受到社会变迁威胁的传统文化的某种基础而存在，但很有可能失去其政治相关性而被主要基于经济的争端所取代。政治行为的研究者同样预期政治忠诚的基础从宗教、种族和地区等“前现代”因素向诸如社会阶层、职业地位和社会经济身份等因素的某种转移（Epstein 1967，88）。据称在“成熟的”社会制度中，政治运动不再类似于宗教讨伐而具有娴熟运用公共关系的特色。对自我利益的冷静呼吁将取代对拯救国家的激情召唤。大多数政治观察者所从未预料到的是发现在一个发达工业社会中宗教仍深得人心，并且强烈影响着政治生活的运行。然而这正是我们在当代美国所发现的事。

宗教的持续性

根据最通常的标准，美国是最早经历现代化的国家之一，并且继续在社会发展的许多方面引领潮流。如果现代化不可避免地导致宗教机构、实践和情感的衰退——即我们所说的对世俗化“幼稚的”理解——那么此种衰退应首先出现在这一流动的、丰裕的、都市的和幅员辽阔的社会。然而，美国宗教像马克·吐温一样，顽固地拒绝其各种死亡传闻。

美国宗教当然也经历了与定义中性的世俗化有关的过程。宗教是某种具有有限公众角色的特殊机构，而宗教归属则事关个人选择。大多数主要的社会机构在专业规范而非在宗教考量的基础上运行。美国人通常从某种科学和自然主义的观点来解释事件，这与去神圣化的经历是一致的。许多传统的教义和崇拜形式被教会当局放弃或修改。当年这些变化并不意味着幼稚的世俗化理论所预言的信仰衰退。不可否认，一些宗教失去了热情、受尊敬度和成员人数，许多美国人对宗教不感兴趣或加以敌视。但是，甚至这些衰退的因素也被某些宗教引人注目的增长、新宗教的兴盛、宗教热情周期性的复兴以及宗教情感在最“世俗化”的那部分人群中的传播所抵消（Hastings and Hoge 1986；Hadden 1987）。世俗化的幼稚模式经受不起这些事实的推敲。

现代化和马克思主义的宗教理论究竟如何不适合美国在图表1.1中就得到说明，该表反映了47个国家在2007年的情况。其中对角线表示经济发展程度（人均国民总收入，或GNI）与各国有代表性的全国抽样调查中那些告诉采访者宗教在他们生活中“非常重要”的人士的比例之间的内在关系。[①]当“现代化”程度提高时，下行斜线通常证明经济发展与传统宗教情感的下降是携手并进的。然而，美国则是这一总体情况的显著例外。即除了科威特外，这一拥有第二高人均GNI的国家在该项调查所含括的富裕国家中最为“宗教”。美国“例外”的程度可通过指出声称宗教对他们非常重要的美国人的比例——56%——要比对一个高收入国家可预测的平均比例高出30个百分点来加以充分表述。如用另一种方式来突出这个数据，那就是称宗教是重要的美国人很可能要比加拿大人多

① 这些数据取自皮尤全球态度项目（2007年）。人均国民总收入数据取自世界银行发展指数数据库，可从下列网址获得：The World Bank Group，Data and Statistics，“Gross National Income Per Capita 2008，Alta Method and PPP，” http：//siteresources. worldbank. org/DATASTITISTICS/Resources/GNIPC. pdf。

出两倍，尽管两国经济上的相似性；或在宗教热情上与墨西哥人相似，尽管他们所在国家的人均 GNI 只及美国的1/3。[①]

根据关于宗教持守——宗教机构、实践和信仰的强度——的所有通常标准，美国顶住了世俗性的压力。就机构而言，教会也许是某个重视“结社”的国家最重要的自愿组织。最权威的来源估计美国拥有 25.5 万至 33 万个教会，而所有教会成员数达 1.68 亿（Jones et al. 2002；Hodgkinson，Weitzman，and Kirsch 1988；Hadaway and Marler 2005）。[②] 根据“成员身份”如何界定，教会成员数约在成年总人口的 3/5 至 3/4 区间。尽管那些关于“衰退”的种种说法，教会成员在 15 岁以上人口中的比例在今天与 20 世纪 50 年代几乎相同，并且鉴于历史资料粗略所应有的误差，实际看来这个比例在今天要高于美国历史的大部分时间（Finke and Stark 1992）。美国人宗教意识的广泛性来自以下事实，即 10 个美国人中有 9 个认同于某种宗教团体或宗教传统（Dougherty，Johnson，and Polson 2007）。

对有组织宗教的支持也出自其他方式。在对主要机构的年度信任调查中，教会和有组织宗教的排名一直要高于许多政府

① 使用其他数据的同样发现，参见诺里斯（Norris）和英格尔哈特（Inglehart）的重要著作。他们争辩说，宗教情绪最有可能在那些遭遇到对其安全和福利的威胁的人士中得到发展。因此，宗教与经济发展的关联性应归之于较贫困国家经济和政治安全的较低水准。他们认为，美国是例外的，美国因其在丰裕中的大量贫困和不安全在高度发达社会中是非常独特的。

② 成员数估算将 2000 年得出的 1.38 亿宗教会众与未包括在表格中的宗教传统的 3 千万信徒数合并计算（Jones et al. 2002）。

机构、公立学校、大众传媒、企业和工会。① 同样，尽管关于天主教神父性侵犯的报道持续不断，但公众仍认为神父们比企业领导人、政府官员、新闻记者和律师更诚实和更道德。② 信任投票得到也许是忠诚的终极表达——钱袋——的支持。在2008年这一自大萧条（the Great Depression）以来最恶劣的经济形势下，美国人仍向宗教机构捐献了1000亿美元，使教会成为私人慈善捐赠最受青睐的接收方（Giving USA Foundation 2009；Center on Philanthropy 2008）。教堂会众将这些收益的很大一部分用于教育、人类服务、卫生和医院、社区发展、艺术和环境保护（Hodgkinson，Weitzman，and Kirsch 1988）。拥有34亿美元的年度预算的天主教慈善会（Catholic Charities）在福利活动方面仅次于美国政府，而在海外在基督教组织工作的美国人也使驻在海外的美国政府平民雇员在数量上相形见绌（Nichols 1988，21）。③

对现代所造成的另一所谓伤害领域即教会实践的调查，也表明对宗教同样的高度依附。人类学家所称的“生命礼仪”（rites of passage），即人生各阶段的正式庆祝活动，如取名礼、

① Linda Saad，“Americans’ Confidence in Military Up，Banks Down，June 24，2009，www. gallup. com/poll/121214/americans - confidence - millirary - banks - down. aspx.

② Linda Saad，“Nurses Shine，Bankers Slum in Ethics Ratings，” November 24，2008，www. gallup. com/poll/112264/nurses - shine - while - bankers - slump - ethics - ratings. aspx.

③ 美国天主教慈善会的预算数据可见下列网站资料：“An Interview with Candy S. Hill of Catholic Charities USA，” July 31，2007，http：//religionandsocialpolicy. org/interviews。

成年礼、婚礼和葬礼等）在美国与在其他许多文化中一样，仍主要由宗教组织所把持。但正如全国性数据所显示的那样，人们的信仰还不仅仅局限于上述场合。

在另一个极端，10 个美国人中约有 4 人称他们从未参加过宗教崇拜仪式，或至多每年参加过 1—2 次。这包括那些认为自己不信教的以及那些有某种宗教身份但对宗教崇拜基本上是消极的人士。大致同样比例的美国人热切地参与宗教生活，声称每周至少参加一次或一次以上宗教崇拜活动。余下约 1/4 的美国人声称他们每年或每周去宗教场所几次。对集体性的公开场所崇拜的参与——宗教依附的传统衡量标准——在美国仍很普遍。

上教堂只是宗教行为的一种方式，美国人还参与其他各种各样的宗教崇拜活动。如 2005 年的同一调查数据所示，10 个美国人中有 9 个认同某一宗教传统。1/4 的美国人表示他们不怀疑神的存在，将近有半数人声称他们每天祈祷。约 1/3 的美国人称在他们所在的社区做义工。约 1/4 的美国人称每月都向陌生人传道，即指他们试图影响家庭以外人士来接受某一特殊的宗教身份。这些调查数据还显示，几乎每 5 个美国人中有一人每周读几次《圣经》。根据其他调查所涉及的问题，宗教参与显然比许多形式的政治参与更为广泛。认同某一宗教的美国人要多于认同某一政党，而典型的美国公民更有可能参加教会而非政治集会。那些声称经常为其信仰而传道的公民的比例也要高于那些声称试图影响他人选票的公民的比例。

当我们进入信仰领域时，从一系列调查得到的详尽调查结果强调了美国宗教思想的连续性。美国人一向支持基督教的核心论断——上帝的存在、耶稣的神性和来世的现实性——并且强调这些价值观在他们自己生活中的重要性（Gallup and Castelli 1989；Greeley 1989）。绝大多数美国人相信人类的神圣起源，而将近半数美国人接受对《圣经》创始故事的字面解读（Newport 1993）。美国人想到上帝时，他们所想象的是一个创造者和医治者；而当代美国人心目中的天堂形象所描述的是一个与上帝团圆和与亲人重新团聚的地方（Harley and Firebaugh 1993）。某位采访过2000位中西部小城镇人士的学者报道说："在知识界说此类事情不再发生的两个世纪后，许多人仍报告有过诸如异像、预言梦、天堂之声和神灵来访等神秘经验。"[①] 尽管新时代运动（The New Age Movement）得到种种宣传，但美国人仍更有可能去想象一个天使与魔鬼的神界，而不去相信水晶球和通灵（Gallup and Castelli 1989，75 – 76），并且也许事实上在今天比在几百年前更不信巫术和占星学（Butler 1990）。

在诸如此类的事可被测量的程度上，如宗教机构和实践一样，宗教信仰也许在历史上所知的绝大部分"现代的"社会中都完好地延续下来。各种有关数据被用来证明这一点，因为数字在一个科学文化中是论辩的硬通货。但因为全国性数据通常具有令人麻木的功效，所以应得到当地样本的补充。美国生活中某种宗教结构的稳定性得到了对东印第安纳州一个工业小镇的持续不断研究的有力证明。在20世纪20年代，两位有才华的社会观察者决定将化名为"中小城镇"（Middletown）的小镇芒西（Muncie），放在社会分析的显微镜下进行考察

① "Mystical Experiences Abound in Culture That Spurns Them, Studies Say," *Tallahassee Democrat*, February 14, 1987, 1 – D.

(Lynd and Lynd 1929)。出于对半个世纪历程所造成的变迁的好奇，在20世纪70年代一组社会科学家再去对芒西做了研究(Caplow，Bahr，and Chadwick 1983)。在第一次研究后的半个世纪中，芒西经历了所有那些被认为鼓励世俗化的变迁——迅速的人口增长、不断的技术进步、教育的普及、日益增长的官僚机构、大众传媒的无孔不入以及扩张的政府规模。该镇充满活力的宗教传统有可能在这些变迁的破坏作用下继续存在吗？

尽管处境不利，但当代的芒西传统宗教被发现仍运作得相当良好。照关于该镇最晚近研究的说法："如瑞普·凡·温克尔（Rip Van Winkle）是一位卫理公会牧师在'中小城镇'睡一觉60年后醒来，几乎就无恍如隔世之感。"(Caplow，Bahr，and Chadwick 1983，280)。他也许会对宗教团体间相互宽容的发展感到惊讶，但除此之外该镇自20世纪20年代以来几乎就没有什么变化了。20世纪70年代"中小城镇"的居民看来与他们的祖父母一样虔诚。绝大多数人仍赞同基督教的核心信仰，并且——无论用神职人员和场所的数量、财务捐赠，还是用对崇拜活动的参与来衡量——教会都得到兴旺发展。当然人们也许可争辩说，宗教的存活是以高代价换来的，如牺牲了对情感和灵性层面的强调，而转向较为现代的注重理性和社会改革的风格。这种似是而非的说法在神学上最为保守的教会的增长、所有宗派对煽情崇拜形式的重新强调，以及神职人员不断对其教民灵性福祉加以重点关照等证据面前便不攻自破。出乎人们意料的是，关于芒西的最近研究揭示了一个敬畏神明和信仰宗教，将其作为力量和引路源泉的社区。

稳定还是变化？

我们声称美国的宗教机构、行为和信仰一直就是稳定的，这就要处理流行思维中的两种成见。许多人确信美国宗教已经衰退，而另一些人则持完全相反的信念，认为宗教甚至变得更加强大。稳定论的批评者确信宗教正在社会中失去影响，他们把前面部分的数据看成对习性和遵从的敷衍而加以摒弃。他们告诉我们说，如果我们审视一下宗教生活“较深层”的方面，诸如宗教使人们的思想关注终极价值观、天堂、地狱、正确、谬误、审判和正义等问题上的能力，有令人信服的证据表明宗教在过去远为重要。在另一个极端，我们经常从评论者那里听到在20世纪末的宗教复兴。这些观察者报告说，美国人近年来被宗教觉醒所席卷，颇类似美国历史上早先的周期性经历（Fogel 1999）。他们对宗教仍在影响美国人如何看待世界和他们自身生活的那种程度感到震惊。

我们认为，此两种说法都忽略了在美国生活中宗教力量所显示的基本稳定性。这是一个难以辨明的观点，因为该论辩如此多的部分涉及宗教情感，而这又是极难衡量或评估的事情。然而，我们应尝试去处理在这场论辩中双方提出的种种不同论点。

那些感到宗教衰退的人士坚持认为：（1）当代的宗教信奉被夸大——宽泛而不深刻；（2）在某种程度上宗教衰退事实上已经发生；（3）美国宗教通过将其灵魂出卖给世俗文化而换得长寿。这些说法均有些道理。正如美国人夸大他们的投票次数、慈善捐赠或实施其他善行一样，他们看来也极度夸大了他们参加教会的频率。那些告诉民意测验者他们参加教会的人士也许只有半数事实上确实在任何特定的一周上过教堂（Hadaway, Marler, and Chaves 1993；Hadaway and Marler 2005；Presser and Stinson 1998），虽然因在调查中对信教人士采样过密使自我申述与外部观察有些差距（Woodberry 1998）。虽然假定我们能够判定宗教信奉的虚实是武断的，但美国人如何对他们所宣称信仰的基本要素所知甚少，以及他们如何轻易地转换所属宗派，却令人惊讶（see Gallup and Castelli 1989）。批评者也可以通过指出在人口中受过最好教育的那部分人宗教信仰的衰退，以及在那些最少接触现代化的人士，如家庭主妇、老年人、乡村和小城镇居民、南部人以及受教育程度低者等中间的"老派"宗教的坚韧而得分。深度置身于诸如市场、城市、企业和学校等现代化主要场所的人士则不太可能维持宗教的正统性。

宗教持续性的说法受到美国宗教已变得远为"世俗"而非神圣的观点的最严厉的挑战（Wolfe 2003）。我们来看一下图表 1.4 所复制的教会广告中重新塑造上帝的方式。虽然教会自认为是传统和福音的，但教会广告却几乎未讲到地狱和惩罚。《希伯来圣经》中的令人生畏和愤怒的上帝变成了一位治疗师、经济顾问、体育训练师和友人，以及稳定家庭、经济繁荣、精神和身体健康和性满足的一个来源（Hunter 1983a, chaps. 4, 6）。当代讲道讲的多是上帝的宽恕性，而讲的少得多的则是上帝的惩罚和忏悔的需要（Witten 1993）。[1] 作为机

① 专制和愤怒的《旧约》上帝是漫画式的嘲讽，它忽视了《希伯来圣经》对愿意调解和可商量的关爱和讲理的上帝的描述。

构，宗教也似乎因其有用而非因其真理而被人们所接受。

教堂会众从神圣的聚会所发展为提供建立人际网和娱乐良机的社区中心。当市场研究工具被用来寻求教会增长时，教会的规划者强调舒适的环境而非上帝的真理来作为吸引“慕道者”的关键（Sergeant2000）。如果相信批评者，那么在现代条件下对宗教奋兴的探寻已从赢得灵魂的讨伐转变为争取市场份额的征战。

人们争辩说，世俗化也改变了我们所理解的宗教。在一个正式的宗派中，许多现在强调高度私人化的个人灵修而取代由组织的宗教崇拜，而此种个人灵修也许是或也许不是来自任何已知的宗教传统。这一个人的探寻也许会采用“希拉主义”（Sheilahism）的奇特形式，这种形式将信仰与机构性宗教的世界分离，并将教义简化为差不多就是个人想象中的“一个微弱声音”（Bellah et. al. 1985）。虽然许多人声称他们实践“灵修”而非宗教，对该现象的进一步考察通常表明这是把肤浅和任性的自我表达当作与神的意味深长的遭遇（Wuthnow 1998）。

承认这些变化是一码事，而把它们过度解读为美国生活中宗教情感的濒危则完全是另一码事。宗教当然受到现代世界的触动和影响，但把世俗化说成是调整和适应则比运用衰退和消亡的形象更为准确。被引用来作为变化证据的许多趋势实际上是美国宗教生活长期存在的特点。现在还完全不清楚今日之美国人对信仰比往昔较少虔诚或认真（Butler 1990）。1837 年时 Harriet Martineau（quoted in Powell 1967，118 – 27）已经发现绝大多数神职人员因害怕得罪教众而淡化他们的宗教教训。把宗教作为产品来“售卖”也不是新鲜事，尽管现代技术更为复杂和显而易见（Moore 1994）。移植到美国宗教环境的世界宗教通常要适应我们文化中几无节制的个人主义。确实，美国长期以来一直是新宗教的主要孵化地和宗教个人主义的先驱。总之，“衰退论”忽视了历史和传统。

但“复兴论”也同样弱。该论的倡导者完全忽视在不同部分人口中正在增长的世俗主义的例证。他们也倾向于把宗教归属格局（pattern）的变化与宗教信奉整体水平（level）的变化混为一谈。在过去30多年来，研究者已记录了美国人所偏爱的宗教传统类别的转移。除了不上教堂者的增长外，主要的变化还涉及新教不同派别间的转移。特别是主线或主流宗派被来自福音派一翼的教会所超越。（见第二章关于这些不同形式新教之差异的讨论）因福音派更加强调对信仰的公开宣示，并已主导了宗教广播业，这样便很可能看起来美国社会的宗教强度好像有所增长。但某一新教派别规模的增加被另一派别的衰退所抵消，这仍更多表明深层的稳定性而非复兴。美国人宗教行为的事实也支持我们对稳定性的强调。

可能的解释

预言宗教将在高度发达的美国消失的现代化理论家和马克思主义者在哪里出了错？这两种社会理论看来都低估了甚至在最发达社会中的对宗教的需求，并且甚至更为重要的是低估了美国宗教机构适应变化中环境的能力。

一些宗教研究者用宗教信仰的持久性作为宗教满足基本人类需求的证明，一如食物和居所（Stark and Bainbridge 1985；

Barrett 2004)。在世上的生物中，唯有人类具有以复杂的方式思考他们在宇宙间地位的能力。他们想弄明白生命的意义、死亡的现实以及道德行为和人类合作的基础。他们所问的许多问题中包括为何人们要作恶以及为何善者和无辜者要受罪等，并且除了本能外，他们甚至可能还想知道善恶之分。要回答这些关于生命的问题——赋予人的存在以意义——他们发展了包括宗教在内的信仰系统。这些研究者争辩说，只要世界还需要某种解释，人类就将创造出赖以生存的信仰。这一观点并不困扰绝大多数现代化论者或马克思主义者。他们会争辩说对某种意义系统的单纯需求最终将完全由科学或由某种政治理念的集合体来满足，这便使人们不再需要宗教。

然而，作为宗教的替代，科学似乎并不足以胜任。科学理解消除对宗教解释的需要的假定站不住脚，因为科学进步毕竟不能解决关于此世人生持续不断的问题。比如人们难以看出对热力学第三定律的熟悉究竟如何能够安慰受困的或处于悲痛中的人们，或超越宗教信仰使他们能够应对不可避免的死亡。[①]科学与这些问题完全不相干。在其他情况下，科学的进步还可能增强对灵性的关注。艾伯特·爱因斯坦（Albert Einstein）越了解自然的美和对称，他就越领会被他所认为的上帝无形之

① 关于宗教价值观如何可能填补科学似乎未能填补的空缺的精彩叙述，见《曼彻斯特卫报》(*the Manchester Guardian*) 关于一所英国安养院的故事（《我们生活在死亡之中》1984 年 3 月 4 日第 4 版）。该文报道说："宗教在圣·克里斯托弗安养院的生活中扮演了中心角色。它不是硬性规定的，也不是强加给病人的。'但是'，她（创办者）坚定地说，'我认为如没有某种信仰的支持，任何人都不可能在此长期工作'。工作的压力和强度，濒死之人及其家属的大量要求，意味着那些在这里工作的人士需要答案，至少是部分答案，来支撑自己。"

手；而他并非唯一被如此感动的科学家（Tracy 1973）。最后，科学也许实际上会加强对价值观问题的关注。医疗技术的突飞猛进引起了关于自然与生命状况的令人痛苦的道德两难处境，这种处境出现于以诸如堕胎、安乐死、器官移植、体外受孕、基因工程、胚胎试验、抗衰老以及关于如何结束生命的生前遗嘱等议题的形式出现在政治议程上。在武器发展上的进步也戏剧性地凸显了人类邪恶问题与合作的必要性。在一定程度上科学把我们从穷困和经济不安全中解放出来，并且赋予我们思考终极价值观问题的自由。

然而自相矛盾的是，在先进的科技社会出现了对把理性作为所有人类问题解决方案的信仰的引人注目的丧失。人们可细想以下对当前情绪的评估："这些都是令人沮丧的时刻。人们都持宿命论且对死亡着魔。人们深信我们都在开车时睡着了，而所谓理性之路则使我们通往地狱，并且也许已无法再回头。我们正处于即将爆发的火山口的感觉正越来越深入（Frankel 1984，162）。"

这一评论因出自"一位专门从事信息和电子通讯技术的企业顾问"之口而格外引人注目，这说明一个建立在科学之上的社会如何能引起对科学活动结果的巨大不满。对一些人来说，对一个显然失控的科技社会的反应，就是对科学一度似乎使之成为多余的宗教价值观的重新尊重。对现代性失去自信心也引起了更为极端的社会反应，如以"更高的"宗教价值观名义来为反社会暴力行动辩护的民兵运动。

如果不是科学，那么政治或许将取代宗教信仰？通过政治运动寻求正义很可能采取某种宗教十字军运动的形式。但到最后，当政治运动获得成功时，那些恒久性的问题依然故我，而包括宗教在内的恒久性的解决办法便自行出现。

在美国，政治信仰并未能设法取代对宗教的信奉。虽然一些政治活动人士视宗教信仰为社会变迁的障碍而加以抛弃，另一些人士则认为没有在两者之间进行选择的必要。当宗教和政治忠诚确似有冲突时，选择实际上可能对前者有利。在动荡的20 世纪 60 年代末和 70 年代初，美国政治光谱的两端分别由黑人民族主义雄辩和愤怒的发言人埃尔德里奇·克里弗（Eldridge Cleaver）和名叫查尔斯·寇尔森（Charles Colson）的保守派政治人士所代表，后者曾夸耀说他会为取得政治上的好处牺牲自己的祖母。在 20 世纪 80 年代，这两位对其政治行动主义的后果感到失望的鼓动家一起站在公共讲台上宣讲回归正统基督教。其他知识分子也经历了从政治行动主义到宗教信奉的同样道路，尽管较少为人所知（Schumer 1984）。少数人士的转变可能并不表明某种社会趋势，但其确实说明政治也许并非就是宗教的有效替代物。

为何是美国?

科学和政治不足以解决人类的基本需求只是部分解释了美国宗教的经久不衰。关于人类本能需求和不成功替代物的理论是全球性观念，并不能解决为何单单是美国仍与宗教保持着这种远比其他现代国家更深入的关系。在宗教方面的美国例外论通常被归之于文化上的兼容性、社会认同的需求、宗教独立于国家，以及某种竞争性的宗教环境。

早期美国的教会强调会众自治和个人自愿入教，这便鼓励了美国人看重自治权而不信任教阶制（Lipset 1967，180－92）。直到今天，美国人仍发现宗教是"轻松自在的"，因其非常适合关于选择自由和个人主动性的深植的文化价值观。

宗教通过提供个人在社会中找不到的东西而加强了更大的文化. 罗伯特·B. 福勒（Robert Booth Fowler）（1989）争辩说，教会在美国兴盛是因为它们提供了个人主义和相对主义极端行为的解药。他说，人们加入教会是因为他们想得到某种社区感——这种社区感是他们生活的其他部分所缺失的。他们因为规矩和准则而转向宗教，这些是一个每个人都成为对错仲裁者的社会所严重缺失的。

宗教也因其满足对社会认同的恒久需求而繁荣，而这种认同在美国尤为重要。人员流动、经济变迁以及移民持续不断地以失去根基威胁着人们——即失去他们对任何有意义的团体或传统的归属感。在面对混乱状况时，人们便在宗教中寻求亟需的稳定性。在约翰·F. 肯尼迪（John F. Kennedy）所称的"移民国度"中，教会帮助新来乍到者适应在令人困惑的新环境中的生活。教会目前仍然为来自海外的移民或那些只是经常移居国内各地的新居民提供此种服务。

托克维尔（Alexis de Tocqueville）于1831年访问了美国，他对美国生活中宗教的显要性深感震惊（Bryant 2005）。像大多数欧洲人那样，他先前简单地认为拒绝为宗教机构提供公共资金将不可避免地驱使国家走向非宗教性。当他所求教过的所有美国神父"都把宗教在他们国家和平取得优势地位归功于彻底的政教分离"时，这位信守宗教的法国天主教徒甚至更为震惊。托克维尔开始相信，宗教如保持为纯粹的自愿事业便可最大程度地"赢得人类的喜爱"。而依靠政府首脑赐予的宗教则将不可避免地因这种关系而产生负疚感。正如他所说的那样，“宗教不能分享那些统治者们的世俗权力而不同时遭受部分因他们所激起的仇恨”。托克维尔的洞见看来已得到历史和学术研究的证实（Caplow 1985；Tong 1992）。在那些国教维护腐败政府以维持其特权地位的国家，其遗产通常是某种使“世俗”左翼对抗“宗教”右翼的政治冲突（Heath，Taylor，and Toka 1993；McDonough，Barnes，and Pina 1984，661－63）。

美国宗教看来已摆脱了这种陷阱，这部分是因为宗教从未只限于一隅。奴隶主在《圣经》中找到了对奴役权的支持，但奴隶们也可以并且确实把《圣经》解读为对抵抗和造反的召唤。宗教冲动可被用来证明资本主义最坏的恶行出自上帝意愿，也可用来推动针对压迫产业工人的反对运动。即使在今天，当许多罗马天主教徒加入富裕和有权势者行列时，他们的教会则继续大声疾呼反对贫困，并且提醒美国人关注被压迫者的困境。鉴于这些趋势，那么发现美国人的个人宗教依附与自我描述的意识形态或对总统的票选之间存在着较弱的关系，就不足为奇了。[①] 宗教人士在政治忠诚方面与非宗教人士或许有所不同，但虔信的美国人遍布政治光谱的各个部分。

政教分离或许还通过推动美国的宗教多样性进一步增加了

---

① 根据世界价值观研究（1994 年国际社会调查项目），在美国人中间信仰上帝和投票选择的等级相关性（变量 103）几乎为零，缺乏统计学意义。在除通常缺乏党派性变量波兰外的其他国家，这个相关性是大和重要的，并且与鼓励或偏好右翼政党的关于宗教性的模式是一致的。有证据表明在美国宗教参与率与投票选择之间正在形成某种关系。

宗教的活力。最初一些殖民者所期望的同一性甚至未超出殖民地阶段。从那时起，美国的宗教景观便因许多新宗教的建立（Martin 1984）和由移民美国造成的世界各宗教的输入（Eck 2001）而进一步多样化。结果是今天没有一个单一宗派拥有超过40%以上的教会成员。因此，准确地说所有美国人都属于少数宗教。[①] 这一结论在地方层面也是成立的：将近半数美国人居住在没有一个单一宗派拥有多数地位的县（Salisbury，Sprague，and Weiher 1984）。

宗教分离究竟如何鼓励宗教多元主义？一些学者争辩说，国家支持宗教信仰的不存在赐予美国一个未受管制的宗教市场。这些观察家们说，如同受国家袒护而免于竞争的经济企业一样，依赖国家支持和资助的教会也发展为懒惰的垄断组织。这些国教会不愿去适应新的现实或进行改革，仍一味固守那些不能抵挡推动世俗性的社会力量的符号、仪式和行为方式（North and Gwin 2004）。相比之下，拒绝给与宗教机构官方支持的社会则迫使它们在自愿的基础上争夺成员。正如在政治和经济活动中一样，在一个公开市场中的竞争刺激教会领袖动用所有激励手段来赢得支持。当它们寻求潜在的“消费者”时，各个宗派必须掌握最先进的说服和吸收新成员的技术，于是便出现教会使用复杂的通讯方式、市场手段和信息技术的现象（McDaniel 1989；Stewart 1989）。对在宗教市场上吸引成员的强调也促使教会提供在其他国家中也许由政府提供的各种有吸

① 此一估算根据以下来源提供的数据计算得出（Jones et al. 2002）。

引力的福利计划和服务。① 这种环境使美国宗教比那种优待某些宗教并因此而阻碍改革和适应的体系更具活力和开放性。

我们用了这么长的篇幅来强调宗教的定力有其原因。政治中的宗教冲突通常被视为某种倒退，是现时代“真”问题的有趣转移。但如果宗教直到今天及这个时代仍是至关重要的力量，那么人们不懂宗教所起的作用，尤其在政治领域中的作用，就无法宣称了解当代。此书的其余部分将描述美国的宗教与政治生活发生关联的多种方式。

① 一段轶事可以说明教会如何做得比“世俗”当局更好。在佛罗里达州的盖恩斯维尔，报刊报道说，一场风暴把一颗树吹倒在一位老妇人的房子上，并断了电。于是这位老妇人联系了当地公用事业公司要求恢复供电。但因为发生在私人房产上的设备损坏在法律上是老妇人的责任，该公司无权限来解决这一问题。在此后的一天半里，这位老妇人的问题引起了该公司的一位调度员、老年美国人委员会的一位代表、有关州机构当地办公室的几位官员，以及一位公民倡导者和她的教会的关注。当官员们开始调查这一情况时，教会已经派了志愿者来修复损坏，并照顾老妇人直到其家人也前来帮助。神学家们过去常常提到“空缺之神”（God of the gaps），意为其他办法失败后所求助的神；这一事例则表明在世俗当局失败后“空缺之教会”（church of gaps）如何行事。

作者简介

钮　松	上海外国语大学中东研究所副研究员、复旦大学国际关系与公共事务学院博士后、上海高校智库复旦大学宗教与中国国家安全研究中心兼职研究员
贾付强	贵阳师范大学历史与政治学院副教授、上海高校智库复旦大学宗教与中国国家安全研究中心兼职研究员
章　远	华东政法大学政治学研究所副研究员、上海高校智库复旦大学宗教与中国国家安全研究中心兼职研究员
涂怡超	复旦大学美国研究中心副研究员、上海高校智库复旦大学宗教与中国国家安全研究中心兼职研究员
刘　祎	湖北大学政法与公共管理学院讲师、法学博士
王首贞	复旦大学国际关系与公共事务学院宗教与国际关系研究中心博士后研究生、上海高校智库复旦大学宗教与中国国家安全研究中心助理研究员
潜旭明	上海外国语大学中东研究所助理研究员、复旦大学国际关系与公共事务学院博士后

研究生

徐敏丹　　同济大学附属同济医院急诊科主治医师、同济大学医学院硕士研究生

王传顺　　中国人民大学外语学院博士研究生、井冈山大学外语学院讲师

罗　辉　　上海社会科学院国际关系研究所助理研究员、上海高校智库复旦大学宗教与中国国家安全研究中心兼职研究员

董　阳　　中国科学院大学公共管理与科技政策系博士研究生

王　盈　　复旦大学国际关系与公共事务学院博士研究生

李　珍　　湖北大学政法与公共管理学院宪法学与行政法学硕士研究生

杜旭赟　　复旦大学国际关系与公共事务学院宗教与国际关系研究中心硕士研究生

李婧茹　　中国科学院大学公共管理与科技政策系硕士研究生

汪伟良　　中国科学院大学公共管理与科技政策系研究硕士生

武瑞娟　　复旦大学马克思主义学院科学社会主义专业研究生

徐以骅　　复旦大学美国研究中心、国际关系与公共事务学院宗教与国际关系研究中心教授，上海高校智库复旦大学宗教与中国国家安全研究中心主任

图书在版编目（CIP）数据

宗教与美国社会——宗教与美国政治和外交．第十辑/徐以骅主编．—北京：时事出版社，2014.12
ISBN 978-7-80232-790-0

Ⅰ．①宗… Ⅱ．①徐… Ⅲ．①宗教—研究—美国
Ⅳ．①B928.712

中国版本图书馆 CIP 数据核字（2014）第 250255 号

出版发行：时事出版社
地　　址：北京市海淀区万寿寺甲 2 号
邮　　编：100081
发行热线：（010）88547590　88547591
读者服务部：（010）88547595
传　　真：（010）88547592
电子邮箱：shishichubanshe@sina.com
网　　址：www.shishishe.com
印　　刷：北京昌平百善印刷厂

开本：850×1168　1/32　印张：13.25　字数：300 千字
2014 年 12 月第 1 版　2014 年 12 月第 1 次印刷
定价：46.00 元